国家出版基金项目
NATIONAL PUBLICATION FOUNDATION

交通态势与晚清经略新疆研究

徐中煜　著

黑龙江教育出版社

序　言

　　边疆既是一个地域概念，也是一个政治概念。就地域层面而言，是指国家毗连边界线、与内地（内陆、内海）相对而言的区域。一般而言，历史上中国的边疆是在秦统一中原、其重心部分形成之后确立的，有着两千多年的历史沿革。相应地，中国的边疆研究也有着悠久的历史和优良的传统，并与国家和边疆的安危息息相关。

　　从近代到新中国成立，中国边疆研究曾出现过两次研究高潮，第一次研究高潮是 19 世纪中叶至 19 世纪末，西北史地学的兴起，国家边界沿革的考订、边疆民族发展的著述等，是这一时期中国边疆研究高潮的标志。在边疆研究的热潮中，一些朝廷的有识之士开始学习近代国际法的领土主权原则，与蚕食我国领土的列强势力相对抗。黄遵宪、曾纪泽等都曾以"万国公法"为武器，在处置国家边界事务中与英、俄列强执理交涉。在边疆研究领域，学者们开始将政治学、法学等与传统的史学、地理学等相互结合，开创了现代意义上的边疆学研究。

　　第二次研究高潮是 20 世纪 20 年代至 40 年代，是在国家与民族危机激发下出现的又一次中国边疆研究高潮。国际法与政治学方法也被广泛地运用到中国边疆史地的研究之中，边政学的创立与研究、以现代学术新视角和新方法对中国边疆进行的全方位研究，是这次高潮的突出成就；研究内容也从边疆领土主权、历史地理扩展到民族、语言、移民、中外交通等领域。与此同时，边疆考察作为中国边疆史地研究的内容与方法，也愈益受到重视。

两次研究高潮的实践与成果，实现了中国边疆研究从传统中国史学研究向现代多学科综合研究的转变，为中国边疆研究学科领域的进一步拓展与深化奠定了基础。新中国建立后，中国边疆史地研究方兴未艾。继而在改革开放大潮的推动下，带来边疆学研究的三度兴起。此次研究高潮酝酿于20世纪80年代初，兴盛于90年代，至今热度不减。

1983年，中国社会科学院中国边疆史地研究中心（以下简称"边疆中心"）成立，这既是我国边疆史地研究第三度热潮的产物，也进而成为国家边疆研究的前沿引领者。

近30年来，边疆中心在边疆研究领域已取得了丰硕的学术成果，很多研究成果不仅填补了新中国成立以来各自领域的学术研究空白，而且以综合性、系统性、科学性的特点，成为目前国内同类研究中的优秀作品，对学科建设和发展、对推动全国边疆史地研究，均起到了举足轻重的作用。在研究内容方面，已形成了从最初以中国近现代边界研究为主，发展到以古代中国疆域史、中国近代边界沿革史和中国边疆研究史三大系列为重点的研究格局。近年，坚持基础研究与应用研究并重，在继承和弘扬中国边疆史地研究遗产的基础上，已逐步形成了历史研究与现状研究、基础研究与应用研究融而为一的中国边疆学研究模式。

边疆中心所实施的应用研究，是以当代我国边疆的稳定和发展现状为切入点，直面当代中国边疆面临的紧要问题和热点问题，进行跨学科的综合性研究。中国边疆研究不但要追寻边疆历史发展的规律和轨迹，还应探求边疆发展的现实和未来。当代我国边疆现状研究首先是当代中国社会发展的现实需要，也是中国边疆学学科发展的需要。我国边疆区域的发展现实，促使中国边疆现状研究的内涵和外延要有新的学科定位：即将中国边疆作为统一多民族国家的有机组成部分，作为一个完整的研究客体；现状与历史不可分，现状的历史实际上也是历史的现状，所以要进一步加强历史的和现状的综合性一体研究。通过对学科布局的适时调整，中国的边疆研究不断取得学科突破和新的学科增长点，进而尽快实现以基础研究为主的中国边疆史地研究向基础研究与应用研究并重的中国边疆研究的过渡。

短期内，我国在中国边疆疆域理论研究方面必须明确主旨，并应该有大的突破。在深化实证研究的同时，应进一步加大理论研究投入的力度，不断探索中国边疆历史与现状发展的规律。在实证研究的基础上，努力为历史上多元一体的中华民族边疆地区的政治、经济、人文发展和变迁构筑理论体系，是中国边疆史地学研究的根本目标。近30年来，大量高水平的研究成果相继面世，为中国边疆疆域理论体系的构建与未来中国边疆学学科体系的构建奠定了坚实的基础。

一方面，边疆实证研究的不断深化，需要理论层面的支撑。在中国古代历史疆域理论、历代边疆治理理论，古代统一多民族国家边疆地区的发展规律、古代边疆民族在多元一体中华民族中的发展规律等方面，以及在近现代陆疆、海疆与边界的理论问题等方面，通过大量的实证研究探索其中的规律，进一步构建我国边疆历史发展与统一多民族国家发展的理论体系。

另一方面，边疆研究学科的发展需要尽快完成中国边疆学学科的构建，包括边疆学学科的概念、界定与范畴，学科性质和功能，学科体系构建等一系列理论问题，建立以马列主义为指导的、有中国特色的中国边疆学理论体系。近年来，国内数所大学以开设边疆学博士点为契机，也在加紧边疆史地学科的构建；一些高校和地方科研院所，先后以"中国边疆学"或"中国边疆史地学"的学科定位建立了相关的学科专业；围绕边疆研究先后出现的相关学科命名有边疆政治学（边政学）、边疆史地学（边史学）、边防学、边疆安全学（边安学）等。但从学科层面看，在学术界尚未形成统一的认识，缺乏基本学科框架的规范系统论证。在诸如边疆学的内涵与外延及整体构建等方面还需要做更多深入研究；在疆域理论研究方面则需要投入更多的力量，尽快拿出较为成熟的成果。同时，应注重学科理论建设与方法论的进一步开拓，在原有的历史学、民族学、历史地理学等为主的基础上，扩展引入政治学、社会学、法学、国际关系学、地缘政治学等理论与方法，进一步突出边疆研究作为跨学科、边缘学科和新兴学科的特点与优势，不断加快学科建设步伐。

学术研究与研究成果的出版是并行的。20世纪80年代末，当组建不久的边疆中心在成果出版方面寻找出路的时候，黑龙江教育出版社以高度的社会责任心与敏锐的学术眼光，伸出了合作之手。一晃至今，双方精诚合作了20多年。先是以《边疆史地丛书》的形式，自1991年3月开始出版，截至2011年，先后有70余种边疆研究著（译）作面世。已出版的学术著作得到了学术界和读者的广泛关注，取得了良好的社会效益，持续有力地推动着中国边疆研究学科的不断发展。如果说边疆中心在边疆研究方面成为了学术前沿的引领者，那么黑龙江教育出版社则以边疆研究成果的出版而成为国内外知名的品牌出版社。

在当前我国边疆研究氛围持续高涨的形势下，经边疆中心与黑龙江教育出版社共同努力，将以更为严格的科学态度、更为严谨的学风文风，共同出版水平更高的边疆研究著作。双方遂决定以《中国边疆研究文库》的形式，由边疆中心组稿审定，黑龙江教育出版社编辑出版。

《中国边疆研究文库》由《中国边疆研究文库初编——近代稀见边疆名著点校及解题》与《中国边疆研究文库二编——当代学人边疆研究名著》两部分组成。前者共选出近50种近代以来面世的我国边疆研究学术著述，在实施点校的基础上，作出导读性与研究性的解题，予以重新出版；后者选择近50种新中国成立60多年来我国（包括台湾、香港、澳门）边疆研究的老一代知名学者、中年有为学者、年轻后起学者的著述，汇集出版。可以说，这些著作基本代表了目前我国边疆学研究的水平。

同时，对1949年后有较大影响的边疆研究著述又进行了修订出版，特别是将新近的研究成果充实其中，使这些有影响的研究成果内容更加翔实、完整，更具学术价值。

今天，中国边疆研究已是一门具有广阔发展空间的显学，呈现在读者面前的《中国边疆研究文库》尚属开创之举，一定有诸多不尽如人意之处，衷心希望得到广大读者的支持帮助、批评指正。同时，我们也有信心，在目前《中国边疆研究文库》初编、二编近100部著作的基础上，继往开来，努力开拓进取，组织更多边疆研究的优秀成果，继续出版三编、四编……为我国边疆研究的持续兴盛，为繁荣边疆的历史文化，为今天我国边疆的社会稳定和经济发展，作出应有的贡献。

需要说明的是，本《文库》系国家出版基金特别资助项目，如果没有国家出版基金办大手笔支持我国的出版事业，本《文库》是无法面世的。在此，请允许我们表示诚挚的感谢。

主编谨识

序（一）

认识徐中煜博士是在 2006 年。当时，他拿着硕士论文《交通运输与左宗棠收复新疆》找到我，表达了将终身致力于西北史地研究的愿望。作为长辈，我自然会对甘坐冷板凳，有信心传承西北史地研究学术传统的年轻人予以支持与鼓励，积极建议他在此基础上继续进行充实完善，并从清政府对新疆治理方式变化的角度重新审视近代以来西北的交通建设。之后数年，我们曾围绕这项研究的选题、框架结构、史料收集等问题多次交换过意见。2009 年，中煜博士进入北京大学城市与环境学院从事博士后研究工作，显然为此项研究的深入推进创造了良好条件。现在呈现在读者面前的，就是他从 1997 年开始，经过 14 年锲而不舍的研究所取得的成果，其间部分阶段性成果已在《西域研究》《新疆大学学报（哲学社会科学版）》等核心期刊上发表，并经我建议定名为《交通态势与晚清经略新疆研究》。

该书具有一定的理论价值，主要表现在：第一，交通运输条件在中央政府与新疆地区关系中举足轻重，但目前学术界尚没有论述相互之间关系的专著，该研究填补了这方面的空白。第二，对于什么是交通运输，如何研究交通运输问题学术界有不同观点，研究历史时期的交通运输更是因为缺乏统一维度而具有较大难度，该书尝试先按历史年代顺序划分大致时期，然后在每一时期内重点研究交通运输工具、运输效率、人员往来、物资流通等情况，重点则放在交通运输管理体制、模式和中央政府经略新疆战略之间蕴含的因果关系之上，克服了以往单纯研究交通线路变化及交通建设时造成的见物不见人等弊端。第三，目前的学术研究中，要么运用单纯的地理学理论与方法研究交通运输线路、建设和沿线风土人情，要么运用单纯的历史学理论与方法研究历史时期与交通运输有关的历史事件，该书尝试运用多学科交叉的研究方法，着重运用经济地理学、中国近代史、社会地理学的理论与方法进行多学科交叉研究，并从中总结出一种新的研究模式。

此外，该书也具有一定的应用价值，主要体现在：第一，第二轮西部大开发已经拉开大幕，其中以高速公路、高速铁路、机场建设、现代通讯技术等为重点的交通基础设施建设更是重中之重，该书通过总结近代以来清政府在新疆进行的交通运输建设的史实，为今天的规划建设提供了某些借鉴。第二，交通运输不仅具有经济意义，还具有稳定边疆局势、增进民族融合的功效，该书通过总结近代以来交通运输所起的独特作用，为今天制定相关政策提供了正反两方面的借鉴。第三，新疆自古以来路途遥远，交通运输在其与内地，尤其是京师的交往中，不仅意味着人员往来和物资流通，更直接决定了与中央政府、内地省份的政治关系，该书通过总结近代以来基于交通条件变化而产生的一系列治理边疆模式的变化轨迹，为今天进一步加强中央政府和新疆地区政治联系，完善治理结构，充实民族区域自治制度的具体路径提供了一定的借鉴。

在大量征引《新疆图志》《清代新疆稀见史料汇编》等第一手史料基础上，他全面梳理了前人研究成果，围绕以下方面进行了重点研究：

第一，分析了鸦片战争前后新疆交通运输形势，描述了新疆与内地及境外之间在人员往来、物资交流方面大致情况，重点叙述了以林则徐为代表的"遣犯"对新疆社会发展做出的贡献，揭示了俄国学者、探险家对地理、交通线路的考察情况，探讨了上述交通态势与清政府经略新疆思想之间的关联。

第二，探讨了清政府收复新疆时采取的"先北后南""缓进急战"进军战略与近代西北交通运输形势之间的关系，解释了作为军事行动辅助的交通运输何以成为决定本次战争胜负的关键环节，介绍了交通建设概况和军需用品转运管理体系的形成过程，全景式地展现了西征时的军械、军火、军饷、军装、军粮运输情况以及军报传递的实际效果，并对当时的交通运输实效进行了客观评价。

第三，概要总结了建省时期新疆近代化交通运输方式的发展态势，梳理了前者与清政府经略新疆之间存在的因果关系，描述了建省后人员往来以及物资流动情况。

此外，为了更为形象、直观地反映相关史实，本书还收录了作者收集或亲自整理的大量图表，既方便研究者使用，也方便了普通读者的阅读，使这本学术著作具有了较强的可读性。

西北史地研究，是近代以来许多志士仁人救亡图存的"经世之学"，希望中煜博士能以本书的出版为新的起点，继续深入研究。也希望越来越多的中青年学者能够加入我们的行列，为繁荣学术研究，也为西北边疆的稳定与繁荣做出我们应有的贡献！

中国边疆史地研究中心主任、研究员　厉声

序（二）

    中煜博士的著作《交通态势与晚清经略新疆研究》，承中国边疆史地研究中心主任厉声教授推荐，作为《中国边疆研究文库》之一种，即将由黑龙江教育出版社出版。著者嘱我作序。作为边疆史地图书的热心读者，我很高兴能在这里谈点感想。

    清同治四年（1865 年），中亚浩罕汗国的帕夏（军队总司令）乘新疆发生反清起义之机，率兵入侵，占领南疆八城，建"哲德莎尔汗国"。又攻陷乌鲁木齐，将其势力扩至北疆。俄罗斯观衅而动，于 1871 年侵占新疆首府伊犁。汉唐以来，中国经营几近两千年的广阔领土，至此沦为异域。光绪元年（1875 年），左宗棠奉旨以钦差大臣督办新疆军务。他指挥西征军以摧枯拉朽之势收复乌鲁木齐，平定天山北路。南下攻克达坂城、吐鲁番。阿古柏兵败自杀于库尔勒，哲德莎尔汗国灰飞烟灭。1881 年，清廷乘战胜之余威，通过谈判收回伊犁。沦陷十多年的 170 多平方公里的疆土重归天朝版图。一场名垂青史的正义战争获得了伟大的胜利。

    一百多年来，学者们研究左宗棠西征新疆之役，关注的重心或是塞防与海防之争，或是"先北后南，缓进急战"的用兵方略，再现战争的进程，有不少名作问世。徐中煜博士独辟蹊径，着力探讨关乎西征成败的筹兵、筹饷、筹粮与筹运。缘左宗棠说，西北用兵，"筹饷难于筹兵，筹粮难于筹饷，筹转运又难于筹粮"。本书对筹兵、筹饷、筹粮都有精到的叙述，但重点是筹转运。从上海经汉口、西安、兰州到喀什，兵员、军械、军装、军粮、军饷万里转输，举凡粮台采运局之设置、道路桥梁之修整、驼运车运之组织、民运官运之选择、军屯民屯之部署、水源之探寻、驿站之恢复，均能广征博引，再现左帅当年缜密决策，跨越大河、高山、戈壁、沙漠，为西征军提供后勤保障的恢弘场景。其搜求之完备，叙事之准确，体现了作者勤奋、扎实的治学风格。中煜的研究成果，从另一个侧面深化了我们对左宗棠西征的认识。

当今，三种极端势力肆虐，"疆独"活动猖獗，威胁着新疆社会的稳定和我国领土的完整。出版本书，重温左公引边荒艰巨为己任的伟大精神和经营西北的宏图伟略，对我们应对三种极端势力的挑战，粉碎"疆独"的分裂图谋，将提供有益的历史借鉴。

为学之道，在求异不在趋同。求异方能有创见，才能有进步。中煜不甘落入窠臼，力求创新，已有小成，望能照此做去，取得更好的成绩。

是为序。

北京大学历史学系教授　徐万民

目　录

《新疆图志》系由袁大化主持、王树楠和王学曾编纂，共116卷，200余万字，分建置、水道、沟渠、道路等志，是官修的清末交通态势相关资料之集大成者。

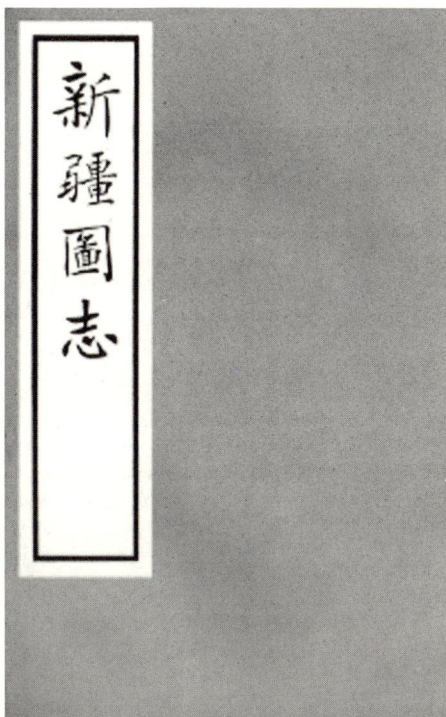

《新疆图志》书影

绪　　论

新疆地处西垂，由于战略地位十分重要，因此，对其风土人情、交通道里的记述和研究已成为仁人志士的一种学术传统。主要包括：

第一，有清一代的重要著述。主要包括：洪亮吉的《伊犁日记》和《天山客话》，祁韵士的《西陲总统事略》《西域释地》《西陲要略》，徐松的《西域水道记》和《汉书西域传补注》，松筠的《新疆识略》，龚自珍的《西域置行省议》，林则徐的《荷戈纪程》，魏源的《圣武记》，魏光焘的《勘定新疆记》，钟广生的《新疆志稿》，阚仲韩的《新疆大记》，吴廷燮的《新疆大记补编》，林竞的《新疆纪略》等。上述著作多是对新疆史地、风土人情的总汇，为后人了解近代新疆提供了珍贵资料。其采用的多是传统的史学研究方法，其中也包含了不少关于交通运输建设、交通运输形势的史料，但不甚系统，是本项研究的基础性资料。

第二，参与治理新疆的重要历史人物的文集。这方面重要史料包括：《左文襄公全集》《左宗棠全集》《林则徐集》《刘襄勤公奏稿》等，这些文集在记述历史人物重要史实、重要思想的同时，也对交通运输情况有所提及，但需进行认真甄别和收集。

第三，近代以来官方的各种典籍。这方面的资料包括：昆冈等修、吴树梅等纂的《钦定大清会典》，昆冈等修、李鸿章等纂的《钦定大清会典事例》，奕䜣总裁、陈邦瑞总纂的《钦定平定陕甘新疆回匪方略》，袁大化主持、王树楠和王学曾编纂的《新疆图志》，朱寿朋编纂、张静庐等校点得到《光绪朝东华录》，以及《宫中档雍正朝奏折》《宫中档光绪朝奏折》《大清高宗纯皇帝实录》《大清宣宗成皇帝实录》《大清德宗景皇帝实录》《清穆宗实录》等，以及《军机处录副折·军需类》《军机处录副折·民族类》《军机处录副折·帝国主义侵略类》，《宣统政纪》等，这些资料中有不少关于新疆交通运输管理制度、运输条件，与交通运输有关历史事件、物资及人员往来的情况等记述，也需进行认真搜集与整理。

第四，与本课题研究直接相关的大量今人编辑的资料集。比较重要的包括：《近代史资料》《新疆文史资料》《乌鲁木齐文史资料》《天津文史资料》《内蒙古文史资料》《新疆地方历史资料选辑》《清代新疆稀见史料汇辑》《新疆乡土志稿》《清代中俄关系档案史料选编》《中国近代中外关系史资料选辑》《中国近代航运史资料（1840—1895）》《中国近代工业史资料》以及《中国近代经济史统计资料选辑》等，这些史料中，有当事人对于内地商民"赶大营"、新疆交通运输近代化的记述，如刘德贺的《解放前新疆的交通运输》（载于《乌鲁木齐文史资料》第6辑）、王鑫岗等的《天津帮经营西大营贸易概述》（载于《天津文史资料》第24辑），等。

第五，现当代国内外学术界关于新疆史地、新疆交通运输、晚清新疆重要历史人物、晚清新疆重要事件等的研究专著。主要包括：左焕奎的《左宗棠略传》，龙盛运的《中国近代史专题研究丛书·湘军史稿》，华立的《清代新疆农业开发史》，林永匡、王熹的《清代西北民族贸易史》，刘志霄的《维吾尔族历史》（中编），厉声的《新疆对苏（俄）贸易史（1660—1990）》，李兴盛的《中国流人史》，中国社会科学院近代史研究所编写的《沙俄侵华史》，魏丽英的《晚清西北社会经济史研究》，马汝珩、马大正主编的《清代边疆开发研究》，潘志平的《中亚浩罕与清代新疆》，钟兴麒的《新疆建省评述》，王戎笙的《清代的边疆开发》，管守新的《清代新疆军府制度研究》《新疆通志·邮电志》，俄国Ａ·Ｈ·库罗帕特金的《喀什噶尔》，俄国尼·维·鲍戈亚夫连斯基的《长城外的中国西部地区》，英国包罗杰的《阿古柏伯克传》，等。上述尽管没有评述晚清新疆交通运输建设、交通运输战略的专著，但有大量物资流通、人员往来的记述，为本课题研究提供了重要参考资料。

第六，近15年来，当代学者专家发表了不少关于新疆交通运输、晚清治理新疆战略等方面的研究文章。其研究主题、重点主要分为以下几类：

一是对新疆交通运输建设、清政府经略新疆做出重要贡献历史人物的研究文章，这类人物集中在左宗棠、刘锦棠和林则徐。主要包括：刘志霄的《林则徐——中国"塞防"思想的承前启后者》（《西域研究》1995年第4期），牛济的《论左宗棠对新疆的经济开发与建设》（《人文杂志》1996年第6期），马啸的《左宗棠与西北公路建设》[《陇东学院（社会科学版）》]2003年第2期，王淑梅的《刘锦棠与新疆建省》（《西域研究》1994年第3期），童远忠的《刘锦棠与近代新疆的开发和建设》[《常德师范学院学报（社会科学版）》2000年第11期]，等。

二是对新疆交通运输建设进行专题研究的文章。比较重要的有潘志平的《清代新疆的交通与邮传》（《中国边疆史地研究》1996年第2期），黄达远、栗民的《近代新疆铁路规划述论》[《西南交通大学学报（社会科学版）》2005年第6期]，苗健的《新疆近代邮电事业的创建与发展》（《新疆社会科学》2008年第1期），黄盛璋的《晚清对丝绸之路的勘察和实测地图的发现》

（《西域研究》1991 年第 1 期），王志强、姚勇的《清代新疆台站体系及其在边疆开发中的作用》（《西域研究》2007 年第 4 期），李建国的《略论近代西北地区的陆路交通》（《历史档案》2008 年第 2 期），等。

三是对晚清治理新疆方略进行研究的文章。比较重要的有：彭森鹏的《浅析清朝中后期"因俗而治"治疆理念的弊端》（《昌吉学院学报》2008 年第 6 期），苏德的《晚清筹边改省奏议与治边政策概论》[《内蒙古大学学报（人文社会科学版）》2002 年第 4 期]，齐清顺的《我国历代中央王朝治理新疆政策的历史进程》（《新疆社会科学》2004 年第 5 期），王恩春的《清朝对新疆的治边方略述论》[《黑龙江民族丛刊（双月刊）》2009 年第 1 期]，冯建勇的《英俄在新疆的角逐与清政府之政策回应——以 1851—1911 年为中心》（《新疆社科论坛》2009 年第 4 期），季云飞的《清代新疆建省述论》（《江苏行政学院学报》2002 年第 2 期），陶用舒、易永卿的《左、李塞防与海防之争新论》（《安徽史学》2004 年第 4 期），等。

四是对晚清新疆人员往来状况进行研究的文章。比较重要的有：贾秀慧的《试析近代新疆商业史上的"津帮八大家"》（《新疆地方志》2004 年第 3 期），王亚彬的《杨柳青人"赶大营"的历史探析》（《岱宗》2009 年第 4 期），杨俊国、马世翔的《试论清代新疆晋商》（《昌吉学院学报》2008 年第 2 期），等。

五是对晚清新疆物资流通状况进行研究的文章。比较重要的有：潘志平的《清季新疆商业贸易》（《西域研究》1995 年第 3 期），钟兴麒的《新疆建省与社会经济发展》（《西域研究》1994 年第 4 期），徐中煜的《军粮采运与左宗棠收复新疆》[《新疆大学学报（社会科学版）》2010 年第 2 期]，徐中煜的《左宗棠收复新疆时的军械军火运输》（《西域研究》2003 年第 2 期），等。

总体来看，上述研究文章具有如下特点：第一，涉及新疆交通运输建设的各个方面，如邮政、电报（线）、铁路规划、公路建设；第二，研究与新疆交通建设相关的重要历史人物或群体，集中在左宗棠、刘锦棠二人，对津帮八大家、迪化总商会、传教士、探险家等也有所论述；第三，研究与新疆交通建设密切相关的重要历史事件，如左宗棠西征、新疆建省、清末新政等；第四，对近代以来清政府治理新疆战略有所研究，主要包括对军府制度、流放制度、行省制度等制度，海防和塞防之争、"因俗而治"等治边理念，"先北后南、缓进速战"等平定新疆作战原则的研究。

然而，上述研究具有一定局限性，专题研究交通运输情况的文章并不多见：第一，或侧重于交通运输形势的描述，或侧重于治边思想的分析，或侧重于重点历史人物、历史事件的论述，少有将上述因素统筹进行的研究；第二，在新疆史地研究上，围绕重点人物展开事件研究仍是通常做法，少有进行普遍性的研究；第三，现有的研究仍多为运用单纯史学方法、经济学方法进行文献研究，少有综合运用经济地理学、史学和社会地理学的研究方法；第四，定性研究多，定量研究少；第五，现有对交通运输的研究多是从人文地理、经济开发、对外贸易往来等角度进行，少有从政治治理理念、治理结构等角度进行，等等。

笔者认为，今后一段时期关于西北史地、治理方略研究具有下列发展态势：第一，定量研究有增加趋势；第二，对新史料的挖掘有深入的趋势；第三，进行多学科交叉研究有扩大趋势；第四，对中央政府治边思想、治边战略、治边管理系统架构等研究有日趋升温的趋势；第五，除了西征、建省等重大事件外，学术界对新疆问题的研究越来越注重对常态社会情况的研究，而交通建设、交通运输以及与此相关的交通线路开发与维护、人员流动、物资流动、交通运输管理体制日益引起人们关注；第六，在与新疆交通建设有关的人物中，除左宗棠、刘锦棠之外，对于杨缵绪、胡光镛等人的研究也开始有所涉及。

　　在广泛吸收学术界已有研究成果基础上，本项研究拟在以下方面取得一定突破：

　　第一，鸦片战争前后新疆交通运输形势如何，与内地及境外之间的人员往来、物资交流大致情况如何，上述情况与清政府经略新疆战略之间存在何种关系。

　　第二，鸦片战争前后新疆与内地丝绸、军需物资的采运情况如何，新疆与俄国的物资采运情况如何，俄国等学者、探险家对地理、交通线路考察情况，以及上述物资流通与清政府经略新疆思想之间是何关系。

　　第三，清政府"先北后南""缓进急战"进军战略的制定与近代西北交通运输形势关系如何；上述战略与清前期历次用兵新疆有何不同，本为军事行动辅助的交通运输何以成为决定本次战争胜负的关键环节；清政府收复新疆过程中的交通运输全貌到底如何，这种建设及军需用品运输管理体系的形成与随后的"建省"之间关系如何；西征时的军械、军火、军饷、军装、军粮运输情况以及军报传递的实际效果以及对西征时交通运输实效如何评价。

　　第四，建省时期新疆近代化交通运输方式的发展态势以及对清政府经略新疆之间存在何种关系，建省后对道路交通进行了哪些建设情况以及对清政府经略新疆之间存在何种关系；建省后人员往来，如犯官、留学生选派以及内地大批商民到来情况及其对清政府经略新疆之间存在何种关系；建省后物资流动情况及其与清政府经略新疆之间的关系如何。

　　总之，通过本项研究，要进一步搞清交通运输与中央政府经略新疆之间的关系，寻找交通运输形势与治理模式之间蕴含的逻辑关系；进一步厘清"交通运输"的概念、内涵，并对研究历史时期的交通运输提供一定的参考维度；为在西北史地研究中综合运用经济地理学、中国近代史、社会地理学等理论进行交叉研究提出新的研究模式。

第一章　丝绸古道的漫漫尘埃

□ 丝绸之路主要指沙漠之路，大致说来，从现在的西安出发，经河西走廊入新疆，然后分北、中、南三路继续西行。

丝绸之路

丝绸之路路线图

第一章 丝绸古道的漫漫尘埃

　　人类进入文明社会以后，"衣、食、住、行"就成为日常生活的重要组成部分。其中，"行"表达了人群之中相互交往、沟通讯息的客观需求，而这一切都离不开交通设施和交通工具。随着社会的发展，人们的观念也在不断更新之中。"交通"一词随之经历了一个历史演化过程。春秋时，庄子认为天地间事物的产生是由阴极和阳极"两者交通成和"的结果，这里为相互关联、相互作用之意；《史记·魏其武安侯列传》说灌夫"诸所与交通，无非豪杰大侠"，此处指他和地方首领交游来往的意思。到了唐代，大文学家韩愈称他和李白、杜甫之间"精诚乎交通"，意指他们在文学情感上心心相印；此外，"交通"一词还有贬损之意，如《汉书》中说燕国太子丹"交通郡国豪猾"，用作勾结之意。

　　作为"道路"所解之"交通"，较早见于陶渊明的《桃花源记》，其中"阡陌交通，鸡犬相闻"一句描绘了作者心目中的田园风光。这里的"交通"意指四方通达，与现代意义相通。那么，现代汉语中"交通"确切为何意呢？《辞源正续编合订本》中指出，"交通"乃"人之往来，货物之运输，彼此通达无阻之谓也。"[①] 这里，简要地勾勒了交通方式的发展与演变。现在，比

[①] 《辞源正续编合订本》，86 页，北京，商务印书馆，1939 年 6 月第 1 版，1947 年 2 月第 15 版。

较通行的涵义是"①互相通达；②交往、勾结"，① 取之于广义。从这个意义上看，包括电报（线）在内的近代邮电当属于"交通"方式的范畴之中。

从历史眼光看，横亘西陲、联系外部而又颇具神秘色彩的"丝绸之路"就起着典型的货物运输、人员往来和文化交流的作用。而谈到新疆的交通运输，必须追根溯源，先从丝绸之路说起。

一般所说的丝绸之路，是指上古以来自东亚经中亚及西亚连接欧洲及北非的东西道路的总称。德国著名地理学家李希霍芬（F·V·Richthofen）最初给这条路以此命名。他将"自前114年至公元127年间连接中国与河中以及印度的丝绸贸易的西域道路"称为 Seidenstrassen，②the silk Road 是其英译名。1910年，德国汉学家艾伯特·赫尔曼在其所著《中国和叙利亚之间的古代丝绸之路》一书中正式将其采用为书名，并且提议"我们应该把该名称（丝绸之路）的涵义进而一直延长到通向遥远西方的叙利亚"③，这样，"丝绸之路"逐步成为一个世界通用的名词。

"丝绸之路"不仅是贸易之路，也是文化之路、文明之路。正如季羡林先生所指出："在全人类历史上影响深远、持续时间很久的大的文化体系只有几个，这就是：中国文化体系、印度文化体系，闪族伊斯兰文化体系，希腊、罗马、西欧文化体系，而这四大文化体系汇流的地方只一个，这就是中国的新疆地区。其所以能够在这里汇流，则是归功于贯穿全区的丝绸之路。"④ 千百年来，在这条路及其相邻地区，不知上演了多少次刀光剑影、悲

---

① 《辞源》，151页，北京，商务印书馆，1979。
② F·V·Richthofen. China, Bd, 1, Berlin, 1877, 454ff.
③ A·Hermann. Die alten Seidenstrassen Zwischen China and Syrien, Berlin, 1910, 10ff.
④ 季羡林：《丝绸之路贸易史研究·序》，参见李明伟主编：《丝绸之路贸易史研究》，兰州，甘肃人民出版社，1991。

欢离合，而文化、文明正是附着于野蛮和血腥，贪婪和欲望进行碰撞乃至融合的。

一、丝绸之路开通的自然及人文底蕴

丝绸之路的产生和其所处的地理位置密切相关。我国西北地区位于亚洲大陆中心腹地，便于经陆路同亚欧各国交往。早在殷商时代，甲骨文中就已出现"桑""蚕""丝""帛"等象形文字。从这时起一直到元代止，由于造船技术和航海技术的限制，使得海上交通还不够发达。在这种情况下，经由西北陆路交通进行东西方交往成为必需。

丝绸之路的开通有其自然基础。其间虽有险峻山峰阻隔，但都有山口通道可行。途径河流多为内流河，水源多靠山地降水及高山雪水补给。在广大干旱地区中还点缀着不少绿洲，丝绸之路上的行人可借此获取必要的食物与饮水补给。

丝绸之路的形成还有其深厚的文化基础。以儒家文化为本宗的中华文化由于长期处于领先水平，使得向周边国家和地区进行文化传播成为必然。传播方式除日常的商贸往来外，往往还借助于中央王朝的军事驻屯。一旦中原变乱，因丝路上支线繁多，在商业利益驱使下，各种交往依然绵延不绝，各种文化冲突、融合剧烈，呈现出五彩缤纷的特征。

在历史上，丝绸之路具有数条干线和许多支线，大致可以分为四条：

第一条，草原丝绸之路，指横贯欧亚大陆北方草原地带的交通路线；第二条，绿洲丝绸之路（又称沙漠丝绸之路），指经过中亚地带片片绿洲的道路；第三条，海上丝绸之路，指经过东南亚、印度，到达波斯湾、红海的路线；第四条，西南丝绸之路，指经四川、贵州、云南、西藏、广西到达印度、东南亚以远的通道。

为世人通晓的丝绸之路主要是指绿洲之路，又称沙漠之路，

大致说来，从中国汉唐都城长安出发，经河西走廊入新疆，然后分北、中、南三路继续西行（见图 1：丝绸之路南、中、北路示意图），分别通至黑海沿岸、地中海沿岸和非洲北部等地区。

二、丝绸之路发展的历史轨迹

一条交通路线的产生、发展，不但要受自然地理因素的制约，更要受到社会政治形势的影响。历史已然证明：政治的强大，会形成十分有力的组织力量，恶劣的自然地理环境也会因此而得以改善；同样，社会的力量也能使自然条件比较优越的交通线路受到阻断，成为难以逾越的障碍。正是由于历史上丝绸之路沿线及相邻地区，尤其是其发源地——中国中原地区政治、军事形势的不断变化，使得具体道路走向随之而发生一些变动。

近年来的考古发现充分证实，"早在张骞使西域之前很久，新疆地区与黄河流域的经济、文化联系已经存在，追溯到公元前13—12 世纪，即相当于中国殷商王朝的后期，新疆与黄河流域一带的经济联系，已经达到相当的规模"①。那么，当时的具体路线又如何呢？《史记·赵世家》有"秦以三郡攻王之上党，羊肠之西，句注之南，非王有已。逾句注，斩常山而守之，三百里而通于燕，代马胡犬不东下，昆山之玉不出，此三宝者亦非王有已"的记载。② 这就传达了一个信息，赵国当时对西北地区所产的马、犬、玉有较大需求，其采买路线是经过今天山西北部的"句注、常山"，而后可进入河套地区；更西可进入河西走廊（见图 2：最早的丝绸之路示意图）。与西汉以后"丝绸之路"不同的是，这一通道只是分段运行着的路线，没有汉朝以后那样统一的规制、建设。对于先秦时期中原与新疆地区的交往，张星烺有一段精彩的论述："鄙意秦皇以前，秦国与西域交通必繁，可无疑义。汉

---

① 王炳华：《丝绸之路考古研究》，2 页，乌鲁木齐，新疆人民出版社，1993。
② 《史记·赵世家》第 34 卷。

初执政者，皆丰、沛子弟，悉非秦人。秦国之掌故，鲜能道者，以致秦国与西域之交通事迹，史无详文也"①

虽然中国与西方之间的丝绸之路在不知不觉中已经存在了数千年，但是，具有完全意义的丝绸之路的开辟，却是以前138年汉武帝派遣张骞出使西域为标志（见图3：张骞西行路线图）。在此之前，由于匈奴在焉耆地区设置着统领西域的"僮仆都尉"，所以，西汉与西域交往，只能是出敦煌，自阿尔泰山北麓、昆仑山北麓西行，走一条匈奴控制薄弱的路线，时称为"南道"；与此并存，出敦煌后，沿疏勒河谷，经过白龙堆、盐泽、楼兰到焉耆盆地，沿天山南麓西行出大宛还有一条道路，时称为"北道"。

张骞通西域是伴随着西汉政府与大月氏寻求联盟之需和探查西域古道而展开的。这条道路从西汉国都长安出发，或由凤翔至秦州（今甘肃天水）至金城（今甘肃兰州）上河西走廊，或由陕西彬县越六盘山至凉州（今甘肃武威）入河西走廊；再由河西走廊，经过甘州（张掖）、肃州（酒泉）、敦煌出阳关或玉门关，或沿昆仑山北麓，即塔克拉玛干沙漠南缘，经鄯善（古楼兰）、若羌（今新疆若羌）、且末、于阗（今新疆和田）到疏勒（今新疆喀什），或沿天山南麓，即塔克拉玛干沙漠北缘，经伊吾（今新疆哈密）、车师前王庭（今新疆吐鲁番）、焉耆（今新疆库尔勒）、尉犁、龟兹（今新疆库车）、姑墨（今新疆阿克苏）到疏勒，再由疏勒越葱岭到大宛，或由大宛去安息、条支、大秦，或由大宛去康居，南下身毒——以上为最具代表性的"丝绸之路"。

汉宣帝时，逐走匈奴的"僮仆校尉"，建西域都护，并在乌孙国都赤各屯田。汉元帝时，增设戊己校尉，在车师前王庭屯田，此时，西域开始成为汉王朝版图的组成部分，为丝绸之路的畅通提供了有力的政治和军事保障。后世对此曾给予高度评价，

---

① 张星烺：《中西交史料汇编·上古时代的中外交通》（第一册），转引自王炳华著：《丝绸之路考古研究》，180 页，乌鲁木齐，新疆人民出版社，1993。

王国维曾有诗云："西域纵横尽百城，张陈运略逊甘英。千秋壮观君知否，黑海东头望大秦。"①

与西汉时期相比，魏晋南北朝阶段，"丝绸之路"沙漠道的最大变化，是避开异常艰难的白龙堆，另觅新途并获得了成功。新辟之道路，一是使经伊吾绿洲到吐鲁番的路线更为顺畅，再是使经"五船北"的新道成为现实。当时，"从敦煌、玉门关入西域，前有二道，今有三道。从玉门关西出，经若羌，转西越葱岭，经悬度，入大月氏，为南道；从玉门关西出，发都护井、回三陇、沙北头，经居庐仓，从沙西井转西北过龙堆，到故楼兰，转西诣龟兹，至葱岭，为中道；从玉门关西北出，经横坑，辟三陇沙及龙堆，出五船，北到车师界、戊己校尉治所高昌，转西舆中道合龟兹，为新道"②。

关于这条新道之具体走向，历来多有争论。根据有关古籍记录，参证近年出土的古文书资料，结合自然地理形势，可得出结论：这一新道，实际就是从高昌城东出柳中，沿库木塔格沙漠西、南缘，翻越库鲁克塔格山、进抵疏勒河流域，而抵达古玉门关的路线。这条支线避开了险象环生的白龙堆沙漠，而且路程大大缩短，故受到人们的重视。③

进入隋唐，丝绸之路日益通畅，呈现出空前繁盛的景象。《隋书·裴矩传》对这时的丝路有下面的记述："发自敦煌，至于西海，凡为三道，各有襟带。北道从伊吾，经蒲类海铁勒部、突厥可汗庭，度北流水，至拂菻国，达于西海。其中道从高昌、焉耆、龟兹、疏勒，度葱岭，又经钹汗、苏对沙那国、康国、曹国、何国、大、小安国、穆国至波斯，达于西海。其南道从鄯善、于阗、朱俱波、喝槃陀，度葱岭，又经护密、吐火罗、漕

---

① 王国维：《王国维文学美学论著集》，311 页，太原，北岳文艺出版社，1988。
② 《三国志·魏书·乌丸、鲜卑、东夷传》第 30 卷，注引《魏略·西戎传》。
③ 王炳华：《丝绸之路考古研究》，14 页。

国，至北婆罗门，达于西海。其三道诸国，亦各自有路，南北交通。……故知伊吾、高昌，鄯善并西域之门户也，总辖敦煌，是其咽喉之地。"虽然当时有多条道路，但结合交通地理条件，通过伊吾进入天山南麓的路线，经过伊吾、北庭进入伊犁河谷的路线，则明显居于主要地位。

为保证丝路的交通安全，唐政府在沿线设置驿馆，配置驿马、驿丁，保证往来官员交通、食宿之需。此外，唐政府在丝路沿线还设置军镇，从而保证边界安宁和交通畅通。据吐鲁番出土文书，自甘州到西州途中有悬泉、苦水、常乐、监池守捉；自西州至庭州，有赤亭烽、酸枣戍，岸头府游奕所；自西州至安西都护府途中有铁门关镇戍守捉。对于西州一类丝路要冲还要设置"长行坊"专司运输，运输工具有牛车、马、驴等。据不完全统计，全唐诗中边塞诗约有1 800多首，其中与丝绸之路有关的近1 500首，占边塞诗80%以上。唐诗中描述丝绸古道的兴盛，从一个侧面反映了当时中西陆路交通的繁荣，形成一种深入人心、淳朴厚重的文化沉淀。

五代、宋初时期的河西地方，丝路分别归属不同的割据政权管辖：在沙州、瓜州有曹氏归义军，在甘州有甘州回鹘，在凉州有西凉吐蕃。1035年，西夏控制了丝绸之路的中段部分，东西贸易便以西夏为媒介，沿着河西→兴庆府→天德军→归化州→上京（或称燕京）的路线进行。丝绸之路经历了有史以来最为重要的历史变迁。

到了金代，更加频繁地利用上述路线了。金以后，元、明、清历代王朝的都城大致都在今北京一带。这样，丝绸之路的东端大幅北移。[①] 这不仅是一条商道的变迁，更是政治、文化重心的改变。草原丝绸之路因其平坦、近便而活跃起来，加以航海技

① 长泽和俊著，钟美珠译：《丝绸之路史研究》，373～403页，天津，天津古籍出版社，1990。

术、造船技术之提高，海上贸易日益兴隆，绿洲丝绸之路的历史地位日趋下降。

在整个 13 世纪中，蒙古铁骑摧毁了五代以来横亘于丝绸之路的人为障碍，使这条千年古道再次成为中西交通的重要枢纽。当时，欧亚陆路商道大体以察合台汗国首府阿力麻里（今新疆霍城附近）为枢纽，东西段均各分为两大干线。

东段：一条由哈喇和林（今蒙古国鄂尔浑上游一带）西行，先后越过杭爱山、金山（阿尔泰山）抵乌伦古河上游，然后沿该河行至布伦托海，再转西南到阿力麻里；另一条，由大都（今北京）西行，由宁夏过黄河入河西走廊，然后或由天山北道抵阿力麻里，或由天山南道入中亚阿姆－锡尔河流域。当年，马可·波罗由陆路来中国，即走此路。

西段：一条由阿力麻里经塔拉思（今中亚江布尔）取道咸海、里海以北，穿康里钦察草原抵伏尔加河下游的撒莱，再由此或向西通往东欧各地，或经克里来亚半岛过黑海至君士坦丁，或经高加索到小亚细亚；另一条由阿力麻里入中亚两河之中，经撒马尔罕、布哈拉去呼罗珊（今阿富汗西北和伊朗东北），再达小亚细亚。这相互交叉的两条大干线之间，还有许多支线和间道，正好反映了以驿路为基本走向的欧亚贸易之路网络型的结构特点。

三、丝绸之路的逐步衰微

与丝绸之路开通有深刻历史原因一样，蒙元之后丝绸之路的衰微乃至逐步退出历史舞台，也具有历史必然性。

一是与对外贸易商品种类变化及其运输路线的相应改变密切相关。丝绸之路运行的千年之间，曾经占主导地位的是一些豪华的奢侈品。① 为了满足贵族奢华的生活，完全不惜运输者的生命。

---

① 布尔努瓦著，耿升译：《丝绸之路·序》，转引自李明伟主编：《丝绸之路贸易史研究》，136 页。

唐宋以后，对外贸易商品发生了很大变化，输出品除丝绸外还有瓷器，输入品则主要是各类香药。对于瓷器而言，为了便于运输，一般会选择海上交通；对于香药而言，生产地除了阿拉伯地区外还有南洋各地，这样，通过原先的绿洲丝绸之路交易的奢侈品不论从种类还是数量上必然会大幅减少。后来，奢侈品的需求人群逐步由贵族走向平民，人们开始选择尽可能便捷的新的交通运输工具和交通线路。近代航海技术的发展和新航线的开辟，客观上使这种选择成为可能，形成了丝绸之路逐渐衰落的主要原因。

二是与中国古代经济重心逐渐南移、政治重心相应变化的史实密切相关。历代以来，南北方人口分布的每次变化（见表1：中国古代南北人口布局变动简表），都对丝路贸易产生了重要影响。唐代以前，丝路贸易以北方关中地区为中心，通过关中至西北的陆路与西方各国、各地区进行经济交流，受到北方地区商品生产、商品消费规模的影响。而北宋以后，人口在中国南北两大区域间的迁移、流动直接引起了南北方劳动力资源布局的重大变动，使得丝绸之路上的商品供应量呈衰减趋势（见表2：北宋末年南方所产丝绸绢匹占全国比重表）。

经济重心南移的同时，政治重心也发生变化。唐代以前，大部分中央王朝建都于中原（多为长安或洛阳），他们不断加强西北建设，巩固边防，在客观上促进了绿洲（沙漠）丝绸之路的繁荣与兴盛。唐代以后，在南方建都的王朝逐渐增多。尤其是南宋王朝建都于临安（杭州），使中国政治重心南移。此后，元、明、清皆建都北京，又造成了政治中心的东移，然而，距离西北则更为遥远了。此时，经由漠北的草原与中亚各国进行来往、贸易更为近便，称为造成绿洲丝路衰落的原因之一。①

三是新航路的开辟最终使海路运输取代陆路运输而成为中西

---

① 刘进宝：《敦煌学述论》，68页，兰州，甘肃教育出版社，1991。

交通的主要途径。15—16 世纪新航路的开辟，引起了世界范围的商业革命。"美洲的发现，绕过非洲的航行，给新兴资产阶级开辟了新的活动场所……使商业、航海业和工业空前高涨。"① 海上贸易的迅猛发展，使欧洲贸易中心由地中海区域转移到大西洋沿岸。在新航路发现后，各国就基本上放弃了过去的陆路转口贸易而直接通过海外贸易来获得中国的丝、瓷、漆等商品了，这就从很大程度上对绿洲丝绸之路产生了外部限制作用。②

　　虽然旧有道路系统及其人员往来、物资流通还存在着，但从元代以后，"丝绸之路"作为中西交通主渠道的地位已日渐衰微。到了晚清，伴随着整个国家的积贫积弱，又成为交通运输布局体系落后的一个缩影，主要表现在：面对内忧外患，近代中国防御的重点方向由过去北部边防转为沿海与周边陆路并重的全方位防御，在"塞防""海防"之争不绝于耳的情况下，清政府对西部地区的交通运输管理很难兼顾；晚清洋务运动主要集中在军事工业之上，对近代化的交通运输建设没有给予高度重视，未能建立适合大规模对外战争需求的网状运输线，也未能建立以战略腹地为中枢的国际陆路干线通道，广大西部地区的交通运输往往还停留在自然状态：以人力、畜力等为主要动力的传统运输方式未能及时向以汽车、火车等为主要运输工具的近代运输方式转变，也就未能及时形成以铁路网、公路网为主干的近代化交通运输网络。

　　就这样，经过几千年的风沙吹袭，丝绸之路作为中西商贸主要通道的战略地位最终被取代。当然，丝绸之路旧道仍然是新疆地区与外界之间交往的纽带。只不过，时过境迁，由于自然地理环境恶劣，加之缺乏有效的建设、管理，这条道路日趋封闭、没落，我们只能通过仍依稀可辨的遗迹来想见其昔日的辉煌。

---

① 马克思，恩格斯：《共产党宣言》，24 页。
② 蒋致洁：《试论丝绸之路贸易的衰落》，见李明伟主编：《丝绸之路贸易史研究》，135～151 页。

第二章 鸦片战争前后的新疆交通态势

□ 林则徐是赴新疆「遣犯」的杰出代表，对开发边疆、促进文化融合做出了独特贡献。

林则徐画像

第二章　鸦片战争前后的新疆交通态势

古老的"丝绸之路"虽然走向衰落，然而，作为一条重要的线路，在与内地、京师联系方面仍举足轻重。

一、清代前期新疆交通运输形势

时间虽才过去一个多世纪，但历史已让昔日的古道蒙上了神秘面纱。由京师至新疆，大抵有以下几条线路：一条可由京师北上张家口，再用骆驼经归化及蒙古草地而抵新疆奇台；一条由京师顺官路，经保定、太原、西安、兰州、肃州出嘉峪关至伊犁；第三条是由京师顺台站路，经昌平、大同、神木、灵州、张掖、肃州出嘉峪关至伊犁。① 它的落后性主要表现在所谓官道和民间商道的分野之上（见表3：新疆道路里程表）。

（一）交通运输工具及路况

由于新疆气候干旱，加之境内荒漠、戈壁分布很广，故骆驼是当地颇具特色的运输工具。它有软而大的蹄子，行时不陷入沙窝；由于是反刍类动物，胃有水囊，喜食碱性的刺草，路途中常不饮水，可以支持较长时间。它还有预知风向的本领，晚间倒沫，白天放牧，本能地把尾巴向着风头，这样，驼民就可以掌握

---

① 林竞：《新疆记略》，23 页，乌鲁木齐天山学会，1918。

未来风向的变化。①

除了骆驼之外，在官道之上，依据实际情况，每一驿站还配备一定数量的马匹（有些还有牛）。按照清朝定制，"甘肃省设马赢6 525匹；伊犁马302匹，牛95只；塔尔巴哈台马110匹，牛20只；乌鲁木齐马760匹，牛95只；巴里坤额设马160匹；吐鲁番设马160匹；喀喇沙尔设马1 378匹；库车马136匹，牛54只；乌什马49匹，牛8只；阿克苏马308匹，牛173只；和阗设马30匹，驴17头，牛40只；喀什噶尔马75匹，牛10只"②；故整个地区额设驿马共2 456匹，驿牛734头，赢2头，驴19头。骆驼的载重量一般为一百二十公斤至一百五十公斤，长途运输，每年三至六月或四至七月为休牧时期，在此期间，必须放牧，不能担负运输任务，而由马匹、牛只从事运输。

此外，在官道上还有一定的额设车辆，如甘肃省额设车675辆，均每年报修。对于无车地方及不能行车之处，每车一辆折给夫四名，对于额设车辆，每年由兵部按一车一两四钱的买价银支给。③对于那些没有额设车辆而夫役拉运又不便的地方，可以雇佣车辆，价格上各地不一，陕西、甘肃照西路军需每车百里给银四钱五分来计算。

这样，整个新疆地区形成了以骆驼运输为主的交通运输方式，比起内地以马匹运输为主的交通运输方式来自然要缓慢得多；而且受季节影响，运输能力会有较大波动，从而使其与内地及邻近地区的贸易往来受到很大限制，经常出现物资供应匮乏的情形，这也是造成其贫穷、落后的根源之一。

除道路遥远、自然环境恶劣之外，道路状况也很糟，"处处

---

① 张慎微：《甘肃的骆驼运输》，见甘肃省政协之文史资料研究委员会编：《甘肃文史资料》第26辑，兰州，甘肃人民出版社，1986，110～111页。
② 昆冈等修，李鸿章等纂：《钦定大清会典事例》卷690，光绪二十五年大字石印，据北京大学图书馆藏本。
③ 同上，卷690。

是凹坑、石头和深深的辙沟，桥梁半塌甚至全然毁坏。这还是在好天气时的情形，如遇雨天泥泞，即使最原始的中国马车也无法通行"①。在这些道路上投宿颇为艰难。1842 年，被贬成伊犁的林则徐对此深有体会。他行至沙泉时，在日记中写道："此处旅店比昨日差不恶，向除土炕外别无一物，沿途之店大抵皆然。"②当年的禁烟英雄就是在这种风沙漫天、缺少水源的环境中，从 1842 年七月初六日自西安出发西行，带着"沙砾当途太不平……车厢簸似箕中粟"③ 的凄凉与无奈于十一月初十日才到达伊犁的，其间竟跋涉了 125 天之久！

（二）交通运输效率

由于新疆内、外交通的原始、落后，大大阻隔了其与祖国内地，特别是清王朝统治中心北京的政治、经济、文化往来。当时，按照各地离京距离远近和道路的现状，分别限定了各省督抚、将军、都统、提督的本章到京日期和官员到京日期。限定的本章到京日期如下：

陕甘总督（驻兰州）限十七日；陕西巡抚、西安将军（驻西安）限十三日；凉州镇、西宁镇限二十四日，甘肃提督限二十八日；肃州镇限三十一日；乌鲁木齐提督限三十六日七时六刻；巴里坤镇限三十日十一时四刻；伊犁镇限四十三日。④

需要指出的是：限定的日期属于平均时间。并且，事关军需紧要之文报要由军台加紧递送，一般奏报则一概由驿站接递。⑤须知，这么缓慢的速度乃是在清廷"官道"系统中由飞马驰递才

① 尼·维·鲍戈亚夫斯基：《长城外的中国西部地区》，207~208 页，北京，商务印书馆，1980。
② 林则徐著、中山大学历史系中国近代史教研室编：《林则徐集·日记》，426 页，中华书局，1962。
③ 林则徐：《塞外杂咏》第五首，《云左山房诗钞》卷 7，引自来新夏：《林则徐年谱新编》，545 页，天津，南开大学出版社，1997。
④ 《钦定大清会典事例》卷 696。
⑤ 同上，卷 696。

得到的，由此可以想见，民间"商道"上书信的来往，一定会比这个速度缓慢得多。

那么，人员往来的速度如何呢？按照清朝定制，"新疆各处程站、里数、限行的日期，令该将军大臣等依限行走。到任后即将到任日期报部……伊犁至京，计程一万一千五百四十九里，限一百九十三天，塔尔巴哈台至京计程九千六百二十四里，限一百六十一日；科布多至京计程六千二百八十里，限一百零五日"①。

当然，日常的人员往来比此定制当快无疑，这是因为官员赴任往往游山逛水，拜会亲朋故旧，于天气恶劣之时，还会于寓所小住几日，但大的趋势却是一致的：那就是往来异常艰辛。因此，为了尽可能加快人员往来（主要是官员往来）的速度，清政府不得不严加议处，规定："新疆各路奉差人员，除奉特旨前往及有紧要事务专差来京者，均当尽力趱行，毋庸豫定限期外，其寻常派委人员，总以日行一百里为率，如有迟违，由京赴新疆者，令该处大臣查檄参奏；由新疆来京者，令该管大臣查檄参奏，均交部议处。"②

在这样的道路上运输，除了速度迟缓之外，损耗也是惊人的。比如：通往新疆的陕甘官道上运送、起运的银两，③ 陕西省每年为正银一百三十四万一千三百六十一两七钱五分二厘，允许的耗银额为六万六千四百五十一两七钱二分八厘；甘肃省每年为正银二十一万四千四百九十四两五钱八分，而允许的"耗银"竟达一万五百三十五两九钱四分。④ 其中，耗银数包括两个部分：其一为运费所耗银两，其二为运解过程中由于道路险恶而丢损的银两，这两项都与恶劣的交通运输状况密切相关！

---

① 同前注④。此处关于伊犁距京师道路长度的记载与《清宣宗实录》略有不同，本文分别采用，不作取舍。
② 《钦定大清会典事例》卷696。
③ "凡州县须征钱粮运解布政使司候部拨用曰起用"，同上，卷169。
④ 同上，卷169。

（三）交通运输管理体制

清代前期，官道主要由军台（见图4：清代西北与北方地区军台戍所示意图）、营塘、卡伦构成，是新疆交通的主干，三者之间互有交叉，但也相对独立，全由政府经营。与此相联系，官道的管理也分别按三个不同系统来进行。

军台总体上形成的格局是（见表4：清代新疆军台道里表）：以伊犁为中心，一条是从伊犁经库尔喀喇乌苏（今乌苏）、乌鲁木齐、吐鲁番、哈密、出星星峡与嘉峪关相接的直通京师的台站路，还有两条内部干道和三条支道，道路全长达一万余里。① 全疆共有军台122座，归属军府驻扎大臣节制，一般每两座军台设一委笔帖式，每台外委一员，兵丁4至10余名，"供差回子"10至15户，每台备马10余匹，牛2只至10余只（或驼4只）不等，铁瓦车二三辆，鸟枪5杆，腰刀5把，及火药、火绳等装备。军台间距初多在百里左右，后陆续增添些腰站，大体以70里为一站。② 近年的文物普查资料为我们提供了军台建筑材料，以托克逊县境内苏巴什军台为例，该军台为砌石院落式建筑围墙，东西长89米，南北宽48米，呈现长方形，占地面积达4 200多平方米。③

营塘是以新疆绿营最高长官提督驻地乌鲁木齐为中心分三道安设的。④ 乾隆二十年（1755年）清军出征准噶尔达瓦齐时，曾在巴里坤至乌鲁木齐一线安设军台，阿睦尔撒纳叛乱时，这些军

---

① 这两条干道，即库尔喀喇乌苏至塔尔巴哈台的北疆干道和吐鲁番经叶尔羌（萨车）至喀什噶尔的南疆干道；三条支道，即伊犁直越冰岭至阿克苏的连接南北疆支道（即冰岭道）阿克苏至乌什支道，叶尔羌至阗支道——作者注。

② 文庆，等纂：《大清宣宗成皇帝实录》，卷110，14～15页，北京，中华书局，据北大定稿本影印，1986。

③ 新疆社会科学院考古研究所：《吐鲁番地区文物普查资料汇编》，载《新疆文物》，1988（3）。

④ 其东道由乌鲁木齐沿天山北麓经古城、巴里坤、哈密，出星星峡；西道与军台主干道并行；南道与军台主干道并行，经达坂城至吐鲁番——引自潘志平：《清代新疆的交通和邮传》，35页。

台全部被破坏。新疆平定之后，清政府在这一线不再设军台，而仅设营塘。随着政局稳定和乌鲁木齐绿营兵屯发展，乌鲁木齐以东改设郡县，于是，北道营塘改成驿站。营塘主要任务是转运政府物资（主要是军用物资）和接待差旅，故又称车驼营塘。营塘事宜较简，有兵无弁，有马匹而无牛只。一般每塘设兵 8 至 10名，马 8 至 10 匹，所需由提标各营于例估经费项作正项开支，归提塘募充、管理。

卡伦设于要隘，除驻防、巡逻外，也常参与通讯联络。新疆北部卡伦与蒙古、东北卡伦相连，形成大三北卡伦系统。由此，新疆北部与蒙古地区连接，并通过这一连接与京师联系在一起。①。

军台、营塘、卡伦各成系统，有分工也有合作，一旦军情紧急，分工就不那么严格。总的来看，营塘和卡伦的安设仅限于某些地区、某些地方，唯有军台遍布天山南北各城镇和军事驻防要地，因此，在没有营塘、卡伦的地方，军台就得肩负全部有关交通、通讯、转运物资的使命。这种分工带来了职责不清、耗靡军费的后果，使清政府背上了沉重的包袱。

新疆交通运输的管理，实际上就是对官道的管理，而民间商道虽然承担了大量的民间人员往来和商贸往来，却处于自然放任状态。按清朝定制，官道供军情递报、官员行走和押解遣犯所用，禁止一切与此无关的事宜，包括官员亲属之间普通的家书，更不用说是民间的商务往来；这种与商务脱节的邮递由于完全依靠政府拨款，加之管理松弛，经常会出现官吏贪污和经费不足的现象；另一方面，民间的商务交往由于邮递道路及工具等的制约，又常会出现讯息不通的情况——从而造成了清朝前半叶新疆交通的恶性循环，可以说，这种体制上的弊端加之本来就存在的

---

① 潘志平：《清代新疆的交通和邮传》，36 页。

险恶自然条件，使得近代新疆的交通比内地其他省份更具有原始性和落后性。

清朝前期，曾多次用兵新疆。① 乾隆帝在平定准噶尔及回部后，根据各地自然、人文状况，尤其是交通运输态势的不同，采取差异化的交通运输管理机制，这种交通运输管理机制与军政、民政管理相结合，形成了交通主导、因俗而治的治理格局：在交通最为不便的回部，采取羁縻政策，设立各级伯克管理各城事务；在交通运输较为困难的地区实施军事化管理战略，如喀什噶尔、叶尔羌、和阗、阿克苏、乌什、库车、喀喇沙尔等地设办事大臣，英吉沙尔等地设领队大臣，乌鲁木齐设立都统、副都统；在交通运输较为便利的哈密、吐鲁番，与内、外蒙古同制，仍编旗，置扎萨克，乌鲁木齐以东则设立郡县；以上皆归驻于惠远城的伊犁将军节制（见表5：新疆建省前主要军政官员数据一览表）。

二、鸦片战争前后的人员往来

艰险的交通环境，大大局限了新疆与内地的政治、经济和文化往来，这一局面的存在不利于边陲的稳固。为此，清政府用尽一切办法鼓励人员往来。其中，向新疆发遣"流犯"就是其中一项重要制度。

（一）遣犯的到来

1. 清代法律中对赴新遣犯的相关规定

把罪犯发遣边远蛮荒之地古已有之。清朝统一全国后，沿袭历朝旧制，将刑罚分为笞、杖、徒、流、死五等。流刑和死刑之

---

① 清朝前期对新疆的用兵主要有：康熙三十五年平定准噶尔噶尔丹；雍正七年四月至二十年八月平定噶尔丹策零；乾隆二十年平定准噶尔达瓦齐之战；乾隆二十二年平定准噶尔阿睦尔撒纳之乱；乾隆二十三年平定大小和卓木之乱；道光六年至八年平定张格尔之乱等。

间，又加入非正律的军（充军）、遣（外遣）二罚。流刑分2 000里、2 500里、3 000里三等，充军则分附近（2 000里）、近边（2 500里）、边远（3 000里）、极边、烟瘴（俱为4 000里）等五等。从而，将一些重罪免死犯人，"初第发尚阳堡、宁古塔或乌拉安插，后并发齐齐哈尔、黑龙江、喀尔喀、科布多，或各省驻防为奴。"① 至于在新疆大批安置遣犯，则是乾隆二十二年（1757年）平定准噶尔叛乱以后的事。

乾隆二十三年（1758年），配合新疆兴垦的需要，清政府决定将内地军流人犯改发新疆。御史刘宗魏奏请"嗣后盗贼、抢夺、挖坟应拟军流人犯，不分有无妻室，概发巴里坤，于新辟夷疆并安西回目扎萨克公额敏和卓部落迁空沙地等处，指一屯垦地亩，另名圈卡，令其耕种。其前已配到各处军流等犯，除年久安静有业者照常安插外，无业少壮，曾有过犯者，一并改发种地，交驻防将军管辖。"乾隆帝不仅采纳了他的建议，还多次就军流人犯改发新疆一事颁发上谕。乾隆二十六年（1761年）三月谕曰："此等发遣人犯本属去死一间，投于远方，既不至渐染民俗，而新疆屯垦方兴，又可力耕自给，实为一举两得。"② 乾隆三十二年（1767年）四月又谕曰："伊犁、乌鲁木齐等处，前因新置屯田，需人耕牧，是以于内地军流人犯内，酌其情节较重者，奏准改发。"③ 可见，清政府将内地军流人犯改遣新疆，除了对犯罪者施以较重刑罚，防止其继续破坏社会秩序外，还有充实农业人口的用意。

当时，随着兵屯在天山北路自东向西不断推进，遣犯安置地点也逐步扩展，计有巴里坤、哈密、安西、乌鲁木齐、伊犁等地，其中，伊犁、乌鲁木齐成为清代新疆遣犯的重点安置地区。

---

① 赵尔巽等纂：《清史稿》，卷143，北京，中华书局，1977。
② 《平定准噶尔方略·续编》卷10，14页。
③ 《清高宗实录》卷782，19~20页。

乾隆四十年（1775 年）起，塔尔巴哈台开始接收由伊犁调拨前去挖煤种地的部分遣犯。在乾隆五十年（1785 年）前后，南疆也成为安置遣犯的重点地区之一（见表 6：乾隆时期新疆兵屯、犯屯情况一览表）。

那么，究竟有哪些"人犯"被发遣而来呢？根据《大清律例》，主要涵盖触犯以下罪名的案犯：

邪教案。《大清律例》规定："西洋人有在内地传习天主教和自刊刻经卷倡立讲会，蛊惑多人及旗民人等向西洋人转为传习，并私立名号煽惑及众，确有实据……仅止听从入教，不知悛改者，改发回城给大小伯克及力能管束之回子为奴。"① 例如道光时期，"民人朱田赵，因习天主教发遣……仍发回城为奴"。②

对于民间秘密结社更是严厉惩处，规定："各处官吏、军民、僧道人等，妄称谙晓扶鸾、祷圣书、符咒水，或烧香集徒、夜聚晓散，并揑经咒邪术，传徒敛钱，一切左道异端、煽惑人民，为从者，改发回城给大小伯克及力能管束之回子为奴。"③ 对于清朝前期的白莲等教有专门规定："凡传习白阳、白莲、八卦等邪教，习念荒诞不经咒语，拜师徒惑众者……为从，年未逾六十及虽逾六十而有传徒情事，俱改发回城，给大小伯克及力能管束之回子为奴……至红阳教及各项教会名目，并无传习咒语，但供有飘高老祖及拜师授徒者，发往乌鲁木齐，分别旗民当差为奴。"④ 嘉庆四年（1799 年），清政府在镇压白莲教起义中，还具体规定："川楚教匪缘坐犯属……其十一以上，十五以下者，仍监禁，俟成丁时，发往新疆安插。"⑤ 嘉庆十年，清政府规定把"闽、广添

---

① 《大清律例·流刑三》，282 页，567 条。
② 《清宣宗实录》卷 217。
③ 《大清律例》，281 页，566 条。
④ 《大清律例》，568 页，568 条。
⑤ 《清仁宗实录》卷 39。

弟（天地）会匪案内所从被胁人犯全行发往新疆安插。"①

兵丁脱逃案。历经康、雍、乾三世后，清朝军队逐渐腐败，为整饬军纪，清政府把部分犯罪士兵发遣新疆。"随征兵丁在军营私自潜逃，众供确凿，拿获之后审讯明确，无可支饬者，拟斩立决，其在军务未竣以前投首者，发往乌鲁木齐等处给种地兵丁为奴……在军务告成之后投首者，亦杖一百徒三年，拿获者，发乌鲁木齐等处为奴……其无偷盗事情，仅止有心脱逃之余丁，无论军务已未告竣，拿获者，查系附近新疆、陕甘二省之人，改发云贵、两广、极地、烟瘴充军，其余各省俱发伊犁、乌鲁木齐酌量安插。"② 嘉庆十一年，清政府在镇压陕西镇6 000余名士兵哗变之中，把蒲大芳等200余名哗变官兵发遣新疆。③

反逆案。谋反、谋大逆历来是封建王朝严厉镇压的行为，而清朝入主中原之后，"反清复明"和各种形式的抗清起义风起云涌，对于这样的案件，牵涉的人员比较广，不能一概一杀了之，于是《大清律例》规定："反逆案内律应缘坐，男犯十六岁以上者，发新疆给官兵为奴……如在十一岁以上、十五岁以下者，牢固监禁，俟成丁时，发往伊犁、乌鲁木齐等处安插，令该将军等严加管束。"④ 即使对于有反逆倾向的群众，也严格控制，规定："凡妄布邪言，书写张贴，煽惑人心，为首者，斩立决；为从者，皆斩监候。妄造谶纬、妖书、妖言，传用惑人，不及众者，改发回城给大小伯克及力能管束之回子为奴。"⑤ 对于仅仅是有歃血订盟，焚表结拜弟兄的异姓人，也按照谋叛未行律惩处，"倘减免之后，复犯结拜，不许再首……应发极边烟瘴充军者改发新疆，

---

① 《清朝续文献通考》卷250。
② 《大清律例》，317 页，651 条。
③ 《清史稿》卷368。
④ 《大清律例》，359 页，745 条。上海大学法学院、上海市政法管理干部学院修订本，天津，天津古籍出版社，1993，张荣铮、刘勇强等点校。
⑤ 《大清律例》，362 页，754 条。

酌拨种地、当差……"。① 在清廷平定张格尔之乱后，"从百姓中捕捉了一万二千五百名暴动的主要参加者，他们被当做政治犯流放到伊犁，并在那里成为屯垦者。"② 可见当时流犯之众。

贼盗案（含抢劫案）。对于一般的盗劫，并且未伤人的协从犯，"其止在外瞭望，接递财物，并未入宅过船搜赃，并被人诱胁随行之盗，或行劫止此一次，并无凶恶情状者，仍以情有可原免死，发遣新疆给官兵为奴"③。对于洋盗案中的胁从犯也有类似规定："洋盗案内……其虽经上盗，仅止在外瞭望接递财物，并无助势搜赃情事者，改发新疆给官兵为奴。"④ 对于京城守城兵丁中敢于偷窃仓米，"其得赃至一百石以上者……为从，发新疆给官兵为奴；一百石以下，首犯发新疆给官兵为奴……"⑤。

对于个别匪患频繁的地区，还制定专门法条加以规定："川省匪徒并河南、安徽、湖北等在三省交界地方，及山东之兖州、沂州、曹州三府，江苏之淮安、徐州、海州三府州，如有红胡子、白撞手、拽刀手等名目，在于场市、人烟凑集之所，横行抢劫，纠伙不及五人者，不分首从，俱发伊犁，分给该处察哈尔及驻防满洲官兵为奴……其在野拦抢，未经伤人之案，除实犯死罪外……如四人以上至九人者，不分首从，俱改发伊犁，分给该处察哈尔及驻防满洲官兵为奴；但伤人者，如刃伤及折伤以上拟斩监候……被胁同行者，发乌鲁木齐给官兵为奴。"⑥ 通过分析不难发现，贼盗案中发配新疆者大体上是那些共同犯罪中没有什么实际危害结果的被胁从者，对这部分人处以流放，一方面可以避免滥杀，一方面又便于通过劳作使他们去除先前的恶习。

---

① 《大清律例》，360～361 页，753 条。
② 《喀什噶尔》，109 页。
③ 《大清律例》，379 页，814 条。
④ 《大清律例》，371 页，780 条。
⑤ 《大清律例》，369 页，774 条。
⑥ 《大清律例》，389 页，845 条。

人命案（含斗殴案）。人命案中也不乏流放新疆者。《大清律例》规定："谋杀人而误杀其人之祖父母、父母、妻、女、子、孙一家二命及三命以上，除首犯……其为从下手伤重致死，及知情买药者，如误杀一家二命及三命，而非一家者，发往新疆当差，三命以上发往新疆给官兵为奴。"① 对于因互殴致死案件频繁发生的地区，还予以专门的规定："广东、福建、广西、江西、湖南、浙江等六省纠众互殴之案……如所纠人数虽多，致毙彼方一命者，首犯发极边足四千里充军；二命者……三命者，发遣新疆给官兵为奴。"②

对于一般的聚众斗殴，也有详尽的规定："行营地方管辖帐房以内……金刃伤人者，发伊犁给驻防官兵为奴，"③ 对于聚众持械经常发生的河南南阳、汝宁、陈州、光州四府州所属州县及安徽颍州府属，如聚会至十六人以上，"无论曾否伤人，不分首、从，发新疆给官兵为奴"④。

诈伪案。主要是针对私铸货币的行为而设定的："凡各省拿获私铸之案，不论砂壳、铜钱，核其所铸钱数，至十千以上，或虽不及十千而私铸不止一次，后经发觉者，为首及匠人俱拟以斩候；为从及知情、买使者，俱发新疆给官兵为奴……其铸钱不及十千者，首犯、匠人俱发新疆给官兵为奴。"⑤ 如私铸铅钱，伙党鸠工，"其熔化些须铅斤，铸钱不及十千者，为首及匠人俱发新疆给官兵为奴"⑥。

犯奸案。对于犯奸案的主犯，拟斩立决，"其同谋而并未下手，又未同奸者，发回城给伯克回子为奴。如致本妇自尽者……

---

① 《大清律例》，451 页，1 082 条。
② 同上，457 页，1 105 条。
③ 同上，477 页，1 183 条。
④ 同上，474 页，1 173 条。
⑤ 同上，543 页，1 384 条。
⑥ 同上，544 页，1 386 条。

同谋未经同奸余犯，发回城给伯克、回子为奴；……因而杀死本妇者……未经下手者，发回城给伯克、回子为奴"①。对于轮奸案也有类似规定："轮奸已经犯奸妇女已成者……因而杀死本妇者，首犯……同奸而未下手者，发回城给伯克回子为奴……如致本妇自尽者，首犯……为从同奸者，发回城给伯克回子为奴……若轮奸未成，因而杀死本妇，首犯……如系殴杀帮同下手者，发回城给伯克、回子为奴……如致本妇自尽者，首犯发回城给伯克、回子为奴。"②

其他案件。当然，发遣新疆的处罚罪名还远不止以上所述，大量的是一些零散的罪名，如：

对于内廷太监买食鸦片烟者，枷号两个月，发新疆给官兵为奴；③ 对于私入木兰等处围场，"……若滥砍木植十斤至一百斤……八百斤以上，发乌鲁木齐等处种地；一千斤以上，发乌鲁木齐等处给兵丁为奴。其偷打牲畜不计赃数，初犯，杖一百、徒三年；再犯，发新疆等处种地；三次，发新疆等处给兵丁为奴；……至察哈尔及扎萨克旗下蒙古私入围场……其偷打牲畜，不计脏数，初犯，枷号三个月，鞭一百；再犯，发新疆等处种地；三犯，发新疆等处给兵丁为奴；为从，各减一等"④。

对于子孙挖掘祖父母、父母坟冢，"……若开棺见尸至三冢者，除正法、凌迟处死外，其子俱发伊犁当差"⑤；对于军民人等控诉事件，"俱令管官露呈投递，倘取呈递封章，挟制入奏，无论本人及受雇代递者，接收官员一面将原封进呈，一面将该犯锁交刑部收禁……如诬告，罪应拟流者，发极边足四千里充军；应拟附近、近边、远边、极边充军者，实发云贵、两广、极边、烟

① 《大清律例》，554页，1 420条。
② 同前注①，555页，1 421条。
③ 同上，338页，708条。
④ 同上，404页，908条。
⑤ 同上，425页，963条。

瘴地方充军，应拟极边烟瘴充军者，改发新疆充当苦差"①。

限于篇幅，本文不再一一列举。

2. 对抵新遣犯的管理与差使

现在的问题是，清政府将如此众多的"遣犯"送往新疆，意欲何为？

清朝平定新疆后，在大力组织士兵屯田（兵屯）和内地农民到新疆屯田（民屯）的同时，将内地大批重罪犯人发遣新疆种地、服役，从事各种生产（见表7：乾隆四十二年前天山南北屯垦分布一览表）。② 他们认为"此等人犯，原系死罪减等，仅以改发。……内地淳俗既不为良莠渐移，而食货亦无虞坐耗。且令匪恶之徒困心衡虑，惟以力田自给，日久化为愿朴良民"③，"此等发遣人犯，本属去死一间，投之远方，既不至渐染（内地）民俗，而新疆屯垦方兴，又可力耕自给，实为一举两得"④。总之，在新疆安置遣犯种地服役，既可以增加新疆种地当差的劳动力，又可以减少内地社会的不安定因素，还可使遣犯改过自新，是对各方面都有利的事情。

为了使这些遣犯顺利地来到新疆，有着很严格的制度。《大清律例》规定："凡军流、徒犯，俱开明籍贯、年岁，行文配所，其军、流犯之妻及有子愿随着亦开明年岁。"⑤ 具体而言，押送亦有固定的路线。乾隆三十一年时规定："新疆赴京，沿途设立台站，凡递解人犯及贡送进京物件，自应按站传送，以免迟误，"⑥并且，对于解送之员任意逗留、延误的情况，要求陕甘总督通饬沿途，严行查察。此处虽是规定由新赴京之情形，能够断定，由

---

① 《大清律例》，509 页，1 276 条。
② 《伊犁略志》，见《清代新疆稀见史料汇编》，289 页。
③ 《清高宗实录》卷 599。
④ 《平定准噶尔方略》续编卷 10。
⑤ 《大清律例》，101 页，44 条。
⑥ 《清高宗实录》卷 749，6 下~7 下页，乾隆三十年十一月癸巳，即 1766 年 1 月 2 日。

京赴新或由其他内地省份赴新亦走台站路无疑。

为了加强对遣犯尤其是效力当差的官犯的管理，专门设立"册房"这一办事机构，由他们于官犯到配之日，查明原文，摘叙简明案由并原定罪名、原任职衔、现在年岁、籍贯及派往何处当差，详记档册。对于这些人，"原定罪名，如系原犯之徒，革职发来效力当差，例应三年期满，奏请释回。原拟军流以上者，例应十年期满，奏请释回。其嘉庆三年，所定年限期满，减于例限者，仍照嘉庆三年原定限期，满日减徒。如期满增于例限者，仍照例分别三年、十年奏请。其原犯死罪，减等发远者，以十三年为满，所有该员等，扣满年限，及应行具奏日期，册房先于上年年终，将次年期满各废员，查明年限期，列清单呈堂，以便按时查办。"① 并且，"册房"还会发给大烙腰牌一面，注明该犯姓名、籍贯、到配年月、坐给何管、交该管处收领。"如有遗失，该管处报请补给，如该犯当差年满为民，换给民牌，如有病故、回籍，各该管处随时将牌呈徵，册房注销。"②

有清一代关于新疆遣犯被役使的状况，《清朝续文献通考》卷250中说："同一遣罪，又分数等，有到配种地者，有当折磨差使者，有给披甲人为奴者。"《清高宗实录》卷1 093中记载："刑部议奏，发新疆人犯，经军机大臣奏准，视情罪轻重，分别种地、当差、给兵丁为奴。"

（1）种地

新疆遣犯大部分用于种地。据《西域图志》《西域闻见录》记载："仅乌鲁木齐一地，到乾隆四十年时，种地遣犯人数达一千七百三十八名；伊犁种地的遣犯，也有一千余名。全疆其他地

---

① 《总统伊犁事宜·册房应办事宜》，中国社会科学院中国史地研究中心编：《清代新疆稀见史料汇编》，218 页，全国图书馆献缩微复印中心，1990。

② 《总统伊犁事宜·册房应办事宜》，中国社会科学院中国史地研究中心编：《清代新疆稀见史料汇编》，218 页，全国图书馆文献缩微复制中心，1990。

区都有不少遣犯种地。例如：乾隆二十七年，哈密有一百八十名种地遣犯；乾隆三十二年，巴里坤有种地遣犯三百五十名；乾隆三十六年，玛纳斯种地遣犯达二百零七名。"① 当然，这种"犯屯"多非独立设置，而是夹于屯兵中，受其监管，为奴出力，期满方释为民。一般情况下，每屯营夹遣犯不是很多，如乌鲁木齐屯田中营 9 屯，其中 6 屯有遣犯；辑怀城屯兵 130 名，遣犯 3 名；土墩子屯兵 130 名，遣犯 2 名；怀义堡屯兵 133 名，遣犯 2 名；屡牛堡屯兵 133 名，遣犯 3 名，宣仁堡屯兵 133 名，遣犯 2 名，惠徕堡屯兵 133 名，遣犯 1 名。其他各屯营大抵如此。但巴里坤营屯兵 500 名，却有遣犯 350 名，塔尔纳沁屯兵 170 名，遣犯为 130 名，不过此类情形，并非多有。② 道光二十三年，在三棵树、红柳湾等地携眷屯田的遣犯共垦田地三万三千三百五十亩，每年共计收小麦二千六百六十八石。此项粮石发大城满营作鳏寡孤独之口粮。③

（2）当差

新疆遣犯除用于种地外，还有相当多用于当差，从事各种较为艰苦的劳役。乾隆后期，仅伊犁一地就有"内地犯人二千余名应役"④ 全疆当差服役的遣犯则更多：

挖矿 有清一代，为了解决军民生产、生活和作战的需要，在新疆各地开挖各种矿藏，委派遣犯从事这种工作。乾隆三十一年，伊犁将军明端派三百余名遣犯到沙拉博和齐山挖铅，后来铅矿扩大，又有不少遣犯被派往铅厂干活，岁出铅达五千余斤。乾隆四十一年，伊犁需人进山挖铜冶炼，将军伊勒图派遣犯二百余名，担负挖铜工作。⑤ 乌鲁木齐铁厂开始时有一百五十名遣犯挖

① 以上见傅恒：《西域图志》卷 32。

② 毛致中，等著：《明清西北社会经济史研究》，104 页，西安，三秦出版社，1989。

③ 《伊犁略志》，见《清代新疆稀见史料汇编》，289 页。

④ 椿园：《西域闻见录》卷 1。

⑤ 《伊江略志·土产》，见《清代新疆稀见史料汇编》，240 页。

矿炼铁，到乾隆六十年（1795年）时，仍有挖矿遣犯六十名在那里干活。① 塔城"因本处柴薪渐远，兵民人等樵采维艰，"当局便派二十多名遣犯"入山采煤。"②

拉纤　伊犁惠远城是将军驻所所在地。驻防大批八旗官兵及其家属，所需粮食大部分靠从伊犁河上游的固尔扎（今伊宁）运送。由于陆运困难，乾隆三十一年，伊犁将军命遣犯造船十六只，改为水运。伊犁河水流湍急，从惠远城返回固尔扎逆流而上，必须人工拉纤。开始从事这项工作的有"船工遣犯五百余名"，到乾隆四十年时，仍有二百八十名，"此等遣犯于开运之日则为水手拉纤，至停运之后，则以伐木，办其衣食之资"③。

渡船　伊犁九城皆位于伊犁河北岸，与南岸军民联系及与南疆各城的来往，都必须横渡伊犁河。"伊犁河口设渡船二只，固尔扎设渡船二只。惠远城、固尔扎沿河俱有渡口，每处添设渡船二只，令遣犯常川伺候，以备往来行人，并南路各回城运送官物，随时过渡。"④

护堤　惠运城初建时距伊犁河北岸二、三里。由于每年洪水冲刷，后来"堤岸距城仅半里许，"每年洪水季节，伊犁将军都要派大量当差遣犯护堤保城。⑤

挖渠　新疆雨量稀少，土地全凭灌溉，为保证渠道畅通，遣犯常从事挖河修渠工作。伊犁塔尔奇沟和乌哈尔里克沟的引水工程完工后，就"留工作遣犯三十名，岁时挑修"⑥。

烧窑　伊犁军民筑城建房所用材料，很多都是遣犯制作的。乾隆三十三年伊犁当局"于船工遣犯内择其能此技者，设窑于大

① 永保：《乌鲁木齐事宜·铁厂》。
② 永保：《塔尔巴哈台事宜》卷4。
③ 《伊江汇览·船运》
④ 祁韵士：《西陲总统事略》卷8。
⑤ 同上，卷8。
⑥ 《清高宗实录》卷653。

城（惠运城）东门外试烧之，迄今砖、瓦、粗磁之器，及琉璃兽吻，悉皆供用无匮，而石灰之利亦溥焉。"①

清代新疆遣犯所从事的差役，当然不只以上几项。但都是一般军民不愿干、既辛苦又危险的工作，官府就命遣犯去干，这与罚为"折磨当差"的初衷是相符的。

（3）为奴

内地各省发往新疆为奴的遣犯，大致可分为在北疆给驻防官兵为奴和在南疆给维吾尔伯克为奴两类。

发往北疆给驻防官兵为奴的遣犯人数更多，其中又可分为给绿营兵为奴和给八旗兵为奴。这部分遣犯主要集中在伊犁地区，主要在满营及察哈尔、索伦等营中服役。南疆维吾尔族是信仰伊斯兰教的民族，发往南疆给维吾尔族伯克为奴的遣犯，以被清政府称为参加"邪教"的罪犯最多。清政府认为，把这些罪犯发遣给维吾尔族伯克为奴，可以"使该犯等到彼不致再行煽惑"。嘉庆初年，清政府在查办天地会等组织时，把全国各地抓获的"会匪"，"全行发往新疆"，②其中很大一部分被发往南疆给维吾尔族伯克为奴。

到道光中期，发往南疆为奴的遣犯在分配上有些变化。道光八年（1828年），那彦成在南疆办理平定张格尔叛乱后的善后事宜，上奏说："向来发遣回城，例给伯克回子为奴（遣犯），近因渐积渐多，回子难于管束，且各城印房等处章京、笔帖式役使乏人"，"嗣后发给回城为奴之犯，准其酌量拨给印房各章京、笔帖式等供役……俟拨给章京衙门足敷役使，再分给大小伯克为奴，毋庸分给小回子以免拖累"。③ 从此，发往南疆的为奴遣犯，从全部给维吾尔族伯克为奴，变为以给官府役使为主，给伯克役使为

① 《伊江汇览·土产》
② 《清仁宗实录》卷148。
③ 《清宣宗实录》卷143。

次，一般维吾尔族群众不再接收为奴遣犯。

3. 遣犯的出路

遣犯的出路大致可分为落户为民、入伍在新为兵以及返回内地原籍三种，从中我们不难看出，发遣"遣犯"到新疆大有移民实边的意味。其实，在"发遣"之初，就有此倾向。如《大清律例》规定："凡犯流者，妻妾从之，父祖子孙欲随者，听，迁徙安置人家口亦准此,"① 还具体规定："满洲、蒙古、汉军发往新疆当差人犯，如有情愿随带妻室家口者，官为资送，到配后不得同罪犯一例羁管。"② 以至于清朝在新疆安置遣犯之初就说：遣犯到新疆后，"惟以力田自给，日久化为愿朴良民"③，希望遣犯将来成为当地居民，充实新疆边防及开发。

乾隆三十一年，清政府更明确地说："遣犯在新疆其能改过者，拟定年限，给与地亩准入民籍。"④ 当年，乌鲁木齐就有四百余名遣犯愿意携带眷属种地服役，清政府对此进行鼓励，特规定："其现有家属者，当视其原犯情罪轻重，将原拟死罪者，作为五年军流罪，轻者作为三年，年满无过犯者，陆续编入民册，将伊安插昌吉河东现有之旧堡，指给地亩耕种，其未领有马匹、农器者，照原奏所定，补行给与，并借给造房银两、口粮、籽种等项，分年归还。于种地次年，即令红令纳粮，照民人每亩八升。"⑤ 这里，清政府不但首次规定了遣犯为民的年限，而且规定了遣犯为民后应纳粮数和对他们在当地安置的办法。

伊犁河原有用作船工的遣犯 500 余名，乾隆三十四年，经伊犁将军伊勒图具奏，照乌鲁木齐例，"如果安分改进，准以三年、五年保令为民"。自乾隆三十五年起，每年保送为民者数十名，

① 《大清律例》，100 页，15 条。
② 《大清律例》，101 页，50 条。
③ 《清高宗实录》卷 599。
④ 同上，卷 759。
⑤ 《清高宗实录》卷 768。

至乾隆三十九年五年之内，总计落户为民者达 225 名之多。① 但是，这个规定只是乌鲁木齐一地，而且仅限于携眷的遣犯。

随着新疆遣犯人数的日益增多，清政府对他们的出路重新作出了规定："凡有过及耕作懒惰者，虽有眷属，不准为民，（只身遣犯）实有悔过迁善，尽心屯种，照前定年限，与有眷者一体为民。……为民后，先尽乌鲁木齐安插，如不敷，即押赴玛纳斯，以官兵所遗屯地拨给。"② 与此同时，清政府对伊犁遣犯规定："兵丁，民人发遣伊犁效力赎罪、充当苦差于三年期满，能改过者，满兵驻扎塔尔巴哈台为兵，汉军入绿营为兵，民人为民，""所犯重罪内，如有改过奋勉者，定为十年限期。"③ 乾隆五十五年，清政府对于被明文规定发遣给官兵为奴的遣犯，允许其中罪情较轻者，先到各矿、厂做五年苦工，才能在当地为民。④

新疆遣犯在当地落户为民的大致期限（不包括为奴遣犯中的重罪成员）主要有 3 年、5 年、10 年三种，从此，新疆每年都有不少遣犯服役期满后在当地落户为民。据《三州辑略》一书中的不完全统计，仅乌鲁木齐附近的头屯所一处，从乾隆三十二年到乾隆四十一年，就先后安置为民遣犯 537 户；自乾隆四十三年至嘉庆十年，先后安置为民遣犯 212 户。⑤ 在新疆回民起义之前，"据中国官员统计，喀什噶尔有 5 万到 6 万户居民，另外还有 12 500 余名政治犯人，他们被流放到伊犁屯垦"⑥。

还有一部分遣犯入伍在新疆当兵，主要是原清朝军队中的残兵罪勇。清政府为了节省开支，补充当地驻军缺额，在他们服役期满后，往往重新补入军队，规定："凡当差人犯，五年期满，

① 《伊江汇览·贸易》，见《清代新疆稀见史料汇编》，76 页。
② 《清高宗实录》，卷851。
③ 同上，卷875。
④ 同上，卷1353。
⑤ 和瑛：《三州辑略》卷3。
⑥ 《喀什噶尔》，105 页。

例应保送为民，分别旗、民办理。旗人内，有携带家属者，年满时，交本处驻防，入旗管束。如系单身，即派赴塔尔巴哈台当差，如有残废，验明，仍留原处管束，如系汉军，交绿营食粮……"①乾隆三十五年，伊犁将军伊勒图奏准清政府，把伊犁遣犯中原当兵服役期满后，"满兵驻扎塔尔巴哈台为兵，汉军入绿营为兵"②，于是，新疆就有不少遣犯服刑期满后在新疆为兵。

道光二十二年，林则徐路过乌鲁木齐附近的塔西河所时曾经对上述情景做了描述："塔西河，此地居民甚盛，闽中漳、泉人在此耕种者有数百家，皆遣犯子嗣，近来闽粤发遣之人亦多配于此。"③可见，这种由遣犯发遣期限届满而入户为民的人数不在少数，构成了新疆外来移民的重要组成部分。

4.以林则徐为代表的"犯官"对新疆社会发展做出的贡献

自从清廷颁布发遣新疆上谕起，赴新遣犯人数增长很快。乾隆三十一年（1766年），经甘肃押送新疆的各省遣犯④人数多至1 063人，除去途中病故的，实际解到1 031人。⑤截至乾隆四十八年（1783年），伊犁遣犯"积有三千数百余名，"⑥这其中就有相当数量的"犯官"（见表8：1840—1865年间遣戍新疆犯官情况一览表）。

这些"犯官"大都被安置在军台之中。军台地处荒野，条件十分艰苦，贬戍官员对军台的管理与服役，称为坐台。他们要交纳一定的台费，一般是效力3年即可赦回。清廷将乌鲁木齐、奇台、辟展、叶尔羌、伊犁，阿克苏、喀什等地，相继辟为重要戍

①《总统伊犁事宜》，见《清代新疆稀见史料汇编》，220页。
②同上，卷875。
③《林则徐集·日记》，433页，北京，中华书局，1984。
④遣犯来自直隶、山东、福建、云南、广东、广西、浙江、安徽、河南、四川的数十个府州县，参见《清代新疆农业开发史》，54页。
⑤《刑科题本·军流》乾隆三十一年四月二十五日吴达善题。
⑥《清高宗实录》卷1 195，14、15页。

所安置遣犯（见表 9：清代西北与北方地区主要戍所表）。[1] 据《伊犁事宜》记载，乾隆五十五年（1790 年），当地在册的废员、犯官及犯官子嗣有 200 多名。[2] 在鸦片战争前后，其中最具代表性的历史人物就是林则徐。

因鸦片战争中积极主战而遭到贬戍的林则徐，于道光二十二年（1842 年）七月初六日自西安出发，至十一月初九日抵伊犁，其间跋涉了 125 天之久。

起程后，七月二十九日抵兰州，八月初七日离兰州继续西行。八月二十二日，林则徐离凉州直奔乌鲁木齐，沿途道路欠佳，时遭风雨，行程困难。八月二十八日，到甘州。九月初五日，行至肃州，赋《将出玉关得山解笏前辈自伊犁来书赋此却寄》，其中有"扬沙瀚海行犹滞，啮雪穹庐味卑谙"一句，反映了道路的艰险。九月初七日，林则徐至嘉峪关，次日出关，初十日过玉门关，他在日记中写道："余策马出嘉峪关，先入关城，城内有游击、巡检驻扎。……近关多土坡，一望皆沙漠，无水草树木，"并在玉门关赋诗感怀："脂山无片脂，玉门不生玉，荒戍几人家，如棋剩残局。蚊蚋噬我肤，坐河扑我面，夜就毡帐眠，孤灯闪如电。"十五日，又在日记中写道："自安西以西，路皆沙碛，任往数十里无水草，碎沙之下，实有石底，车行戛戛有声。……夜在车中宿。"

九月十八日，抵星星峡，那里"向为宿站，而无旅馆，仅大小两店，皆甚肮脏"。十九日，"出峡皆石路，且多自上而下，车颠甚"[3]。其《塞外杂咏》中第 5 首对此地道路状况做了深刻的描述："沙砾当途太不平……车箱簸似箕中粟，愁听隆隆乱石声。"[4]

① 《中国流人史》，642 页。
② 永保：《伊犁事宜》册房。其中废员项下 146 名，当差、种地及为奴项下 128 名。
③ 《林则徐集·日记》，426 页。
④ 林则徐：《云左山房诗钞》卷 7。

九月十九日，行至沙泉时，见到"有居民数十家，向为官站，亦无行馆，就旅店卸车作饭。此店比昨日差不恶，向除土坑外别无一物，沿途之店大抵皆然……此处水咸，昨在马莲井购一葫芦，贮水而来……是晚风愈大，夜大雪，积厚四五寸"①。九月二十三日，抵哈密，详细地记述了哈密地区的道路状况："哈密距嘉峪关一千五百余里，本应作十八站行，此次速兼两程，故只行十六日耳。新疆南北两路，皆此分途，天山横亘其中……北路过达般（阪）则至巴里坤，即镇西府城……凡赴古城、乌鲁木齐、库尔喀喇乌苏、塔尔巴哈台、伊犁者，皆应取道于北。其西南达土（吐）鲁番，凡赴南之喀喇沙尔、库车，乌什、阿克苏、叶尔羌、和阗、喀什噶尔者，皆应取道于南。然北路过达般（阪），其寒彻骨，且雪后路径难辨，倘有迷误，即陷于无底之雪海，故冬令行人虽往北路，亦多由土鲁番绕道，而中有十三间房一站，为古之黑风川，若起大风，车马皆可掀簸空中，则土鲁番一路，亦行人所惮。惟别有小南路一条，亦通古城、乌鲁木齐，其路较近。盖由哈密西南二百八十里之瞭墩（系往土鲁番之大路）分途往北，既避北路达般之雪，又避南路十三间房之风，行人无不乐于由此过。闻宜禾县令不许商旅行小南路，并将此路小店折毁一空，故中间有四站无店可住……顷间小南路往来行人仍复不少……"②

十月初五日，林则徐至奇台县木垒河，此地"商贾云集，田亩甚多，民户约五百家……行馆颇宽敞"。次日到奇台县，"此地南关外，贸易颇多，田畴弥望，是日天暖，雪融成泥，路滑多水"③。十月初七日，由古城启行至济木萨，"沿途田亩连畦，村落相接，迥非戈壁可比，俗谚谓哈密至乌鲁木齐有'穷八站、富

---

① 《林则徐集·日记》，426 页。
② 《林则徐集·日记》，427 页。
③ 同上，429～430 页。

八站'，盖戈壁头以东之八站为穷，本垒河以西之八站为富也"①。十月十一日，林则徐到阜康县，一路上因"雪融后泥潦满涂，已费马力，且路多坎窝，车每陷入，一车陷则众车皆因而停，故自寅至亥始能抵次，而车之折轴脱幅（辐），且不一而足，殊累人也"。② 十月十三日，抵乌鲁木齐。十月十六日，林则徐做好赴伊犁之准备："雇定赴伊犁车辆，是晚将行李装齐，共大车五辆，飞车一辆（太平车），轿车两辆（每套每日四钱，以八折合钱三百二十文）。次日，赴伊犁。"十一月初九日，浩荡的车队抵达伊犁惠远城，邓廷桢前来陪同进城，先见将军布彦泰及参赞庆昌等，然后安置住处。

由于道路阻隔，新疆与内地的讯息来往也颇为不便，这可从林则徐贬戍途中及到达戍所后与亲朋的通信中看得出来。

道光二十二年（1842 年）九月初五日，在肃州小憩的林则徐收到邓廷桢由伊犁于 8 月 15 日寄出的信件。十月十三日，林则徐在乌鲁木齐收到邓廷桢八月二十一日发自伊犁的信件，得知邓已请理事厅丞庄辰代为觅定寓所。③ 当时，并没有正常的邮递制度存在，因此，寄一封家书"必得托将军官封，其余如参赞、领队并总兵均不敢打官封，大抵是向来做就规矩"。而且，信件的安全也得不到保证。十二月十一日，林则徐收到第十一号家信，"封缄已全行折散，恐沿途处处传观矣，西安布将军亦有书来，均被扯破"④。后来，才得知这里有一不成文规矩，"非将军官封不得出境，而非随附驿递折使，即将军官封亦必延搁也"。那么，传递的速度如何呢？

据林则徐自己讲，"自前次发信之后，计接到家信三封，一

---

① 《林则徐集·日记》，430 页。
② 同上，431 页。
③ 同上，432 页。
④ 同上，441 页。

由那理堂（陕西盐道那丹珠）寄哈密大臣处递来（第九号），计行六十四日；……一由刘润斋转托西安将军官封递来（第十一号），计四十六日接到，颇为快速；惟信封全行拆破……虽极可恨，而无如之何，驿站中毫无顾及，一至于此！……一由郭远堂转托凉州镇官封递来（第十号），计六十二日接到，虽转在十一号之后，却不至折散"①。

到达戍所之后，林则徐于翌年即参加了三棵树及阿勒卜斯的垦荒活动。事后据布彦泰上奏："伊犁三棵树地方及红柳湾以东新垦地三万三千五十亩，以五十亩为一分，共地六百六十七分，安设正户民人五百七十一户，""又阿勒卜斯地方，共垦得地十六万一千余亩，分设五处回庄，"② 其中，林则徐的贡献很大。道光二十四年五月（1844年6月），伊犁阿齐乌苏废地重新屯垦，而主要工程应是增修导引哈什河水的渠灌设施。布彦泰奏称："此次开垦阿齐乌苏荒地，一切应办工程俱系捐资人员分段承修，龙口首段系原任两广总督林则徐承修。查龙口地势，北岸系碎石陡坡，高二三丈至八九丈不等，水傍坡流，须刨窝石坎，南岸坐在河流之中，必须建坎筑堤，钉桩抛石，方免冲刷之虞。应修要工渠宽三丈至三丈七、八不等，深五、六、七至丈余不等，长六里有奇。"③ 以上堤坝全由林则徐捐资修建，是年九月竣工，共"用夫匠五十三万四千工，实垦得地三棵树，红柳湾三万三千三百五十亩，阿勒卜斯十六万一千余亩"。④

此事奏呈清廷，道光又谕令林则徐赴南路阿克苏、乌什、和阗周勘，不久，又谕令续勘库车荒地。于是，林则徐于道光二十五年正月十五日在乌鲁木齐度过上元节后，就直奔南疆查勘

① 《林则徐书简（增订本）》，202~206页。
② 《清宣宗实录》卷349。
③ 《史料旬刊》37期，369页，引自毛致中，等：《明清西北社会经济史研究》，186页，西安，三秦出版社，1989。
④ 《清史稿》卷382。

地亩。

南疆地广人稀，行程艰难，林则徐身体并未复原，但是他克服了大量困难。途中"黄沙迷目""顽石塞路""每有虎迹"，且多"覆车"之险。他或"踏冰而行"或"冲泥涉水"，经常"设毡庐宿""露坐而食"，历尽艰辛。[①] 他每到一处，不仅勘荒，而且力倡兴修水利、开浚水源，推广卡井（即坎儿井），从山上引雪水，流经沙漠灌溉民田。就这样，这年冬天，他先后查勘了库车、阿克苏、乌什、和阗、喀什噶尔、叶尔羌、英吉沙尔、喀喇沙尔八城，垦地达 689 718 亩。[②]

不久，他又奉命续勘吐鲁番、哈密两城荒地。虽然在呈请捐监、开垦龙口地段的阿齐乌苏荒地时，林则徐称自己"断不敢希冀乞恩"[③]，但希望释回的心情却是无法掩饰的。1844 年 6 月 1 日，林则徐在家书中，表露出急切盼归的心情："伊犁开垦完工，奏请奖励之折系于四月廿八日始经奏出，计批回总须六月底始到伊犁，再由布将军驰函寄知约须十日。"7 月 12 日，林则徐在家信中又表达了关心清廷对他的批折，希望尽早释回的心情："向来伊犁折子来回，总不出两个月，而吐鲁番为伊犁进折、回折必由之路是以六月内即由喀喇沙尔折回吐鲁番，查得军台号簿，伊犁四月二十八日所发之折，已经回来，系六月二十日寅刻由吐鲁番递过，计伊犁六月二十五日必可接到，而六月二十六日布将军又发一折，于七月初二日由吐鲁番递过，并未附有信与我，"[④] 从中可以看出当时军台传递奏折的速度。在急切的盼望之中，9 月 28 日，清廷终于下令将他赦还，命以四五品京堂候补。

总之，鸦片战争前后，以林则徐为代表的流放新疆"犯官"，

---

① 李兴盛：《中国流人史》，879 页，哈尔滨，黑龙江人民出版社，1996。
② 同前注④，879 页。
③ 《史料旬刊》37 期，369～370 页。
④ 《林则徐与鸦片战争论稿》，231 页。

总体上来讲学识较高，具有一定社会影响力，他们在亲身参与开发新疆的同时，也带来了内地较为先进的文化和技术，对开发新疆、促进文化融合作出了独特贡献。

（二）大规模、有组织的移民实边

清廷平定新疆之后，向新疆派驻了大量军队，他们及其家属成为有清一代由内地向新疆迁出的第一批有组织的移民（见表10：乾隆年间赴新疆移民情况一览表）。

根据《伊犁略志》记载，"自乾隆二十九年起至三十年止，由庄浪、凉州、热河陆续迁驻伊犁之大城（惠远）满营。……共计官一百六十二员，兵四千六百四十名……家口二万二千余丁口。自乾隆二十九年起至三十年止，由西安、热河陆续携眷迁驻伊犁之巴彦岱（惠宁）满营……共计官六十七员，兵二千一百四十名……家口（原文阙如）。乾隆二十九年，由盛京携眷迁来伊犁之锡伯营……共计官二十六员，兵一千三百名，家口一万八千丁口。乾隆二十八年，由黑龙江携眷迁来伊犁之索伯营……共计官二十七员，兵一千三百四十名，家口（原文阙如）。乾隆二十八年，由口北外携眷迁伊犁之额鲁特营上三旗……共计官三十八员，兵一千八百名，家口一千四百余丁口。乾隆三十年，由张家口、热河等地方迁来伊犁之额鲁特营上三旗……共计官五十七员，兵三千三百八十六名，家口（原文阙如）。乾隆三十年起，由内地各省陆续携眷迁来伊犁之绿营……共计官一百零二员，后三千名。……以上伊犁各营所有官四百七十九员，兵一万七千六百零六名"[1]。以上的人员"均皆永远驻防者也"[2]，除了定边之外，实边乃至安边是他们更为重要的职责。

出于同样的考虑，乾隆二十六年（1761年），乌鲁木齐的兵

---

① 佚名纂：《伊犁略志》，引自《清代新疆稀见史料江编》，277～279 页。
② 《伊江集载》，引自《清代新疆稀见史料汇编》，107 页。

屯大获丰收之后，清政府认为这正是移民出关发展民屯的大好时机。是年八月，乾隆皇帝谕令陕甘总督杨应琚，将甘肃无业贫民迁移至乌鲁木齐垦种立业，"酌量官为料理前往"①，开始了有组织向新疆移民的热潮。

首批赴新的甘肃移民于乾隆二十六年（1761 年）九、十月间招募。仅一个月时间，就在安西、肃州等处募得 206 户，"男妇大小七百三十名口"②，"此外，河西附近一带，闻尚有数百户情愿挈眷前往。"③ 这些民户分作四批，经过近两个月的跋涉，于当年冬末抵达乌鲁木齐，"逐一点验安插在案"④。此后，直至乾隆四十五年（1780 年），这种有组织的移民一直在进行当中，⑤ 现将主要的一些列举如下：

乾隆二十六年（1761 年）从肃州、安西、高台等处，先后募民三百户，送往乌鲁木齐屯田；⑥ 二十七年（1762 年），从张掖、山丹、东乐等县，"招民二百户，共男妇大小七百余名口"到乌鲁木齐屯田⑦；同年，又由内地资送屯田民人四百余名到屯，⑧ 二十九年（1764 年），募敦煌等县"无业贫民六十余户"到巴里坤屯种；⑨ 又"于肃州并张掖县共招有五百一十八户，敦煌县招有一百九十户迁移乌鲁木齐等处"⑩；三十年（1765 年），在肃州"招民八百余户，高台县四百余户""迁往乌鲁木齐开垦"；⑪ 三十五年（1770 年），从甘、肃二州，"共招民一千另五十户，分

① 《清高宗实录》卷 642，10 页。
② 朱批屯垦，乾隆二十六年十一月杨应琚奏。引自《清代新疆农业开发史》，57 页。
③ 《平定准噶尔方略－续编》卷 14，7 页。
④ 朱批屯垦，乾隆二十七年正月十二日杨应琚，引自《清代新疆农业开发史》，58 页。
⑤ 参见 107 号 58～60 页《乾隆年间赴新疆移民情况一览表》。
⑥ 《清高宗实录》卷 647。
⑦ 同上，卷 653；又见《三州辑略·沿革门》。
⑧ 同上，卷 669。
⑨ 同上，卷 711。
⑩ 同上，卷 721。
⑪ 同上，卷 742。

置穆垒河、奇台、东葛根等处,各就近拨地垦种"①;又在巴里坤"安插吴加隆等七户"②;三十八年(1773年),有"民人庄世福等四十八户",向伊犁将军"呈请拨地开垦"③;四十二年(1777年)拨"阜康近城及玛纳斯、呼图壁等处,地广泉多,足资居住"之地,令迁入民人六百四十二户垦种;④ 四十四年(1779年),又有武威等县民户共计一千八百八十七户"情愿前往乌鲁木齐垦种地亩"⑤;四十五年(1780年),将"愿往新疆垦种户民三百一十三户",分别安插于昌吉,绥来二县。⑥

从前表可以看出:前期移民的迁出地主要是毗邻新疆的河西地区,后期扩大到甘肃中部和东部的部分府县,迁入地以乌鲁木齐为中心,东起巴里坤,西至玛纳斯,但依天山北路的具体条件,在不同时期安置上略有侧重,大体分为三个阶段:乾隆十六年(1761年)至乾隆三十年(1765年),以乌鲁木齐地区为主,包括昌吉、罗克伦、阜康等地;乾隆三十一年(1766年)至乾隆三十七年(1772年),重心东移至巴里坤所属木垒河地区,以奇台为中心,包括木垒河,东西吉尔玛太、东西葛根、吉布库,更格尔等地;乾隆四十二年(1777年)以后,在全面安置的同时,重点充实乌鲁木齐以西的玛纳斯、呼图壁等地。⑦

在屯种移民赴新疆的同时,很多商人和手艺人也纷至沓来。早在乾隆二十七年(1762年),清廷即"晓示商民有愿往者即给以印照"⑧,鼓励人们到新疆贸易。当时,巴里坤"城关内外烟户铺面比栉而居,商贾毕集,晋民尤多",有的商人也参加屯田,

① 《清高宗实录》,卷851。
② 同上,卷852。
③ 同上,卷928。
④ 同上,卷1 025。
⑤ 同前注④,卷1 083。
⑥ 同上,卷1 109。
⑦ 《清代新疆农业开发史》,60~61页。
⑧ 《平定准噶尔方略·续编》卷16,乾隆二十七年三月甲午。

叫做商屯①；而乌鲁木齐城内"字号店铺鳞次栉比，市衢宽广，人民辐辏，茶寮酒肆，优伶歌童，工艺技巧之人，无一不备"②。伊犁地区当时共建有大小九城，仅绥定城中就有"商民逾百家"③。

为了使大批移民能够顺利出关，对迁徙活动中招募、转送、安置、落户等各个环节，清政府及地方当局都作了妥善安排。

当时，凡举家出关的应募贫民，均由官府供给途中盘费、车价及其他必需的生活用品。从乾隆四十三年（1778 年）和乾隆四十四年（1779 年）的两份奏销题本中，可知迁移资助主要包括如下几项：（1）口食银。区别大小口给予：10 岁以上为大口，9 岁以下为小口，每大口每百里给减半口食银 6 分，小口给银 3 分，各计支程途远近不等。（2）车价银。不分大小口，每 3 名给车 1 辆，口内每辆每百里给减半车价银 2 钱 2 分 5 厘，口外每百里而给减半车价银 8 钱。（3）御寒皮衣。每大口 1 件，折给减半价银 4 钱 8 分。（4）铁锅。每户 1 口，折给减半价银 2 钱 2 分 5 厘。以上银两由"各该地方官一总支给各户，车辆、皮衣、锅具等物责成兵工两部分别准备，居时各户以银雇用或购置。"

清政府根据时期的不同、迁移情况的各异，对民户的资助政策是有所变化的。对应募贫民待遇最优，上述 4 项均全额发给。自乾隆二十九年（1764 年）至乾隆三十五年（1770 年），清政府为"办理招往乌鲁木齐、木垒等处垦田户民盘费"等项，共动孥银281 700余两，平均每户用银近 90 两。标准减半后，每户需费仍在 50～60 两之间。另外，清政府的招募对象主要是甘肃境内缺乏土地、又能够携眷迁移的民户，但到后来，只身出关的百姓

① 文绶：《陈嘉峪关外情形疏》，《皇清奏议》卷 59。
② 椿园：《西域闻见录》卷 1，《新疆纪略》上。
③ 赵均彤：《西行日记》卷 3，引自马汝珩、马大正主编：《清代边疆开发研究》，38 页，北京，中国社会科学出版社，1990。

日多。他们在生计有所改观之后，纷纷要求回籍迁眷共垦。乾隆四十一年，乌鲁木齐1 540名只身百姓"禀恳搬接眷口、认地耕种"，得到了乾隆帝的批准。①

应募人户赴新疆路线，系由招募地经河西走廊出嘉峪关，取道哈密，行抵天山北路各处。当时口外店房极少，交通设施不备，补给供应非常艰难。为减少移民的不便，清政府一方面对应募人户实行"分批续发"，每起不超过百户，同时命招募州县委派专门人员护送上路。②带队官员既监督催促，又负责管理照料。乾隆三十二年（1776年），安西、肃州民户移垦木垒，地方官"沿途照料，以资买食，"沙州、哈密二协暨巴里坤镇还派出官兵，"各在本境接替护送。"由于措施得力，移民尽管路途艰辛，却很少出现非正常减员的现象，乾隆四十三年（1788年），移送玛纳斯等处的1 255户中，动身时大口4 905人，小口1 308人；到屯时大口4 900人，小口1 306人，基本全额到达。

当时，马匹、农具、籽种、口粮、房屋等物都是官府借贷，并非无偿提供，但"到屯即有房间栖止，又有口粮度日，得领地亩、农具、马匹、籽种，尽力田亩，"远道而来的移民能够很快安顿下来，从事开发和营生。

由于内地移民不断增加，清朝政府于乾隆三十八年（1773年）在乌鲁木齐设置迪化直隶州（先设直隶厅），下辖昌吉、阜康、绥来等县。后来，又在巴里坤设镇西府，下领宜禾、奇台二县。至乾隆四十五年（1780年），乌鲁木齐一带已"安驻眷兵民户三万余户"，伊犁地区虽然没有设置府厅州县，但因"兵民户中渐增至十余万人"而专门添设了"兼管民人的理事同知或抚民

---

① 《清高宗实录》卷1 025，30～40页。
② 朱批屯垦，乾隆二十年正月十二日杨应琚奏，引自《清代新疆农业开发史》，64页。

同知"。①

　　随着移民新疆局面的打开，主动出关的民户日趋增多。针对这种情况，乾隆四十五年（1780 年）二月，清政府规定，今后"此等闻风愿往民户日多，即此再行减半之数，毋庸给发，不过官为查明存案，听其自行前往而已"②。这样，乾隆四十六年（1781 年）之后，清政府有组织的移民活动基本停止了，而自行出关的热潮却一直存在，直到 1864 年新疆爆发反清起义与内地交通中断之时为止。

　　关于此段时间内移民新疆的人户规模，大致有以下说法：（1）索诺木策凌于乾隆四十三年（1778 年）奏称："内地贫民节年搬眷前来者已有一万一千八百五十四户。"（2）明亮（清官员）称："截至四十六年（1781 年）止，陆续安插户民一万九千七百余户。"③（3）华立根据文献中有组织移民的统计认为"以历次迁移户数相加，可知总户数为 10 454 户。再从有户口数对照的记载来看，当时每户的平均人口约为 4 至 5 人，少数达 6 人。以每户 5 人推算，移民总人数为 52 250 人"。④（4）徐伯夫统计，"到乾隆四十年（1775 年）为止，乌鲁木齐，宜和昌吉伊犁，阜康奇台，玛纳斯等七个地区，参加民屯有 17 191 户，72 023 人。"⑤

　　以上的统计，各有依据。由于缺乏更为详尽的材料，故准确性均无法逐一考证，但从中我们可以得出这样一个历史结论：由于清政府采取了一系列切实、有效的措施，内地赴新疆移民确实达到了空前的规模。

　　在此之后，随着新疆本地社会经济的发展，加之大量外来移

---

① 《清高宗实录》卷 1 100，乾隆四十五年二月辛亥。
② 《清高宗实录》卷 1 101，16、17 页。
③ 《清代新疆农业开发史》，61 页。
④ 同上，61 页。
⑤ 徐伯夫：《清代前期新疆地区的民屯》，见《中国史研究》，1985（2）；又见《钦定皇舆西域图志·屯政二》。

民的加入，使新疆地区的人口直线上升。据《西域图志》记载，在乾隆年间，南北疆总计有383 750人。① 嘉庆时期与乾隆年间相比，新疆人口无重大突破，据嘉庆二十五年《重修一统志》所载，当时新疆主要地区人口有470 837人（见表11：嘉庆年间新疆各地人口一览表）。②

从1760—1825年，新疆各地的人口变化情况为：

（1）驻军人数变化情况

喀什地区由6 000人增至10 000人，叶尔羌地区由2 000人增至3 000人，和田地区由2 000人增至3 000人，阿克苏地区由3 000人增至4 000人，其他地区由4 000人增至5 000人，新疆各地驻军总数由17 000人增至25 000人左右。

（2）民户人数变化情况

喀什地区由100 000人增至150 000人，叶尔羌地区由200 000人增至400 000人；和田地区由100 000人增至700 000人，阿克苏地区由150 000人增至200 000人，库车地区由25 000人增至50 000人；总之，整个新疆地区的总人口由575 000人增至1 500 000人。③

（三）俄国"学者"和"探险家"的足迹

1. 19世纪50年代以前的地理"考察"

早在19世纪30年代，已有一些俄国学者、探险家从额尔齐斯河南下，擅自侦察并局部测量了中国巴尔喀什湖附近地区。1840年夏，俄国"科学家"卡列林和基利洛夫等人，由额尔齐斯河支流那林河畔的那林堡，潜入塔尔巴哈台山区侦察。次年，卡列林又窜入巴尔喀什湖以东勒布什河和阿克苏河上游巴斯坎河一带，并进入准噶尔阿拉套山区，窥测了出入伊犁北部地区的

① 见《钦定皇舆西域图志·屯政二·户口附》卷33。
② 见《明清西北社会经济史研究》，38~39页。
③ 《喀什噶尔》，113~114页。

通道。

1840 年秋，采矿工程师科瓦列夫斯基在随商队以阿亚古斯向东，越过哈巴尔苏山口向南，经阿拉湖东岸，先后潜入伊犁、塔城，广泛搜集了关于伊犁、塔城的商品需求和贸易情况、准噶尔盆地的自然条件、经济状况以及伊犁、塔城一带的矿藏及其开采情况。1840 年 6、7 月间，学者施伦克等人从阿亚古斯秘密前往巴尔喀什湖、萨司克湖、阿拉湖和准噶尔阿拉套山，并经乌尔扎尔河潜入塔城。1841—1843 年间，他又秘密侦察了巴尔喀什湖西南岸、楚河上游和塔尔巴哈台山区、勒布什河、哈喇塔拉河、伊犁河，直至伊塞克湖北岸。1842—1843 年间，由西伯利亚军事地形测量团上校西利维尔格利姆负责，对北起额尔齐斯河、南至楚河，包括巴尔喀什湖在内的广大地区进行了侦察，并绘制了该地区的地图。1845 年 10 月，"帝俄地理学会"成立，在随后三十年内，该学会的考察路线布满了亚洲中部的所有山区，不仅布满了早已熟知的阿尔泰——萨彦岭和天山之间的地区，而且布满了天山和欧洲人几乎无法接近的西藏的北缘——昆仑山之间的地方。[①] 1847 年俄国占领科帕尔不久，西伯利亚军事地形测绘团军官、地形测绘员尼凡季耶夫越伊犁沟前往阿拉套地区，编绘了伊塞克湖附近的地图，在上面标注了经过该湖湖畔前往喀什噶尔、乌什的道路。

进入 19 世纪 50 年代后，沙俄在巴尔喀什湖以东、以南的"考察"活动进一步加紧。1851 年 8 月，尼凡季耶夫由地形测绘员布拉托夫等陪同，乘船"考察"注入巴尔喀什湖东岸的阿亚古斯河、阿克苏河和哈喇塔拉河。次年，又到达该湖东南岸和伊犁河三角洲，调查水文，研究渔场情况和通航条件。同年，采矿工程师弗兰加里参加以科瓦列夫斯基为首的"考察队"，前往哈萨

---

① 谢苗诺夫：《波塔宁〈中国唐古特—西藏地区和蒙古中部〉序言》，4~5 页，引自《沙俄侵华史（第 3 册）》，338 页，莫斯科，1950。

克草原南部搜集地质构造和矿藏等情报，并向俄国外交部亚洲司提出了开辟巴尔喀什湖以东诸河流的水上交通、改善通往伊犁的陆路交通运输的建议。同年，俄国政府派总参谋部大尉古特科夫斯基率部测绘了阿亚古斯、科克彼克特至塔城的线路，并在东距塔城不远处建立了乌尔扎尔哨所和哥萨克军屯。

2. 谢苗诺夫天山之行掀起"考察"狂潮

1854 年侵占维尔内后，沙俄把"考察"重点转向天山山脉北部支脉和楚河上游。一批批俄国地理学家、旅行家和测绘人员取道维尔内，前往目的地，其中影响最大的是 1856—1857 年的谢苗诺夫的天山之行。

1856 年 6 月中旬，谢苗诺夫由彼得堡到达鄂木斯克。在西西伯利亚总督加斯弗尔德的赞助下，他取道赛米巴拉金斯克，经阿亚古斯、勒布什和科帕尔等地，于 9 月 12 日到达维尔内。9 月 14 日，他们一行 30 余人（内有 10 余名武装哥萨克）离维尔内沿外伊犁阿拉套山东行，于 9 月下旬到土布河和伊塞克湖东岸进行侦察，然后返回。10 月 3 日，他又率领 90 名哥萨克出发，沿外伊犁阿拉套山北坡，经卡斯贴克山口到达楚河上游、伊塞克湖西岸。10 月下旬，谢苗诺夫冒充护送俄国邮车的人员混过博罗胡吉尔卡伦，进入伊犁城刺探情况。11 月，他向俄国地理学会书面报告了他的天山之行。回到鄂木斯克后，谢苗诺夫向加斯弗尔鼓吹：外伊犁地区是俄国理想的殖民区，应使它"成为俄国在亚洲的一颗明珠"。1857 年 5 月初，谢苗诺夫离鄂木斯克南下，开始了第二次天山之行。5 月下旬，到达维尔内；6 月中旬，离开维尔内东行，19 日到达善塔斯山口附近布库部头人布拉巴依驻地。7 月中旬，他们潜入特克斯河上游谷地，窥测了伊犁通往喀什噶尔的通道穆素尔山口。7 月下旬，他们完成了天山之行，返回俄境。

谢苗诺夫天山"考察"掀起了俄国对中国西部进行地理"考

察"的狂潮。1859 年，维纽科夫等人从维尔内出发，到伊塞克湖和楚河流域进行了地形测量，还详细调查了这一地区的交通、商业等情况。同年 4 至 6 月，俄国总参谋部大尉戈鲁别夫等人再次潜赴伊塞克湖"考察"。他们从维尔内向东渡车里克河抵特克斯河上游，越善塔斯山口经土布河口到伊塞克湖岸，然后沿北岸经库尔墨图等地返回维尔内。8 月间，他们经博罗胡吉尔卡伦潜入伊犁，10 月抵塔城。在这次"考察"中，戈鲁别夫等人详细侦察了哈萨克大玉兹、土尔扈特部、布鲁特布库部和萨尔巴噶什部，搜集了大量的情报。

1860 年中俄《北京条约》第三条规定由两国"秉公查勘"西界，这更加紧了俄国对中国西北地区的"考察"。1862 年春，尼凡耶夫上尉和斯特列利尼科夫少尉为首的两个测量队，分别对塔城以北阿拉套山北部支脉和斋桑湖南岸一带进行了非法测量。同年，戈鲁别夫到阿拉湖东岸和中国胡苏图卡伦等地活动，先后测定了巴尔喀什湖、塔尔巴哈台山、准噶尔阿拉套和天山之间若干地点的方位并测量了伊犁、塔城的地形。

1862—1864 年，"地理学家"波塔宁和俄国勘界委员会秘书长司徒卢威到阿尔泰山与塔尔巴哈台山之间的南部平原活动，对斋桑湖以北地区进行测量，绘制了地形图。1863 年 6 月，由兹里亚霍夫上校带领的"河道考察队"，溯额尔齐斯河驶入斋桑湖，8 月间又进入喀喇额尔齐斯河，沿途绘制了航道图。1864 年，以谢维尔佐夫为首的"考察队"到天山山脉西部、楚河和塔拉斯河流域活动，绘制了地形图，并调查了东布鲁特的状况。同年，俄国采矿工程师塔塔里诺夫从阿亚古斯出发，"考察"了塔尔巴哈台山北坡，然后又从卡腊科尔出发"考察"南坡，并进入塔城。此行搜集了丰富的地理、地质资料，还找到金砂、绿宝石、铜、煤、石墨等矿床。

综上所述，截至 1864 年中俄签订《勘分西北界约记》为止，沙俄对中国西部的"考察"主要集中在巴尔喀什湖以东，伊犁、塔城以西和斋桑湖周围地区，这也正是当时沙俄掠夺中国领土的重点——充分揭示了"地理考察"与沙俄对华领土扩张的密切联系。

3. 赤裸裸服务于对华侵略的"考察"活动

1864 年之后，俄国逐步吞并中亚诸国，而中国陕甘回民起义也蔓延至天山。1865 年，阿古柏乘机侵入南疆。在这种形势下，俄国进一步加强了对这一地区的"考察"。

1867 年 7、8 月间，总参谋部上校波尔托拉茨基、外交部亚洲司官员奥斯登、萨根等人从维尔内出发，经楚河、伊塞克湖西端、杭库里湖到纳林河流域，并先后侦察了穆素尔山口、恰提尔库里湖、图噜噶尔特山口、苏约克山口、阿特巴什河等地。此行中，他们测量了纳林河南面的地形，首次从伊犁平原到达了喀什噶尔或小布哈拉草原。同年秋，谢维尔佐夫率"考察队"沿外伊犁阿拉套山东行到察林河；越善塔斯山口到伊塞克湖东端；再越巴尔珲岭，素玉克山口抵纳林河上游；顺纳林河而下，转入阿特巴什河谷地，直抵阿克塞河地区而返。此行对天山广大地区进行了地形测量，勘察了天山构造，并到处描画山隘要地，搜集了许多重要情报。

1869 年，俄国"学者"拉德洛夫一行从科帕尔出发，先后到博罗胡吉尔卡伦、伊塞克湖北岸和东岸卡腊科尔一带活动。此行搜集了有关锡伯族、索伦族及其宗教、社会关系的情报以及伊犁河流域的地形。1870 年，俄国总参谋部军官考尔巴斯等人到伊塞克湖东岸和纳林河上游一带进行活动，详细侦察了喀克善山、阿特巴什山，"考察"了天山中段的许多山口，其中包括穆素尔山口；此外，还针对天山地区进行了 3 万平方俄里的地形测量，这显然和俄国 1871 年出兵强占伊犁有直接关系。

三、鸦片战争前后的物资流通

(一) 新疆与内地之间的物资采运

清代中期以后，由于国家统一，交通线路全面恢复，新疆与内地政治、经济、文化联系进一步密切。

1. 丝绸的官方贸易

此时，以丝绸的官方贸易为代表的商品交换得到了进一步的发展。大致可分为三个阶段：

(1) 自乾隆二十二年（1757 年）开始清政府与哈萨克商队之间进行丝绸贸易。这一时期，新疆丝绸贸易（包括布匹等）对象主要是哈萨克族，贸易点仅限于乌鲁木齐一地。这时的贸易带有很大的盲目性。此时，清政府用于交易的绸缎，是陕西库贮存剩缎匹及临时采办的一些绸匹，质量称不上上乘。另外，主管贸易事务的官员尚未知晓哈萨克人所需要绸缎的具体品种、色彩，因此，不论从交易数额还是交易档次上看都不尽如人意。①

(2) 自乾隆二十四年（1759 年）开始，在平定南疆大小和卓叛乱期间开展"随军丝绸贸易"。当时，为了筹集军需和粮食，就用内地运去的丝绸布匹等物，在阿克苏等地开展"随军丝绸贸易"，与当地人易换粮食。这种贸易以银为计价标准，然后折换丝绸、布匹与粮食。②通过贸易，清政府用大批丝绸、缎匹、布匹，从维吾尔人手中易换了大批急需的军粮。乾隆二十五年，新疆丝绸贸易的地点，除乌鲁木齐之外，还有北疆的伊犁，南疆的阿克苏、叶尔羌和喀什噶尔等地。丝绸贸易的对象，不但有哈萨克族，而且还包括了南疆的维吾尔族和中亚地区。主持贸易的官

---

① 林永匡、王熹：《清代西北民族贸易史》，435 页，北京，中央民族学院出版社，1991。
② 满文军机录副档案：《为奏闻事》，乾隆二十四年闰六月五日舒赫德、永贵等奏，引自《清代西北民族贸易史》，438 页。

员会根据交易的情况预测下年度所需绸缎的具体数量和花色品种，不致因大量积压而浪费，也不会因不敷所需而临时调运。

（3）乾隆中后期直至咸丰三年间，在南北疆地区与各族商队及中亚商人进行丝绸贸易。乾隆三十三年，新疆各贸易点形成了"每岁备文移咨陕甘总督于新疆各处咨调绸缎数目汇题敕派江宁苏杭三处织造办解"的制度。这样，新疆各贸易点结束了单纯经哈密等地调取贸易绸缎的历史，形成了丝绸贸易的独立系统。到乾隆末年，新疆7个丝绸贸易点全部形成，各贸易点形成弧形状态分布。北疆2处直接与哈萨克等族，南疆5处直接与布鲁特、维吾尔和广大中亚地区进行丝绸贸易，路程大为缩短。上述7个贸易点一直维持到咸丰年间，在这个时期，新疆的官方贸易持续发展，民间贸易亦蓬勃兴起。

咸丰三年，太平军攻克南京，江宁织染局停织，民间机工零散，无法进行正常纺织。同治四年，江南织造虽然恢复，但生产、织造能力已远非昔日可比。这时，新疆的政局发生了巨大变化：大片中国领土被沙俄侵占，内地与新疆的官方丝绸贸易宣告中止。

当时，在内地与新疆的丝绸贸易中，除了江南绸缎外，还有始于乾隆三十二年解送的山西泽绸、陕甘秦纱、湖北天门县岳家口的庙布。江南等地每年输往新疆的丝织物，据记载主要有缎、绸、绫、绢、纱5类。缎有近二十种，绸有十几种，纱有三种，绫有一种。这些绸缎主要是根据实际贸易所需的品种而调拨的。

在近百年的丝绸贸易过程中，大约共从内地运去绸缎等443 440匹，平均每年约为4 619匹（见表12：清代中期以前内地与新疆丝绸贸易情况一览表）。长时期的官办丝绸贸易，使得纺织技术也随之在新疆各地传播开来，促进了新疆地区蚕丝和织造业的发展；新疆本地的一些民族传统手工艺品也传入中原地区，在客观上拓宽了江南丝绸的市场，为江南丝织业者的产品增加了新的流通渠道。当时的伊犁"内地之民争趋之，村落连属，烟火相望。巷陌间羊马成群。皮角毡褐之所出，商贾辐辏"①。其他地方也是"摩肩雨汗，货如雾拥"。商业的交往，带来了人员的往来流动，"山陕、江浙之人，不辞险远，货贩其地"，而外籍安集延、浩罕、克什米尔等地商人也前来贸易。总之，上述丝绸贸易促进了新疆与内地的联系，也带动了整个新疆地区经济、社会的开发与发展，促进了民族融合和社会进步。

2. 军需物资的采运

除了官办丝绸贸易之外，每年还由内地调运来大批的军需物资。

单就伊犁地区的驻军而言，"由内地每年运来绸缎七百四十疋……由内地每年运送茶叶一万五千斤……每隔一年，由大臣委派官二员、兵六名，巴彦岱官二员、兵四名，前赴内地办理军用物品，由兰州银库借银六万两"，在调解的内地绸缎中，来自江宁的有二百四十七疋，来自杭州的有二百四十六疋，来自苏州的有二百四十七疋。而且，还于乾隆三十六年设立官药铺、官布铺，"赴内地办货时，顺带药剂。"②

对于茶叶的运输，"每年由陕甘额调茶叶111 500斤"③。这些茶叶经兰州、哈密、吐鲁番、喀喇沙尔和阿克苏运到喀什，再运往叶尔羌、和田。茶叶除供将士饮用之外，在特殊情形下还被用作转输军饷的手段。1865年2月14日，针对明春"请饬甘肃迅将付茶数十万封，赶紧派员解赴伊犁"的请求，清廷谕令护理陕甘总督恩麟："伊犁民食、兵粮几至告罄，情形实为危迫。口外茶叶贸易尚为流通，如此项副茶，早日运到伊犁，则银钱转输，借可采买兵食以拯燃眉，"命令恩麟"即将所存付茶迅速拨运数

---

① 赵翼：《皇朝武功纪盛》卷二。
② 《伊犁略志》，见《清代新疆稀见史料汇编》，292页。
③ 《伊江集载》，见《清代新疆稀见史料汇编》，112页。

十万封，派员由北路草地解交伊犁。"① 在 1864 年反清大起义之后，与内地的运茶通道逐渐中断，当地居民就只能从当地植物中寻找茶叶作为代用品。

在此之后，又开辟了两条通向境外的茶叶输入路线，一条是从俄国的固尔扎和谢来烈奇耶省经过纳伦堡和察克玛克堡到喀什城；另一条是从印度经过拉达克到叶尔羌，再到喀什。②

此外，"伊犁满营向例在兰（州）库预借银九万两，派该满营官员赴内地置买军装货物，存于官布辅，陆续卖给官兵，其价在俸饷内坐扣归款"，每年还从兰州、凉州等地代买纸札、农具等解送伊犁。③ 当时的交通线，"除了天山北路和天山南路以外，还有一条从和田达西藏首府拉萨的大车路。通过这条路还与克什米尔有一些来往。过去名不虚传的和田玉，大量地向西藏并经由巴楚向中国内地输出"④。

（二）新疆与外国之间的物资采运

19 世纪以后，西方列强以一种特殊的商品——鸦片率先渗入中国境内，不仅沿海地区，而且以酒、烟为禁戒的新疆穆斯林居民也开始吸食。⑤

1. 罪恶的鸦片贸易

鸦片之祸立即引起清廷朝野的重视。经过一番争论，道光帝采纳了鸿胪寺卿黄爵滋的禁烟主张。1839 年 6 月 3 日至 6 月 21 日，林则徐在广州虎门海滩销毁了英、美等国商人交出的 19 187 箱、约 230 多万斤的鸦片。⑥

新疆境内的鸦片贸易也呈泛滥态势。当时，输入天山南北的

① 《清穆宗实录》卷 127，30 页上，同治四年正月乙卯，即 1865 年 2 月 14 日。
② 包尔汉：《新疆五十年》，6 页，北京，文史资料出版社，1984。
③ 《伊江集载》，见《清代新疆稀见史料汇编》，109~110 页。
④ 《阿古柏伯克传》，48 页。
⑤ 《清宣宗实录》卷 326，321 页。
⑥ 《林则徐集·日记》，334~341 页。

鸦片主要有三条路线：第一条是由克什米尔——昆仑山区进入塔里木盆地南缘地区；第二条是由巴达克山——浩罕进入塔里木盆地西缘地区；第三条由西伯利亚——阿勒泰山区进入天山北部的塔城和伊犁。在克什米尔——昆仑山区通道上经营鸦片的主要是英国殖民地的印度人和克什米尔人，在巴达克山——浩罕通道上经营鸦片的主要是浩罕人，在西伯利亚——阿勒泰山区通道上经营鸦片的主要是俄国人。①

在林则徐"虎门销烟"之后，查禁鸦片的活动在新疆也逐步展开。1839 年 9 月 4 日，大理寺卿惠丰上疏道光帝，建议在新疆查禁鸦片，得到了道光帝的赞许，要求伊犁将军以及驻防各地的都统、参赞、办事和领队大臣对各地的鸦片严行查禁。② 仅仅数日时间，就在天山南部各城查获境外输入的鸦片十余万两。③ 另据 1839 年新疆地方当局根据《禁烟新章三十九条》开列的没收名单，仅在叶尔羌城就没收来自克什米尔、印度商人的鸦片164 400余两。④

2. 新疆与俄国之间的物资采运

这一时期，新疆与俄罗斯的商贸往来构成了其境外商贸交往的重点。1805 年，由俄国政府资助的克鲁逊什特环球船队的两艘商船"希望"号与"涅瓦"号抵达广州，要求入城贸易，遭到了清政府的拒绝。⑤ 俄国人将贸易重心重新转向了西北。

虽然清政府只允许中俄在恰克图开展贸易，但是在进入 19 世纪后，再未发出禁止在新疆进行中俄贸易的禁令，于是，俄中之间的新疆贸易已成为半公开状态的无约贸易。

---

① 《清宣宗实录》卷326，321 页。
② 《清宣宗实录》卷226，29 下～30 上页。
③ 中国第一历史档案馆藏惠丰、恩特亨额等人有关新疆的奏折，引自《维吾尔族历史》（中编），2 页。
④ 《清宣宗实录》卷330，29 下～30 上页。
⑤ 《清仁宗实录》卷156，25～26 页。

1807 年，第一支由 500 匹马组成的俄国商队在商人穆尔塔金带领下，自谢米巴拉金斯克进入塔城，开辟了近代中俄新疆贸易的历史。之后，俄国官员也加入进来。1813 年，西西伯利亚地方当局派遣了一支由译员巴宾洛夫陪同前往的俄国官方商队。这个商队携带着价值 32.1 万卢布的货物，自谢米巴拉金斯克出发，穿过柯尔克孜领地，抵达阿克苏和喀什噶尔。次年，他们带着价值 100 万卢布的茶叶、大黄、织品、锦缎等货物返回。随着贸易的扩大，新疆商人也开始前往布赫塔尔明斯克与俄商易货。①

19 世纪上半叶，清政府对西向贸易管理日趋严格。按《哈萨克贸易章程》规定，凡西向贸易商人到达边境卡伦后，必须交验证明书（牌禀），查明人、货及所带牲畜等与牌禀相符，方准入卡；贸易期间，商人在贸易亭附近专门设立的土堡内居住，清朝官兵在堡门堆房稽查出入，平日不得私自进城；因事必须进城者，报明贸易亭管理官员，请领执照，限以时刻返回，呈缴执照；贸易后如有剩余货物，令自行带回，不得借口货未换完而滞留。② 据 1845 年到过伊犁和塔尔巴哈台的 H. N. 柳比莫夫记载，"所有商人到塔城后，就被安置在一个不大的住宅内，院子围以土墙，货物堆放进中国关卡，在关卡里，有专门的仓库。白天，商人空闲，可以外出，同来他们那里的中国商人接触……但是，进中国城和去见中国商人洽谈贸易，必须得到地方官员的允许，在关卡职员的陪同下前往。晚上，住宅的院门关闭。在院内除了居住人员外，还有商队的牲畜，包括几百匹骆驼、马、绵羊等"。③

俄商运入新疆的货物主要有皮革、呢子、棉纺织品、毛织

① 约瑟夫·费莱彻：《剑桥中国史》第 10 卷第七章，转引自《西北历史资料》，1980（3）。
② 《筹办夷务始末（咸丰朝）》卷 1，3~4 页。
③ H·维谢洛夫斯：《H·N·柳比莫夫乔装成商人霍罗舍夫去塔城和伊犁的游记》，引自《新疆对苏（俄）贸易史》(1660—1990)，46 页，圣彼得堡，1909。

品、毛皮、铜铁制品及日用杂品（见表 13：1840—1850 年俄国对新疆贸易统计表）。新疆输出的主要货物是绸缎、茶叶、大布及杂品。茶叶输出额在 19 世纪 30 年代以后迅速增长，1842 年输出总值为 5.96 万卢布，1851 年增加至 57.98 万卢布。

19 世纪上半叶，俄国在对新疆贸易中处于出超地位，每年都流入大量白银（见表 14：1851—1853 年俄国与新疆贸易统计表）。当时，浩罕国在某种意义上起到到中俄贸易中转站的作用。早在 1823 年，俄国便与浩罕国之间签订一个协议，规定由浩罕提供"安全护送队"，保护穿越浩罕到新疆之俄国商队。俄商一般由俄境出发，穿过中亚哈萨克草原及浩罕领地，向东一直到库车、阿克苏和喀什噶尔。而一些来自中国新疆的商人也大胆进入俄国国内市场中心之一的下诺夫哥罗德集市参加贸易。[1]

40 年代之后，新疆对俄输出的各类茶叶骤增，使双方贸易差额缩小，新疆流入俄国白银递减。这一时期，俄国对新疆的贸易已过渡到以商队贸易为主，贸易额有大幅增加。至 40 年代末，俄国对新疆贸易额在中俄恰克图贸易中占的总额已经从先前的 3%～4% 上升到 6%。

1850 年以后，中俄贸易关系的发展与两国之间签订的一系列条约密切相关。1851 年 8 月 6 日，两国签订《伊犁塔尔巴哈台通商章程》，作出如下规定：第一，两国之间"彼此两不抽税"；第二，"俄商往来，均由预定卡伦，按站行走"；第三，俄罗斯商人每年前来贸易，定于清明后入卡，冬至即停止，并对贸易规模进行了严格规定；第四，俄罗斯人前来贸易、存货、住人必需房屋，即在伊犁、塔尔巴哈台两地就近由中国指定一区，令俄罗斯商人自行盖造。[2]

[1]《剑桥中国史》第 10 卷第 7 章。
[2]《伊犁、塔尔巴哈台通商章程》，见王铁崖主编：《中外旧约章汇编》第一册，78～79 页。

1858 年 6 月 13 日，两国签订《天津条约》，规定如下：第一，"嗣后陆路前定通商处所、商人数目及所带货物并本银多寡，不必示以限制"；第二，"中国与俄国，将从前未经定明边界，由两国派出信任大员秉公查勘，务将边界清理补入此次和约之内，边界既定之后，登入地册，绘为地图，立定凭据，俾两国永无此疆彼界之争"。

1864 年 3 月 8 日，两国签订《陆路俄商三联单章程》，对出入关手续做了详尽规定：第一，"此项执照系过一关截下一联，如到此关，而前关未经将应截之联截下，或已截下，而无前关骑缝印信，即系该商绕越，务即扣留，照章罚办，该商无可狡执，各关亦不可含糊；"第二，"此项执照与边界官、领事官原照粘连之处，不负三联照内所载某字第几号字样骑缝填明，并加盖印信一颗，以防更换；"第三，"照内所填货物、税数，须与边界及领事等官原照一律，不可稍有参差；如原照所填只系货物总数，此照内仍应查明细数，分晰开载，但总数不可不与原照相合。"①

1860 年 11 月 14 日，两国签订《北京续增条约》，主要有如下规定：第一，"俄罗斯国商人，不拘年限，往中国通商之区一处往来，人数通共不得过二百人，但须本国边界官员给与路引，内写明商人头目名字、带领人，多人前往某处贸易、并买卖所需及食物、牲口等项、所有路费，由该商人自备。"第二，"试行贸易，喀什噶尔与伊犁、塔尔巴哈台一律办理。……并照伊犁、塔尔巴哈台，给与空旷之地一块以便牧放牲畜。……其俄国商人，在喀什噶尔贸易物件，如被卡外之人进卡抢夺，中国一概不管。"第三，"按照《天津和约》第十一条，由恰克图至北京，因公事送书信、因公事送物件，往返限期开列于后：书信每月一次，物件、箱子自恰克图至北京，每两个月一次，自北京往恰克图，三

---

① 同前注②，213～214 页。

个月一次，送书信限期二十日，送箱子限期四十日，每次箱子数目，至多不得过二十只，每只分两（分量），至重不得过中国一百二十斤之数。所送之信，必须当日传送，不得耽延，如遇事故，严行查办。由恰克图往北京，或由北京往恰克图，送书信、给物件之人，必须由库伦行走，到领事官公所，如有送交该领事官等有书信、物件，即便留下。如该领事馆等有书信、物件，亦即带送……若商人为买卖之事送书信、物箱，愿自行雇人，另立行规，准其预先报明该处长官允行后照办，以免官出花费。"①

1879 年 10 月 2 日，中俄又签订了《陆路通商章程》，规定"两国边界贸易在百里内不纳税，其稽查章程任便两国各按本国边界限制办理。"②

---

① 同前注①，150～153 页。
② 同前注①，364 页。

第三章 交通运输与左宗棠收复新疆

　　收复新疆战争中,「先北后南」的用兵顺序、「缓进急战」的军事部署主要由当时交通态势决定,清军西进过程也是交通不断恢复、建设的过程。

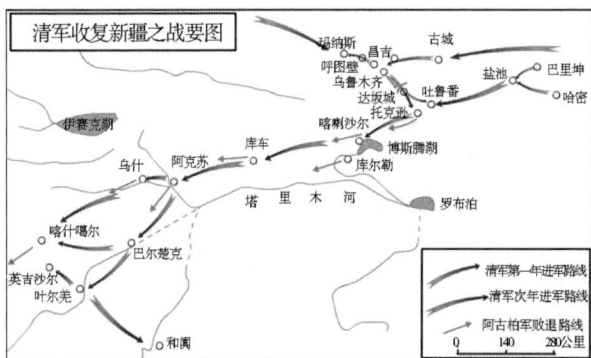

清军收复新疆之战要图

第三章　交通运输与左宗棠收复新疆

近代以降，利权丧失，国土屡遭宰割。地处祖国西北的新疆与俄及英属印度相邻，战略地位十分重要。由于民族问题、宗教问题相互缠绕，加之和内地、京师交通不便，清政府鞭长莫及，遂使 1864 年爆发的反清大起义一发而不可收。1865 年 1 月，浩罕汗国的阿古柏趁机侵入，建立了所谓"哲德沙尔汗国"。至 1867 年，除东部的哈密、巴里坤及北部的塔尔巴哈台之外，清政府在新疆的统治已基本瓦解。正是以左宗棠为首的西征将士，排除重重险阻，在两年多的时间里，收复了除伊犁以外的新疆全境，使一百多万平方公里的大好山河得以保全，为保卫国家的领土和主权完整建立了丰功伟绩。

一、交通运输是决定新疆之役胜负的关键

左宗棠画像（见图 5：左宗棠画像），湖南湘阴东乡左家塅人，字季高，一字朴存，早年自号"湘上农人"。[①] 1833 年（道光十三年），在进京会试出闱后，为抒发壮志豪情，他作了《癸巳燕台杂感》八首。其中第三首为：

> 西域环兵不计年，当时立国重开边。

---

① 罗正钧著，朱悦、朱子南校点：《左宗棠年谱》，1 页，长沙，岳麓书社，1982。

　　橐驼万里输官稻，沙碛千秋此石田。

　　置省尚烦他日策，兴屯宁费度支钱。

　　将军莫更纾愁眼，生计中原亦可怜。[1]

　　"橐驼万里输官稻"一句，反映了从青年时代起，他就意识到交通运输在安定西陲中的重要地位，并对其艰辛作了初步预测。[2] 1838 年，第三次参加会试失败后，处于极度苦闷中的左宗棠认真研读了《西域图志》。[3] 1850 年元月，在湘江舟中，他与曾谪戍新疆的林则徐会面，两人曾"谈及西域时务"。[4] 正是由于上述经历，使得左宗棠对新疆的风土人情、治乱大计有着深刻而清醒的认识。不想，少年时的心愿终因四十余年之后奉命平定阿古柏之乱而成为现实。

　　1874 年农历三月（同治十三年），已经平定陕甘回民起义的各路清军相继出关。1875 年 5 月 3 日（光绪元年三月二十八日），清廷任命左宗棠为钦差大臣，督办新疆军务，授予他指挥西征的全权，从而正式揭开了收复新疆的序幕。

　　在用兵之初，他就清醒地认识到交通运输在整个收复新疆战争中的关键地位："筹饷难于筹兵，筹粮难于筹饷，筹转运又难于筹粮。"[5] 那么，左宗棠为何发出如此无奈之感慨，当时西征军所面临的交通运输形势究竟怎样呢？

　　（一）落后交通与近代战争之矛盾

　　十九世纪后半叶京师、关内与新疆的道路系统（见图 6：清

---

① 左宗棠：《癸巳燕台杂感》第 3 首，引自秦翰才著：《左文襄公在西北》，40 页，长沙，岳麓书社，1984。

② 运输工具无疑预测正确，只是日后解决军粮运输主要靠商民运输"商稻"，"官稻"只占其中一小部分，下文将有详细阐述——作者注。

③ 杨东梁：《试论左宗棠收复新疆》，见中国人民大学清史研究所编：《清史研究集》（第 2 辑），216 页，北京，中国人民大学出版社，1982。

④ 左宗棠著，杨书霖等编：《左文襄公全集·书牍》，卷 17，55 页，上海，上海书局，1986 年影印本。

⑤ 《左文襄公全集·书牍》卷 10，27 页。

代新疆及内地官马大道示意图），是古老的"丝绸之路"的延续。元代以后，由于复杂的历史原因，"丝绸之路"渐趋衰落。近代以来，航海术的大发展，使得西方人可通过相对快捷的海路到东方进行贸易，来往西域的商贾也就急剧减少。世界已脱离中世纪的徘徊而迅速发展，丝绸古道却仍保有其原始性，显得有些疲惫不堪了。

1. 西征前夕新疆的交通形势

如第一章所述，新疆地区交通状况非常落后。由于各地情况不同，大车以库车为界，库车以南多为土路，用木轮大车。库车以北，多系沙石路面，均用铁轮大车。南疆马车、车轮比北疆车轮大，全系木制，维吾尔人称之为"亚里亚"。而北疆伊犁、塔城等地，多系二轮铁车，车厢小，一车一马，当地人称为"塔兰其"，运量为三百公斤左右。此外，还有来往于伊犁、奇台的四轮台车和二轮轿车。①

这样一条运道，在正常形势下人们往来尚且步履维艰。那么，经过西北回民起义和阿古柏入侵之后的残败不堪可想而知。当时，大好河山已变得"蒿棘成林，狼嗥遍野，路断人行"②，处处萧条冷落，满目疮痍。乌鲁木齐"向称重镇，景象繁华，西人曾有小南京之谓"，而"膏腴已早为安集延吸空"③。自喀喇沙尔至库尔勒，"沿途民舍，均已烧毁"④。"塔城自经贼扰，户口流亡，城厢村落悉成瓦砾"⑤。以军台、营塘、卡伦构成的较完整的交通运输管理体系也"遍遭蹂躏，不独失陷各处驿站残废，即城

---

① 刘德贺：《解放前新疆的交通运输》，见政协乌鲁木齐市委员会文史资料委员会编：《乌鲁木齐文史资料》（第6辑），54~56页，乌鲁木齐，新疆青年出版社，1983。
② 《左宗棠全集·奏稿六》，123页。
③ 《西疆杂述诗》卷2，33页，转引自牛济：《论左宗棠对新疆的经济开发与研究》，《人文杂志》，1996（6）。
④ 《左宗棠全集·奏稿》卷51，28页。
⑤ 《左宗棠全集·奏稿六》，275页。

池完善地方所管塘驿亦多被贼焚掠"①，造成了整个"官道"的瘫痪。在这种情况下，本来就原始落后的新疆交通好似雪上加霜，面临的运输形势愈加严峻。

即将出关的左宗棠对这种恶劣的道路状况有着清醒的认识，他认为："出关非难，至由安西抵哈密，计程十一站，千里而遥，经由戈壁，无台站，无水草，沙砾纵横。"② 西征将士面临的首要困难不是阿古柏匪军的进攻，而是如何在恶劣的自然环境中学会生存，这就需要很好地解决军需品的运输。

2. 近代战争对交通运输的新要求

左宗棠领导的收复新疆之役不同于康雍乾三朝的平定准噶尔战争，已是一场近代战争。

（1）围绕新疆问题，左宗棠能否利用英、俄矛盾，营造有利的国际环境已成为解决交通问题、决定战争胜负的重要因素，具有了近代战争的鲜明特征

19 世纪 60 至 70 年代，英国和沙皇俄国在世界政治上处于对立的态势。当时，英国征服了印度的土邦旁遮普，并把另一个土邦克什米尔变为保护国；沙俄则逐步吞并了浩罕、布哈拉、基发；在相持之下，阿富汗和中国的新疆成为二者剑拔弩张之地（见图7：新疆敌我形势一览图）。尤其是在新疆民族起义和阿古柏入侵之后，混乱局面使双方的争夺更加激烈。③ 这样，围绕新疆问题形成了中、俄、英三角关系。正如包罗杰在《阿古柏伯克传》中所评说的："英、俄、中三国之间的相互关系一直是怎样的呢？在本书中我们一直认为，在这里仍将认为：英、俄之间不可调和的敌意，至少在亚洲是这样。目前，由一层礼貌和文明的

① 中国第一历史档案馆：《军机处录副折·军需类》3 全宗 89 目录 4 984 卷 82 号，同治十三年正月二十一日左宗棠《驿站交代迟延请员处置等由》片。
② 魏光焘：《勘定新疆记·饷粮篇》，引自《中国近代史资料丛刊·回民起义》（四），381 页，上海，神州国光社，1952。
③ 王绳祖编：《中英关系史论丛》，159～160 页，人民出版社，1981。

光环掩饰着。我们要考察的只是英中之间和俄中之间的关系。"
在他看来,俄中之间"一贯以来在贸易上和政治上保持着友好和
互惠的联系,整个说来,它们之间的交往是颇为和谐的",而对
于英国,在与俄国长期较量之中,新疆问题是"最有用的情况之
一,在战略上起着前所未有的有利作用"。基于此,他个人希望
"在英国人有可能把中国人的出现认为是'中亚问题中的有利因
素'以前,我们与中国的关系必须置于前所未有的更坚固、更友
好的基础之上"①。但事实上,英国政府出于自身侵略新疆的目
的,更倾向于支持阿古柏。

1865 年,英印政府测量员约翰生赴和阗进行测量工作。1869
年,驻克什米尔专员罗伯特·肖(沙傲)也曾深入阿古柏控制
区。据他自己讲此行目的"在于探访中亚市场情况及其对于英国
商业前途的关系。特别是有关印度茶叶的推销"②。自然,这是他
本人掩盖侵略计划的冠冕之词,但不可否认:交通线的打通确是
其整个侵略计划的重要组成部分,在很大程度上左右着对外政策
的制订。

俄国人也在密切关注着这条交通线。1845—1866 年间,俄国
对华贸易出口总值在七百五十万卢布以上,而在 1869 年降低到
四百七十万卢布。③ 俄国需要的中国茶,原由中国西路运入俄境
的那部分改由海道经印度、中亚至俄国。除此之外,由印度运来
的还有印度自产茶叶。这种茶"在喀什噶尔销售很广,而且开始
走私贩运到我们(俄国)的中亚领地,使俄国的茶叶商深感不
安"④。这样,就出现了一种反常情况:批发商在塔什干的货栈里
屯放着广州的茶叶,这种茶叶在运到塔什干之前,途经印度、苏
伊士运河到敖德萨,再从那里通过黑海转入俄国市场。茶价随运

---

① 包罗杰:《阿古柏伯克传》,243 页,商务印书馆,1976。
② 《中英关系史论丛》,164 页。
③ 同上,168 页。
④ A·H·库罗帕特金:《喀什噶尔》,61~62 页,北京,商务印书馆,1982。

费而增加，竞争不过印度质量较次但便宜的自产茶；并且，大部分税收利润落入了英印政府和英商手中。如果新疆最终回归中国之后，中国茶叶又会直接到达俄国，这样，"这些茶叶不仅要排挤掉由维尔内依和从印度运来的茶叶，而且它还将经由帖咧克打完山口渗透到费尔干纳，并经由察克玛克城堡和纳位堡渗透到谢米烈奇耶，很可能在那里把经由敖德萨运来的茶叶排挤掉。"利润就会复归俄商手中。因此，"不管印度茶叶有多便宜，也不如中国茶叶更能使我们有利可图"。但是，当时新疆战乱，"我们同中国的贸易往来最近进行得如此糟糕，以致如不采取措施，我们就将丧失这个推销我国工业品的中国市场"①。

由上不难看出，虽然三国关系复杂，但有一条是明朗的：即对于新疆联通中亚和中国关内的这条重要交通线都非常关注，而基于这条交通线所衍生出的经贸关系构成了三国在此地区关系的基石。这种关系的存在，为左宗棠进军新疆赋予了近代国际关系最为重要的特征：一国与另一国（或另一集团）斗争的成败，不再仅由双方力量对比而决定，还必然受到与此相关联国家的重要影响。具体而言，清政府与阿古柏侵略军之间战争的胜负不仅受双方实力的制约，还在某种程度上取决于对此事件密切关注的俄英两国的态度。这样，对左宗棠解决交通运输也就带来了机遇和挑战：如果能够巧妙利用俄、英矛盾，则有可能获取来自外部的军需补给；反之，则可能被孤立、被封锁，陷入腹背受敌的境地。

（2）从运输规模而言，这也是一场近代战争

之所以运输规模比以往战争扩大许多，根本原因在于左宗棠的部队更多地配备了近代化水准的洋枪洋炮。19世纪70年代以

---

① 同前注④，64页。

后，就整个清军的装备而言，输入的洋枪洋炮中后装单发枪种类很多（见表15：1878 年前清军装备的各种洋枪诸元素表）。主要有英国的亨利·马梯尼，美国的林明敦，法国的老毛瑟，英国的士乃德等。这些枪的形制、性能大致相同，其特点是：口径大，枪管长，枪身笨重，携带不便。① 与此同时，各种后膛炮也陆续输入我国，包括要塞炮、舰炮、野炮和山炮。主要有：阿姆斯特朗式、格鲁森式和克虏伯式几种。② 当然，后装枪炮因为新颖、昂贵、配备极少，使用较多的是 19 世纪 60 年代输入前装炮，种类主要有炸炮③、短炸炮④和线膛前装炮⑤。

左宗棠本人对西洋军事技术也十分重视。他认为："西人洋枪队式，行列整齐，进止有度，远胜中土。""旧式枪炮，本已精工，近改用后膛进子之法，进口大而出口反小，致远取准，更为精妙，其新式则愈出愈奇，实则枪如后膛螺丝开花，已极枪炮能事，无以复加……"⑥ 因而，在部队中装备了相当数量的西洋兵器。为此，在楚军营制中，还特别制订了爱惜洋枪一条，开首便说："洋枪、洋炮、洋火、洋药，不独价值昂贵，购买亦费周章，凡我官勇，务宜爱惜，不可浪费，"⑦ 可见对此事的重视程度。这些近代化武器的引进，使清军的战斗力有所增强，但同时也使运输规模（后文将作详细介绍）和运输难度大为增加。

---

① 刘申宁：《晚清陆军武器发展述略》，军事科学院战略研究部选编：《中国近代军事史论文集》，364 页，北京，军事科学出版社，1987。
② 同上，369 页。
③ 同上，366 页，所谓炸炮，俗称"开花炮"，又分为长炸炮和短炸炮两类，多用于攻城或装备要塞及军舰。
④ 同上，366 页，所谓短炸炮，即臼炮，当时又称为田鸡炮，多用于野战和攻城；其缺点是命中精度差。
⑤ 同上，366 页，线膛前装炮，在 19 世纪中叶传入我国，我国自制线膛前装炮始于1847 年，止于1900 年，主要种类有野战用的 12 磅前膛来复（福）炮和 9 磅快炮，以及用于要塞炮台而备的阿姆斯特朗式各种大炮。
⑥ 《左宗棠年谱》，272 页。
⑦ 秦翰才：《左文襄公在西北》，68 页，长沙，岳麓书社，1984。

时人认为，这场收复战争虽也使用了刀矛，"但得力于枪炮者居多"①。因此，正是从敌我双方武器装备的近代化，及由此升级的战争强度来看，收复新疆之役可称得上是一场完整意义上的近代战争。

由此引发开去，单单就这场战争的近代性而言，也要求它的交通运输是近代水平的。那么，近代战争对交通运输有哪些最起码的要求呢？

迄今为止，对近代战争规律阐发最为权威、也最为详尽的莫过于德国近代军事战略家克劳塞维茨。他认为：近代战争的内部联系更为紧密，作战的军队必须经常处于战斗准备状态，因此，给养的重要性比以前大得多，② 成为战争的中心环节。

为了保证运输之高效、安全，要在军队中组织专门化的运输队来承担。③ 这就使得给养与战争的关系比以前愈加密切，只要战争所依靠的其他条件允许，在开始时往往是给养决定战争。但当这些条件不允许时，战争就反过来对给养发生影响，在这种情况下，战争就决定给养制度。④ 当胜负未分或交通线过长，特别是当战争在贫瘠、人烟稀少地区进行时，给养对于是否能够取得最后胜利具有决定性的意义。⑤ 这时，统帅变成军需官，指挥作战就变成了管理辎重队。⑥ 正是基于这个考虑，近代战争一般更加注重在物产富庶的交通要道上进行。⑦ 总之，给养不仅对作战

---

① 袁大化主持，王树楠、王学曾编纂：《新疆图志》，民国年间新疆官书局铅印，据北京大学图书馆藏书，卷104。
② 克劳塞维茨：《战争论》，436页，北京，商务印书馆，1978。
③ 同上，438页。
④ 同上，448页。
⑤ 同上，452～453页。
⑥ 同上，450页。
⑦ 同上，450页。

的方向和形式，而且对作战区域和交通线的选择有着普遍的影响。① 交通线已名副其实地成为近代战争的生命线。②

到了近代战争，"只有那些有专门设施的道路才构成真正的交通线体系"③。这些设施包括仓储、兵站，还包括专门守护道路的部队。除此之外，由于近代战争运输量的急剧增加，物资种类的急剧增多，补给地区的范围迅速扩大，使得交通线不再是单线条的，而是四通八达呈辐射状延伸。对路面状况的要求也越来越高，那种自然生成、未加修饰的原始道路已不大适应要求。对交通工具的运输速度、效力也有了进一步的要求，④ 通讯手段要求更为准确、快捷。所有这一切，莫不以近代科学技术为基础，莫不以雄厚的经济实力为后盾，是"两军指挥员以军力、财力等项物资基础作地盘，互争优势和主动的主观能力的竞赛"⑤。以上这一切都迫使指挥者必须建立一整套的交通运输管理机构及相应的制度。

通过以上对近代战争交通运输必要条件的探讨，再回过头与近代西北交通运输面临的实际状况作一番比较，我们不难发现，二者之间存在着较大的差距。用一句话概括就是：在原始的道路上进行一场近代战争。按通常的逻辑，这是根本不可能并注定要失败的事情——因为这种差距不是量的而是质的差别，意味着各自应该与相隔久远的不同时代相对应。然而，历史常常就是沿着一种看似不合逻辑的轨迹迂回发展的，并因此而丰富多彩。

① 同前注②，451 页。
② 同前注②，459 页。
③ 同前注②，460 页。
④ 就当时的世界看，交通运输工具已取得了很大改进，1814 年，史蒂芬逊发明了第一台实用蒸汽机车，并于 1825 年正式通车，此后，资本主义各强国纷纷大规模修筑铁路。1845 年，莫尔斯发明了电码，并利用其在华盛顿和加尔的摩之间架设的第一条有线电报线。到 1870 年，已经有了一个广泛的电报通讯网。19 世纪 80 年代，全世界电报线长度已达到 150 万公里——作者注。
⑤ 《毛泽东选集》（第 2 卷），458 页，北京，人民出版社，1991。

（二）交通条件是制订收复新疆战略方针的主要依据

综上所述，我们就知道左宗棠是在极端艰险的运输形势下从事西征大业的，还时常遇到朝廷上下"海防"论者的重重阻力。他深知"未战而庙算胜者，得算多也；未战而庙算不胜者，得算少也"① 的用兵之道。为此，他必须面对现实，通过自己及全体将士的努力去弥补客观条件的不足。最为关键的莫过于在战争过程中，因地制宜地制订一套正确的战略方针。

1. "先北后南"的用兵顺序

用兵顺序的选择是一个胜败攸关的问题。新疆全境以天山为界，分为南疆、北疆，也称南路、北路。进军新疆，清军有三个方案可资选择：一是先北后南，二是先南后北，三是南北并进。在这一问题上，清政府内部的看法并不一致。1874 年，景廉曾有对天山南北同时发起进攻的三路并进的方案。1875 年春，清政府又发出"张曜、宋庆两军，或北至古城，合并进取，或由南路进攻吐鲁番"② 的谕示。到底哪一个方案更可行呢？

左宗棠依据各方情势，曾反复权衡。如果南北并进，势必分散兵力，即所谓"减后劲之军，增前路之贼，非计之得也"③。如果采取先南后北的方针，根据当时的态势和道路情况，即以主力从哈密西攻阿古柏军的主要设防地域吐鲁番和托克逊，得手后，再由南而北夺占达坂、进取北疆。若采取这一方针，弊病很多。首先，不能利用清军尚控制天山北路许多城镇的有利条件。如果北路之敌乘机东进，即使这些城镇不失于敌手，也会造成白彦虎等回窜陕甘、扰乱后方，出现清军既要瞻前又要顾后的不利局面。其次，吐鲁番、托克逊乃是阿古柏军的主力所在，如清军首攻南路，阿古柏势必倾全力抗拒，即使清军进至吐鲁番，也会因

———————

① 《孙子兵法·始计篇》。
② 朱寿朋：《光绪朝东华录》，21 页。
③ 《左文襄公全集·奏稿》卷46，38 页。

师行戈壁，粮草难继，顿兵坚城而兵疲意沮，一旦北路之敌由古城南下抄袭后路，那么清军非但不能速决，且有可能进退维谷，导致失败。再次，外蒙古是清军北路运粮的重要通道，又是清军进退的依托，如果清军主力配置在天山以南，敌军势必威胁清军这一重要侧翼——事实上，在战前敌人已多次袭扰这一粮道。①

"先北后南"又如何呢？从军事作战角度来讲，可以避实就虚，在突破敌人薄弱环节后再进行决战，以先声夺人，鼓舞士气；还可以分散敌人兵力，先将阿古柏的一部分军队在北路聚而歼之，为向南疆挺进创造条件。在占领北路后，取得了前进基地，可解除南下清军的后顾之忧，从而造成从东北两段夹击南疆敌人之势。② 然而，最重要的是：在左宗棠看来，从北路进军，一则粮源丰富，二则道路利行，三可节约运费。因此，他竭力主张并最终确定了"先北后南"的战略方针（见图8：清军收复新疆作战经过示意图）。

当时，清军的几处重要粮源及其补给交通线（见图9：左文襄公西征图）都使得北路进军比较近便。如下所列：

第一路：凉州哈密线。

此线经凉州、甘州、肃州，出嘉峪关，过玉门、安西至哈密，全长三千五百余里，途经戈壁，无台站、无水、无草、砂砾纵横，中间仅安西城北西站的马莲井尚可以支帐小憩，以备汲饮，但不宜久留。③ 这时，若从凉州、安西把采购到的粮食运至安西，所需民运车骒驮只、脚价、员弁人夫薪粮、牲畜草料、口袋、局费，一切均摊牵算，运粮百斤需十一两七钱左右。若将粮食由肃州运至古城，每粮百斤脚价竟增至十五两有奇。故光绪元

① 《中国近代战争史》（第3册），776页。
② 杨东梁：《左宗棠评传》，250页，长沙，湖南人民出版社，1985。
③ 左宗棠：《复陈拟办事宜并办理营务城防各员请奖折》，《左文襄公全集·奏稿》卷43，49～50页。

年正式进军之后，很少在此地采买。①

第二路：由包头、归化经乌里雅苏台、科布多至巴里坤或古城线。

从包头向西到射台、大巴一带，其间是外蒙古各盟旗。当时，"乌里雅苏台、科布多一带粮多可采……归化、包头、至射台、大巴一带十数站，大巴至巴里坤十六站，中间产粮之处甚多"②，以至于"旧时商旅之赴巴、古、乌鲁木齐者，每取道于此，以其有粮可购"。而且，交通也比较便利，"北路商旅往来均间途乌、科，除北、南、中三大路外，尚有一捷路由归化而至包头，而西不经乌、科，不由四路，别有间道可达巴里坤……雇驼亦易……自归化城起驼行三十余日，可抵巴里坤"。这样，就会由于路况的良好而节省运输时间，因此，"近时商旅赴西路者，均以此路为径捷"③。经过此线运粮至巴里坤，各种费用牵算均摊，每粮百斤，运费约为七两五钱有奇。④

第三路：由俄国购运大量军粮。

在前文中，我们已经知道，沙俄在考虑到自身的商业和军事利益后，渴望迅速恢复与中国西部的贸易，并借此打击英国支持的阿古柏的势力。1875 年，特派参谋部上尉索思诺维斯基一行 5 人由恰克图到汉口，经四川去兰州面见左宗棠，探查茶运路线并商讨向中国军队提供粮食。当时，俄使以关外粮运艰辛，自请代为采购，自其国斋桑诺尔运至古城，"欲速师以通茶运"⑤。这自然只是托词，不足为信。

另一位向清军运送军粮的俄国商人康密斯克的说法倒是道出了其中原委："假若七万武装的不错的、守纪律的、善战的仅因

---

① 《左文襄公在西北》，111 页。
② 《左宗棠全集·奏稿》卷 46，21 页。
③ 同上，40 页。
④ 左宗棠：《复陈海防塞防及关外剿贼粮运情形摺》，《左文襄公全集·奏稿》卷 46，39～40 页。
⑤ 世续监修，陆润庠总纂：《大清德宗景皇帝实录》（第 1 辑），卷 13，12～14 页下 6，北京，中华书局，1986。

为缺粮而不能打仗的军队依赖于我们的给养，那么请注意——所有的机会都在我们手中，同意让步和达成协议，那就给你们粮食；不同意，就不给你们粮食，并且承担由此而引起的一切后果，这就是我与左宗棠订约时所追求的前提。"① 对于俄国人的盘算，左宗棠再清楚不过了，在他向总理衙门的一次汇报之中，明确指出："俄助英不能分鸦片之利，交中国可专湖茶之利。"② 进而，他决定利用俄、英矛盾。在他看来，"英人为安集延说，有虑俄之蚕食其地于英有所不利；俄方争土耳其与英相持。我收复旧疆，兵以义动，彼将何以难之？"即使中间会有一些枝节横生，"在我仗义执名亦决无挠屈！"③

于是，左宗棠于光绪二年六月二十八日决定从俄商手中购买粮食，"俄国在山诺尔地方产粮甚多，驼只亦健，距中国古城地方不远，如中国需用粮食，伊可代办至古城交收。由俄起运，须护运兵弁，均由在山（斋桑）诺尔派拨其兵费，一并摊入粮脚，价内每斤须银七两五钱，如年丰粮多，驼脚不贵，则价尚可减也"④。光绪二年，俄粮运达古城粮食二百万斤，光绪三年又运到二百八十万斤左右。为保险起见，派领队大臣锡纶赴沙山护运，"桂锡桢、冯以和各军隶之金顺，复调参将徐学功马步四营助锡纶"⑤。还派甘肃补用道陶兆熊拣带员弁前赴古城验收俄人随行代办的军装，支出价脚。⑥ 以往的著述多以为：左宗棠从俄国人手中只运来了这四百八十万斤粮食，⑦ 有的著述则远远超过这个数

① 康密斯克：《1874—1875 年在中国的考察》，546 页，转引自新疆维吾尔自治区民族研究所编：《新疆简史》（第 2 册），201 页，乌鲁木齐，新疆人民出版社，1965。
② 《左宗棠年谱》，306 页。
③ 王定安著，朱纯校点：《湘军史专刊之二·湘军记》，326 页，长沙，岳麓书社，1984。
④ 《左宗棠全集·奏稿》卷 47，4 页。
⑤ 《湘军记》，321 页。
⑥ 《左宗棠年谱》，303 页。
⑦ 这种著述很多，见《左宗棠年谱》，301～302 页；《维吾尔族史》（中编），281 页；董蔡时：《左宗棠评传》，121 页等，不一一列举。

字,① 还有一种意见是一千五百万斤,② 笔者则认为一千四百八十万斤较符合历史。③

这时,先进军北路,打通乃至有效控制与俄国的运输线路就显得格外迫切了——这是"先北后南"的重要依据。

第四路:宁夏、巴尚图素庙线。

此线自宁夏经定远营、察罕庙、外蒙古边境巴尚图素庙,与归化、包头来的运输队会合巴里坤。④ 光绪二年六月以后,因为南路产粮多而运拙,故左宗棠主张"以宁夏、包头为大宗"来进行采买,并派西安协领、都统衔副都统善胜赴归化城,督促陈瑞芝和萧兆元加紧办理。⑤ 当时,由宁夏、包头径达巴里坤,每百斤需脚价八两有奇。⑥

通过对以上四路的运输时间段进行比较,可以发现:

第一路在光绪元年以后很少采用,而第二路在光绪二年六月之后才变为大宗交易。这就表明:当西征大军粮食最为奇缺、战争也最为重要的光绪元年至光绪二年六月之前,主要是通过第二、三路完成转运的。对四路的运输难度、运输费用进行比较后

---

① 除上述的粮食补给外,"俄商康密斯克又向驻西湖(乌苏)到昌吉一带的清军金顺部揽办过粮食 1 000 万斤,并仍继续向驻古城清军运粮。1876—1880 年,仅他个人即组织向古城运销粮食 100 万普特(含 3 267 万斤),而他向北疆各地清军的运送小麦总额达 300 万普特(约合 9 828 万斤),这些小麦大多是从伊犁占领区向俄国出口后,再转手以俄国小麦名义运至清军营地。1876 年,伊犁小麦每普特价 0.15 卢布,而运往清军营中后售价 5 卢布,共赚约 1 500 万卢布。"其资料来源为:库罗巴特金著《俄中问题》,86～87 页,1913 年彼得堡版,转引自厉声著《新疆对苏(俄)关系史》(1660—1990),乌鲁木齐,新疆人民出版社,1993。但以上记述全然不见于中文文献之中,故本文不予采信。
② 《中国近代战争史》(第 2 册),15 页。
③ 首先,索思诺维斯基通过协议向左宗棠运的四百八十万斤当属不争之事实;其次,上面提到的俄国商人康密斯克的那句"直言"记载了他曾与左宗棠订立过运送军粮之协议。而这与《清德宗实录》的有关记载相吻合:光绪三年六月,俄国商人康密斯克向金顺揽办过俄粮一千万斤,由西湖运至昌吉。包括运费在内,每石三百数十斤只需银六两,共合银四十万两,由营交银五万两,其余价银三十五万两均由湖北江汉关协饷中支付。见《清德宗实录》,卷 52,5 页上 3。
④ 《左文襄公全集·奏稿》卷 43,49～50 页。
⑤ 《光绪朝东华录》,242 页。
⑥ 《左宗棠全集·奏稿》卷 48,61 页。

又可以发现:第二、三路最为便捷和节省军费开支。这两路都位于邻近新疆北路的地域范围之内,这样,我们就可更加理解"先北后南"的战略意义了。

2. "缓进急战"的军事部署

"兵贵速,不贵久"① 可谓千百年来用兵之原则,在左宗棠西征过程中,赋予了新的内涵,变过去一味强调"速",即进军"速"、作战"速"为"缓进急战"。左宗棠对此非常自信,认为"如果缓进急战,慎以图之,西事或犹可为耳!"②

可以说,这与清廷的初衷是相违的。在同治十二年九月,左宗棠克肃州后,朝廷就诏令左宗棠:"现在关内肃清,急应乘此声威,扫除关外各匪。金顺迅赴古城,会景廉规复乌鲁木齐。哈密尚未解围,张曜、宋庆久历戎行,办事奋勇,即驰往哈密,会文麟、明春剿贼。"③ 十二月十三日,同治皇帝通过军机大臣再次督促左宗棠进军,认为:"现在关内肃清,陇右大兵云集,自应乘此声威分路西进,"并警告说:"该将军等接奉此旨,即行奋迅前进,不得托词耽延。倘玩泄从事,朕必当按律惩办,决不宽贷。"④

但是,左宗棠仍然坚持己见:"肃州克复,大军云集,应即乘胜出关,速图扫荡,人皆知之,而能告之。微臣始念,亦谓巧迟不如拙速,及体察军情,详审局势,窃有不敢轻议者。"⑤ 其中,重要的原因就是:军粮的短缺正在成为清军迅速西进的严重障碍。左宗棠试图用自己的亲身感受去说服清朝最高当局。他说:"肃州及高台腴地也,安西、玉门颇多沙瘠,而敦煌为上腴。军兴以来,民困于逆回之扰掠,复苦于军营之捐摊久矣。民人存

① 《孙子兵法·作战篇》
② 《左文襄公全集·书牍》卷16,27页。
③ 《湘军记》,319页。
④ 《清穆宗实录》卷58,28页上、30页下。
⑤ 《维吾尔族历史》(中编),286页。

者不过十之三四，地亩荒废，居其大半。臣由兰（州）到肃（州）途闻，士民纷纷递呈，求免采买。"①

对朝廷内外的非难之辞，他进行了驳斥："外间议论，或以为事可缓图，或以为功可速就……其命意皆因裨益洋务起见，岂真由衷之言哉？"② 西征军中也有不同看法。1875 年春，共事多年的袁保恒上奏，指控左宗棠在 1873 年冬攻占肃州后不随即进兵新疆是延误戎机。左宗棠则上奏驳斥说："攻取肃州后，部队伤亡极重，缺额甚多；弁兵久役，思归者亦众；成禄、穆图善、景廉等部亟待整编；哈密、巴里坤、古城无粮食积储，大军挺进新疆有哗溃之虞，岂可轻率冒进？"③ 在他的耐心说服之下，清廷终于认可了他的作战部署。

作为一种战略构想，"缓进"的基本内容是组建严密的后勤保障系统，而"急战"的基本内涵是凭借优势兵力，以快速行动在最短的时间内完成战役任务。④ 这主要是鉴于运输线过长，极易遭敌袭扰和切断。故在粮运筹备好之后，力求速战速决，避免旷日持久。⑤ 具体说来，有以下原因：

（1）"缓进"主要与运输现状相关

在战争开始阶段，之所以"缓进"是因为"陕甘地方疮痍甫复，耕垦无多，军食民食犹虞不继"。⑥ 当金顺等军出关时，所需军粮仅能运至哈密，而哈密至古城千有余里，各城兵灾之后，田地荒芜，民间存粮无多，且存营驼只为数不多，不敷周转。以至于景廉奏称："后路大军皆以转输不继停留于安、玉等处。"⑦

直至光绪二年二月二十一日，左宗棠才由兰州前进，所部前

---

① 《清穆宗实录》，5 页上。
② 《湘军记》，321 页。
③ 《左文襄全集·奏稿》卷 45，73～76 页。
④ 《维吾尔族历史》（中编），309 页
⑤ 《中国近代战争史》（第 2 册），12 页。
⑥ 《左宗棠全集·奏稿六》，44 页。
⑦ 《左宗棠全集·奏稿六》，37 页。

队二十四营则于正月二十八、二月初二、初八、十五等日陆续由凉州拔行；三月十三日至肃州，左宗棠率亲军驻扎于此。四月初三日，刘锦棠由肃州起行，然后按台站分起次第继进。四月十三日，谭上连已抵巴里坤，谭拔萃已近哈密，余虎恩已过安西。六月初一日，刘锦棠抵济木萨。六月初三日，出关诸军次第进至古城，留驻巴里坤，并筹防哈密、安、玉要隘。六月初八日，金顺进驻阜康县城。用了近五个月，出关大军方布置完毕，开始伺机进攻。（见图10：清军收复新疆北路作战示意图与图11：清军收复新疆南路作战示意图）

沿着这样的路线进军，是基于以下考虑：当时的军粮除官私驮骡、驼只装运、军士自行裹带外，主要取给于哈密和巴里坤。截止光绪二年四月，巴里坤的存粮已达六百余万斤，安西、哈密之粮运至古城者已达四百余万斤，存储待运的尚有千万余斤。从中不难看出，进军正是基本沿着粮储方向前进。之所以略有改变，不到哈密而抵巴里坤、古城也是由于"巴里坤有数经（径）可达安西，不复经由哈密"①，而哈密的粮草已运至或即将运至古城的缘故。

之所以不得不"缓进"，是基于以下情形：

一是由于行军道路的艰险："天山岭脊，石径萦确，向无辙迹"，而"肃州、安西越哈密二十四站，计程虽止二千二百余里，而道路绵长，又多戈壁"②，使军队的行进速度、行军规模受到很大限制，只得化整为零，分批前进。光绪二年四月三日，当刘锦棠亲率汉回马步各军人马拟抵安西后，分起以次前进，原因就是"师过哈密，行戈壁中，粮糗可裹带以趋，柴薪草束可储峙以待，惟水泉缺乏，虽多方疏浚，不能供千人百骑一日之需，非分起续

---

① 《左宗棠全集·奏稿》卷48，32 页。
② 《左宗棠全集·奏稿》卷46，21 页。

进不可也"①。就这样，"分起续进"成为西征大军的主要行进方式。

　　有时，恶劣的天气状况则会使道路完全中断，阻隔军事行动的进程。光绪二年十月，朝廷催促左宗棠进军新疆南路，他仍坚持"缓进"的主张，就是因为老湘军从玛纳斯还师途中，大雪封山，而卓胜军又尚未赶到，故不得不请旨缓师，至第二年春，冰雪融化、道路复通之时再做打算。② 这一等，半年过去了。直至光绪三年，在筹划进攻南路及规取吐鲁番时，仍"指春融为师期"③，因为这时是驼运的最佳季节。

　　就这样：每年骆驼有歇厂时期，在此期间，不能承担运输。（时间为三至六月或四至七月）而粮食的收获也有一定的期限。大雪封山、河流枯水又有较长的时间。将几种因素综合考虑，真正适于运输与行军的时间是很短的，一旦由于某一因素不具备，就得停顿下来，只能"缓进"。

　　（2）粮食采购和运输遇到了困难

　　早在同治十三年，左宗棠就开始筹办粮食等军需品的采运。他在写给沈葆桢的信中提到："西事筹兵非难，惟采买、转运艰阻万状。"④ 因此，总是将采运放在首要位置，处处注意进军与粮运的协调一致。光绪元年三月初七日，在攻克肃州后，左宗棠积极筹措粮食采运事宜，并不忙于进军。当时，"新运脚则由凉运甘，由甘运肃，由肃运安西，由安西运哈密"⑤。他先把甘、凉粮料运存肃州，再从肃州运存玉门，然后大批部队开拔到玉门，用自己营中驼兵搬玉门存粮到安西，随后部队跟着到安西，腾出车

---

① 见于《宫中档光绪朝奏摺》（第1辑），233页；也可见于《湘军记》，321页。
② 《续湘军志》，299页。
③ 《左宗棠全集·奏稿六》，618页。
④ 《左宗棠全集·书牍》卷14，3页。
⑤ 《左宗棠全集·奏稿》卷46，34页。

驼，回头搬第二批粮料，接着第二批部队开拔，这是出关的第一段。① 只有在粮运事宜初步得以解决，有了较可靠、充足的粮食储备之后，他才于光绪二年二月二十一日离兰州西进。

而他本人将大本营暂设肃州不再前行，也是基于"俟前路粮料运至古城，后路肃州、安西、哈密各有储积乃可前进"② 的考虑。就运输里程而言，肃州至玉门间三百六十里，驼行每月往返两次；肃州至古城两千六百四十里，间天发车，来回得八十天；古城至乌鲁木齐间四百六十八里，一个月内，车行两转半；吐鲁番和达阪间二百余里，大车来回六天，③ 运输速度十分缓慢。为了等候来往于运输途中的粮食，只能"缓进"。

光绪二年四月十一日，左宗棠上清廷的《奏为微臣抵肃州资遣马步各军分起出关恭摺》之中，比较直接地道出了"缓进急战"与粮草接济的联系。他认为：之所以"缓进"往往是为了等候粮草，军中只有"有粮可因"才会"转战而前，士气自倍"，这就是"进兵机宜以先迟后速"的缘由。④

光绪二年五月，在进攻古牧地的战役发动前，"刘锦棠令军士取哈密存粮，逾天山递运巴里坤，复由巴里坤递运古城。闰五月，锦棠次巴里坤，进驻古城，分兵屯木垒河"⑤。正是由于有了充足的粮食补给，为一举攻克古牧地创造了重要条件。

当筹划光绪三年春的进军部署时，左宗棠明确告诉刘锦棠："如二月难取齐（粮草），该总统缓至三月进兵亦无不可，届时卓胜军到齐，局势更稳，不争此半月兼旬工夫也。惟得手之后，宜将粮草办齐，取急风迅雷之势，整军临之，庶与缓进急战之义相

---

① 《左文襄公在西北》，122 页。
② 《左宗棠全集·奏稿》卷 48，32 页。
③ 《左文襄公在西北》，第 115 页。
④ 《宫中档光绪朝奏摺》（第 1 辑），233 页。
⑤ 《湘军记》，322 页。

结合。"① 光绪三年四月，阿古柏在库尔勒饮药自尽，伯克胡里遂走据喀什噶尔，各城敌军皆内谋反正，本是清军一鼓作气扫平南疆之时，但由于后路粮运的艰难，缺乏粮草补给，不得不停顿下来修整部队，等待秋后粮食新获，补充给养再作行军打算。②

左宗棠主张部队在准备充足后"急战"除了缩短战争时间、减少兵员与物资的投入外，还有一个好处，即可以"因粮于敌"。

孙子曰："善用兵者，役不再籍，粮不三载；取用于国，因粮于敌，故军食可足也。"③ 面临着交通不便带来的军需补给的困难，除了采取一切积极步骤保障粮运外，左宗棠也将目光转向了敌占区储备的粮草。

光绪二年九月十七日的奏折中，左宗棠写道："官兵连下数城，收获贼种秋粮亦多，暂敷前敌军食。"④ 可见，当时从敌占区中所获的粮食还是不少的。加之当时办理屯垦而喜获丰收之粮及异地采买之粮，从粮源总量上已可足供全军食用。可见，出于完整地缴获敌军存粮，防止其逃窜过程中转移、销毁，必须速战速决，不给敌人以喘息之机。

这种策略取得了明显实效。光绪三年九月初三日，清军经过急战进入库尔勒后，由于道路难行，"行粮已罄，后路转运车驼未至，军无现粮"，面临着断粮的危险。这时，刘锦棠、余虎恩发动士兵"觅掘窖粮得数十万斤"⑤，顿时缓解了缺粮的重大危机。与此相反，进攻喀喇沙尔时（光绪三年七月二十六日），由于白彦虎决开河水，导致刘锦棠部绕道而行，泅水而渡，或架设浮桥，赶修车道，使得战争不能速决，一直拖到九月初一日清军才进入喀喇沙尔，这就给了敌军充分转移、烧毁粮草的时间。造

---

① 《左宗棠全集·札件》，393 页。
② 《续湘军志》，299 页。
③ 《孙子兵法·作战篇》
④ 《左宗棠全集·奏稿》卷 49，45 页。
⑤ 《左宗棠全集·奏稿六》，756 页。

成城内"水深数尺,官署、民舍荡然无存,城外沿途民舍,幸免于烧毁,亦无民居"① 的惨相。血的事实表明:不论是出于减少将士伤亡、减轻军费开支,还是出于"因粮于敌",在恶劣的环境中求生存,求克敌制胜,都要求清军切实做到与敌军速战,并一举歼灭之。

(3)因直接作战兵力有限,不得不"急战"

为了收复新疆,清军在西北地区先后投入第一线的有八十多个营,近四万人。② 也就是说,有几乎一半左右的军队没有参与直接作战。③ 而阿古柏盘踞新疆的兵力有四万五千人左右(一万人为团练),还由英印、阿富汗等地采运了大量的近代化武器弹药,且是以逸待劳(见表16:阿古柏军队兵力情况、武器装备一览表)。可见,从全局来看,清军在兵力和装备上并不占据优势,甚至处于劣势。在此情况下,只有在具体战役中迅速包围顽抗之敌,才能从局部缓解不利局面。而且,大军深入敌军,离军需囤积基地越来越远,只能随身携带少量的粮食和军火。这样,速战成为必然。光绪三年三月,清军进攻达坂城时,刘锦棠部有二十五营,约一万多人,而城中的敌军只有四千余人,再加上强大、密集的炮火,使得清军取得了战术上的绝对优势,为取得此次战役的胜利奠定了坚实基础。

在整个收复战争过程中,"缓进急战"显示了巨大威力。比如,古牧地一战,是双方主力的第一次交锋,只用了一个星期;达坂城之战是一次漂亮的歼灭战,只用了四天;收复北路用了三个多月;收复吐鲁番不到半个月;进克南路只用了四个半月——总计不过八个多月。但每战之前的准备却花费了较长时间:从1874年9月,左宗棠任"督办关外粮饷转运事宜"到正式作战,

① 同前注⑤,卷51,28 页。
② 关于西征军组成、营制、兵额总数,后文将有专门探讨——作者注。
③ 这些军队都与防护运道有关,后文将有详细记述——作者注。

其间有一年半；从督师肃州到进兵北路，相隔两个月；从收复北路（1876 年 11 月）到进攻吐鲁番（1877 年 4 月），则休整了半年；从收复吐鲁番地区（1877 年 5 月）到进军南路（1879 年 9 月），又准备了四个月；每战之前，左宗棠对后勤供给（包括军粮、军火、军装）都做了仔细筹划，对进攻时机的选择做了周密考虑。这样，在"缓进"的部署下，每一战都能必胜。所以，从战争的全局来看，进展之速超过了一般人的预料，连一些西方人士也不得不承认：这是"一支由中国人领导的中国军队所曾取得的最光辉的成就。"①

总之，"先北后南""缓进急战"是符合客观实际的战略方针。在这一战略方针指导下，确实收到了克敌制胜的效果。② 当然，我们在评判时，也要清醒地看到：这一方针的制定，一方面体现了左宗棠的审时度势、运筹帷幄，另一方面，也反映了当时运输能力的极为有限。③ 也就是说，这一方针只是无奈之举，是权宜之计，绝不是左宗棠心中原本之意图，而是面对近代战争与原始交通之矛盾作出的痛苦抉择！

由此观之，正是由于近代战争与原始交通之间存在着巨大矛盾，使得战争本身处处受其制约，本来为战争服务的交通运输反客为主，成为真正的主角。那么，这个矛盾是否不可逾越的鸿沟？是否因为存在种种艰辛就退缩不前呢？西征的历史已经向世人做出了明确回答；是否像以往学者论述的那样，单凭西征将士的爱国激情和正确的战略方针就取得了最终的胜利？恐怕不完全对。任何活动离开了一定的物质条件作为基础，就好比是空中楼阁一般，必然不可能存在或终究会坍塌。笔者认为，这其中的缘由还在于：左宗棠在当时人力、物力、财力所能提供之最大可能

---

① 《阿古柏伯克传》，275 页。
② 《清史研究集》（第 2 辑），232 页。
③ 许毅，等著：《清代外债史论》，228～229 页，中国财政经济出版社，1996。

的情况下，对原始交通进行了某些改进。（包括扩建道路、建立有效管理机制等），使其不足之处得到了一定程度的弥补。

二、左宗棠与西北交通建设

为了给平定陕甘回民起义和进军新疆铺平道路，从同治五年开始，左宗棠在陕西、甘肃和与新疆相邻的其他省份进行了大规模的交通建设。

（一）筑路工程

整个西征是从陕西潼关开始行进的。那时，东南运来的军火、军装和军饷，大部分由潼关转口。所以，左宗棠筑路，便从潼关开始，由东而西横贯陕甘两省。后来大军进入新疆，筑路也继续往西：北路一直到精河，南路一直到喀什噶尔。就一般而言，当时的路面相当开阔，大抵 3 丈至 10 丈，至少可供两辆大车来往并行，最阔之处则有 30 丈，随地形为转移。[①] 现在我们就循着左宗棠进军路线，来看一下筑路情况。（见表 17：西征过程中左宗棠修治道路一览表）

将本表与《新疆道路里程表》对照，不难发现：

西征之中，左宗棠修治的道路主干线正是被历年战乱毁坏的由京抵新官马大道。根据通行的不同需要，这条横亘陕、甘、新疆的道路分为车路和石路。由于资金和时间的限制，左宗棠只对少数坡度太陡或易被山洪冲刷的重点路段进行了新建。如平凉的三关口，高峰突起，以前的道路在山上越过，非常艰险，这时，则在山下新开车路 20 里。过了三关口，路靠泾河而行，一遇发水，很难通行，这时，则从嵩店到瓦亭另筑了石路四十里。根据现有资料，陕西境内道路新修的很少，甘肃境内新修道路 800 余里，新疆境内新修道路 1 000 余里。新修道路里程大多不长，但

---

① 《左文襄公在西北》，161 页。

多为关键路段，使战乱过后残破的交通线路得到了一定改善。

对其余大部分的路段则是予以平治、逢沟架桥、道旁植树。当时的桥梁，大多属于山桥，用砖跨沟砌成，积土其上，厚度常为 4、5 尺，桥栏也垒土而成。其中，会宁境内有三座桥比较有名，左宗棠分别题名为"利济""履顺""平政"。如今可考的，在甘肃境内筑有大小木石桥 83 座，在新疆境内筑有大小木石桥50 多座，当年修筑的肯定比这个数字多得多。

当时，在道路两旁，种有许多树木。左宗棠的用意有三点：一是巩固路基，二是"限戎马之足"，三是供给夏时行旅的荫蔽。① 所植木一般为一二行，有的甚至四五行。至于当年究竟种植了多少，恐怕已无从考稽。照左宗棠自己的记录，仅从陕西长武到会宁县 600 多里长的道路上，历年成活的就有 26 万 4 千株，这就是为世人所称道的"左公柳"。光绪五年，杨昌浚应左宗棠之约西行，见道旁绿树环绕，

遂赋诗一首：

> 大将筹边尚未还，湖湘子弟满天山。
> 新栽杨柳三千里，引得春风度玉关。

次年，左宗棠从关外进京，一路看到"道旁所种榆柳，业已成林，自嘉峪关至省，除碱地砂碛外，拱把之树，接续不断"②。后人为铭记当年植树之辛劳，沿路曾有下面榜示：

> 昆仑之墟，积雪皑皑。
> 杯酒阳关，马嘶人泣。
> 谁引春风，千里一碧？

---

① 同前注①。
② 《左文襄公全集·奏稿》卷 57，47 页。

勿剪勿伐，左侯所植。①

　　沿路设施，相传每五里有一小墩，每十里有一大墩。现已无
从稽考，只可从时人的游记中尚可窥其一斑。如冯竣光（字竹
儒、广东南海人）写于光绪三年的《西行日记》云："自长武西
三十里，交甘肃界，直抵兰垣，五里一卡，十里一哨，百里一
营。"裴景福（字伯谦，安徽霍邱人）光绪三十一年所作《河海
昆仑录》记载："自黄冲（在平凉境内）以西，每十里建兵房三
间，旗竿台一，土墩五，标明里地。"裴氏所说，大略便是"一
大墩"之规模，而冯氏所云的"卡"大略便具"一小墩"，至
"十里一哨，百里一营"该是当日在用兵时防护交通路线的一种
布置，并非常例。

　　对于通往陕、甘、新疆的邻省要道，左宗棠也尽力凿通。比
如，为从四川采运军粮，须经过嘉陵江和白水江上游，而这两条
江水上游都是浅水逆流，但川、陕、甘间交通，这条路的确很重
要。其中，广元和略阳间存在阻碍行舟的礁滩，川省商人愿意集
资铲除，而当地人士说是阻碍风水，坚决反对。左宗棠力排众
议，命汉中道府就近招工修凿。② 还有，左宗棠部将王德榜驻防
狄道时，向岷州和洮州一带运粮，原可利用洮河皮筏。可是，其
中隔着一个九岭峡，必须在此处陆运而过，方能水运，非常不
便。于是，王德榜用火药将九岭炸去，从此，洮河在岷、洮、狄
之间筏运通行无阻。③

　　更大量的修治道路是与战事同步进行的。如光绪三年十月十
四日在左宗棠上清廷《奏陈官军克库车等二城摺》中，提议在喀
喇沙尔和库尔勒设立抚辑善后局，其中重要职责就是"丰治道

---

① 《左文襄公在西北》，164 页。
② 《左文襄公在西北》，75 页。
③ 《左文襄公在西北》，78 页。

路，修造渡船，安设驿站，以通商旅而速邮传"。① 这种修治显然
不大可能如前述那么规模庞大，但却是经常的、大量的，固然是
专为军事行动而进行，但毫无疑问，对西北交通的长远发展功不
可没。

（二）恢复军台驿站

在积极展开修治道路的同时，左宗棠也致力于旧有台站的
恢复。

早在同治十二年六月，景廉就在新疆西路巴里坤至木垒河设
立军台九处。② 光绪二年正月初二日，在左宗棠的《新疆北路台
站应由乌、科等处大臣安设片》中，他描述了规复旧有台站的艰
辛："窃维甘省兵灾之后，玉关内外旧设塘驿全行废弛，臣军度
陇，凡紧要文报，均饬沿途驻扎防营专马驰递，月给犒赏；事
平，则令次第设驿。图之数年，始于关内各正驿，及关外玉门、
敦煌、安西各驿一律设复。"由于安设之费和岁需经费全于军饷
中挪用，所以在饷需缺乏的情况下，不得不权商金顺、张曜"于
巴、哈、古城一带，各饬所部分段安设马拨，驰递文报，照章给
予犒赏。俟塘站次第兴复，再议停止。"但是，这毕竟只是权宜
之计。在左宗棠看来，近时新疆用兵，军塘急宜安设。由于当时
师行北路，粮运亦主要由北路乌鲁木齐、科布多、库伦、塔尔巴
哈台等城沿线军台承解，故建议北路台站，应该由乌鲁木齐都
统、科布多大臣、乌里雅苏台将军联次安设。③ 后来，清廷准许
按此建议实施。

后来，大军出关收复北路，左宗棠命先头部队尽量先行恢复
驿递设施，从猩猩峡往西到玛纳斯的靖远，其中三十多站，都临
时成立；乌兰乌苏以西暂设马拨。至于恢复南路时，敌人在退却

---

① 《宫中档光绪朝奏摺》（第1辑），660页。
② 中国第一历史档案馆档案：3全宗89目录4 984卷88号，景廉片。
③ 《左宗棠全集·奏稿六》，376～377页，长沙，岳麓书社，1992。

前，多掘水断桥，加以南北两河恰好泛滥成灾，各营塘多为其浸泡。所以，"军行神速，独恨驿递迟滞"。

考虑到商旅行走找不到膳宿住所，也没有地方买卖，左宗棠命令用官款在驿站或军台、营塘旁边兴建简单房屋，置备柴草，以供来往人员歇宿。还搭建安放牲口的棚屋，并备有绳索、口袋、鞍屉等什物，并招募木匠和铁匠，使车驮报坏或缺少了什么东西，可以就近添补，免得耽误行程。这种措施也方便了驿递人员，使西征军需物资的传递稍显畅通。

在莽莽大漠、人迹罕至之处修建台站，其艰险可想而知，值得后世永远铭记。为此，光绪二年六月，左宗棠特为张曜军屯哈密时修治台站并树天山扶栏的壮举作《天山扶栏铭》：

"天山三十有二般，化石贯木树扶栏，谁其化险贻之安，嵩武上将惟桓桓。利有攸往万口欢，恪靖铭石字龙蟠。戒毋折损毋铅刓。"①

(三) 交通辅助设施的建设

除了直接进行交通建设外，交通辅助设施建设也非常重要，主要包括疏浚水渠和开挖水井。在干旱的西北行军、转运，解决交通沿线水源是个大问题。同治十二年八月，左宗棠赴肃州督师。当他踏上河西走廊，看到"自岔口、武胜、镇羌抵乌梢岭，(岭) 南水流经河口入大河，岭北之水会雪山水流，经镇番入大河，计程七八百里，两水分流，漫布田野，大似江南风景。惜乱后荒芜，村堡颓废，杳无人迹，负地乐岁腴区，良堪叹息"②。受此触动，左宗棠对境内渠道多有修治，为西征将士汲水提供了很大便利 (见表18：收复新疆过程中开凿井渠情况表)。

同治十三年，左宗棠筹划进兵新疆。当时，张曜已进驻哈密，屯垦之时，偶然发现一个引山水的石城子渠 (系道光朝杨遇

---

① 《左宗棠年谱》，312 页。
② 《左文襄公全集·书牍》卷 13，31 页。

春西征时所开），虽已破坏，但加以整理仍可利用。"而哈密土质善渗，土工、石工外，别有毛毡包裹之工，为他处所罕见。既需多筹器具，又需广备毡条"。为此，张曜报告左宗棠，希望备六万条供用，而后来实际拨给了十万条。这项开支是巨大的，共花费了运脚银五万余两，价脚银九万一千余两。①

有时，修竣水道还有使交通便捷之利。光绪初年，清军深入南疆。当时，西四城主要水道为葱岭南北河。葱岭南河时称玉河，西岸自爱吉虎台起至阿克萨克台四百余里，河岸低于东岸，岸外向有长堤。但咸丰后失修多溃，同光之际，更是河决成灾。爱吉虎台至察巴克台"数百里间，田庐漂没，驿程梗阻，城堡坍塌"。向称东西四城咽喉要路之玛喇尔巴什，也因"地处低洼，遂为群水所汇，竟成泽国"。刘锦棠派人勘查，得决口4处。又赖里克台以下300余里，河中壅有沙洲10余处，遂命总兵余虎恩、提督汤彦和、陶生林、刘福田等督率兵勇及民夫堵筑决口，挑挖沙洲，疏河固堤，河道一律疏通。

有时修治水渠则完全出于军队汲水所需。光绪二年八月，刘锦棠率所部驻扎在济木萨城东的九营街。询问百姓，知当地黑河驿之上为黄田，水盈沟浍，上流即古牧地，白彦虎已在此地筑卡树栅，严密守护，意在切断清军汲水来源，迫使清军沿大道跨越戈壁五十里进军。不得已的情况下，刘锦棠迅速调集马步各营拨至阜康县城西十里，督饬勇丁开沟引水，节节疏通，以保证军队的日常汲用。②

更为直接的解决汲水之法乃是开挖坎儿井。以此为契机，在左宗棠西进过程中，在整个陕、甘地区展开了一场凿井运动。然而，由于地质、土质的缘由，并未取得预期的功效。

自张曜在哈密兴修石城子渠成功以后，在左宗棠的鼓励、支

---

① 《左宗棠年谱》，303 页。
② 《光绪朝东华录》，266 页。

持之下，分别采用防营独力、兵民合力、官方贷款人民自筹等三种方式，兴修或挖掘了大量井渠，取得了很大成绩，基本上满足了西征将士的行军、交通运输时的汲用，对于开展屯田也起了巨大作用。①

之所以大张旗鼓地疏浚水渠、开挖水井，根本出发点是通过充足的水源补给，改善恶劣自然环境下道路交通沿线严重缺水情况，提高西征将士及随营商民的生存能力和运输效率。

（四）建立转运机构

中国历来是一个人治国家，"其人存则其政举，其人亡则其政息。"任何一项制度、法令都和执行者本人密切关联。国家的架构则与此相适应：盘踞最顶端的是皇权，然后由层层的"朝廷命官"、士绅组成一个金字塔形的权力体系。而每一级官吏，根据官阶的大小，也形成了以自己为顶端的不同层次的金字塔形架构。当某个金字塔顶出现两个或两个以上权力中心时，就会出现相互推诿或争权夺利的情况。因此，在中国固有的生产力基础之上，独断专行往往不失为一种有效的组织形式。在交通建设的同时，清政府和左宗棠还面临着一个共同的挑战，即如何架构一个有利于西征的军需运输管理系统，以减少上述的弊端。

1. 交通运输之争的由来及初步解决

在用兵新疆之初，或出于防止将帅拥兵自重，或出于各司其职、共同对敌的考虑，清政府将兵事、转运相分离。1874 年 8 月，清廷任命乌鲁木齐都统景廉为钦差大臣，正白旗汉军都统金顺为帮办大臣，负责关外军务。10 月，任命左宗棠为督办关外粮饷、转运，以袁保恒为帮办。从而形成了收复新疆的指挥系统。

当时的严峻形势表明：军需转运特别是粮食的采运是整个军事行动的核心问题，是决定整个西征胜败的关键所在——从这个

---

① 《左文襄公在西北》，238 页。

意义上说，一切军事行动都应该以此出发，因此，战略方针的制定、具体作战计划的制定都应该由负责转运的左宗棠来统筹。然而，景廉作为专责军务的前敌统帅，必然又会有自己的一套用兵方略（包括军需运输）。作为帮办转运的袁保恒，处于非常微妙的境地：按理，他作为左宗棠的助手，应该听从左的命令。然而，他的职责又是为前敌大军提供军需保障，因此，景廉的意图他也不能不加以理会。而他本人的官衔是户部左侍郎，与左、景的地位不相伯仲，作为部堂大员，名为帮办，实有监督两位封疆大吏之意。这样，围绕交通运输，出现了三个权力中心，主要包含着两个层次的矛盾：指挥前敌的景廉和负责转运的左宗棠、袁保恒之间的矛盾；专责转运的左宗棠和帮办袁保恒之间的矛盾。由于任命之初尚未有多少战事，故第一层次矛盾尚未明显激化；而围绕战前的筹备转运，左、袁的矛盾激化了。

过去的论者，将此矛盾简单化了，认为单纯是一场权力之争，理由是："袁保恒任侍郎后，官大了，地位高了，企图与左宗棠分庭抗礼了。"[1] 我个人认为，这个因素固然存在，但是，首先是清廷架构的指挥系统本身不合理造成的。理由是：在此指挥系统形成之前，连左宗棠自己也说，袁保恒"姿性警敏，人尚圆通"，工作兢兢业业，"遇事启告，曲致衷诚"，[2] 并未与左宗棠有不和之处。相反，二人配合得相当默契。正是由于清廷自身的所谓"权力制衡"，造成了权力行使中的不平衡，使得本来正常的意见之争演化为权力之争，及至后来，竟发展成水火不相容，严重影响了整个西征的大局。

其次，从二人争论的焦点看，实际上还存在着战略决策出发点的对立：袁保恒的主张盲目、因循守旧；左宗棠则因时、因地制宜，根据用兵的实际情况决定转运大计。

---

[1]　董蔡时：《左宗棠评传》，122 页。
[2]　转引同上，126 页。

其实，袁保恒代表的绝非仅是他个人的意见，而是反映了当时整个统治集团因循旧例的政治取向。自清朝入主中原以来，对新疆地区大的军事行动共有七次。[1] 尽管每次进军情况千差万别，但在本次进军之前，清廷在解决交通运输方面已然形成了一种固定的模式（见表19：清军用兵新疆交通运输方略比较表）。简单说就是：

其一，在进军路线上，大多为北路、西路两路并进。其二，在粮运管理机制上，实行兵事、转运分离，事权不一，政出多门。其三，粮源供给区域主要为河西和清军在新疆的屯垦区（如哈密、乌鲁木齐等地）。其四，军报传递主要靠台站系统。其五，运输方式主要为随营裹带与"官运"相结合。其六，在运输规模上，大致要供应五万人左右军队的给养 。正是这些构成了二人争论的焦点。左宗棠的可贵之处在于：敢于向旧例挑战，并因地制宜地制定交通运输战略。

比如，在给养的线路上，袁保恒认定西征军军粮、马草应在甘肃境内采购，并且坚持要将西征粮台由西安改设肃州，由肃州转运至前线。理由是："过去西路用兵，粮台均设肃州，而引岳钟琪曾用兵车、粮车，黄廷桂分车驮过天山为之证。"[2] 左宗棠认为：万无此理，单就运脚费用来说，就极不合算。从哈密至肃州一千七、八百里；从哈密至巴里坤三百余里，路程不长，但须翻越群山连绵的天山。从巴里坤至古城七百余里，从肃州至古城二千五百余里，从凉州至古城则有三、四千里之遥。从凉州运粮至安西，每百斤耗银十一两多。再以安西运至古城，运费岂非成倍

---

[1] 这七次分别为：康熙三十五年平定准噶尔噶尔丹（见图12）；雍正七年四月至十二年八月平定噶尔丹策零（见图13）；乾隆二十年平定准噶尔达瓦齐之战（见图14）；乾隆二十二年平定准噶尔阿睦尔撒纳之乱（见图15）；乾隆二十三年平定大小和卓木之乱（见图16）；道光六年至八年平定张格尔之乱；同治十三年至光绪三年扫灭阿古柏侵略军。

[2] 《左宗棠年谱》，276 页。

增加？因此，粮台不能设于肃州。①

并且，他还针对袁保恒因循旧例作出有力回击。他认为："从前西路用兵，列圣之派大员赴肃州、哈密办粮台转运前敌军粮者，均以集协款、调车驮驼只为事，至粮料草束，一切承办之员必视前敌军行所至，择路之捷，费之省妥慎筹维，务得其当。道光六年，讨张格尔官军由北路向南路之阿克苏，宣宗特颁上谕十条，以肃州、嘉峪关距阿克苏五千里，哈密总设粮台，鞭长莫及，敕运乌鲁木齐所积屯粮赴阿克苏，并于伊犁采买，省内地转输大半。又以内地军械火药，由南路吐鲁番至库车，途多戈壁，敕改由北路逾冰岭转阿克苏程途相等。"② 从以上看出，设台于肃州并非清朝定例，究竟设台于何处要根据实际情况而定，因此，粮台不必设于肃州。

袁保恒想把西征粮台设在肃州，主要是希望从凉州，甘州、肃州境内购运军粮。左宗棠则认为陕甘在兵灾之后，生产远未恢复，凉州、甘州、肃州境内能够采买到的粮食有限，岂可因采购军食而"夺民食"？因此，他断然拒绝袁的主张，认为果如其法，将使凉甘道上饿殍载道。为此，他广辟粮源，采取师行北路亦从北路运粮的方针。

在运输工具之上，袁保恒不顾西北地理环境的限制，要求一律用骡车来运输。左宗棠则主张关内可用骡车，而关外则须用驼。为此，他详细地算了一笔经济账："自肃州、安西越哈密二十四站，计程虽止二千二百余里，而路多戈壁，车驮驼只均须就水草柴薪之后。憩息收饮，不能按站而行，中间人畜疲乏又须停住养息，即催趱迫促，非三十余日不能到，"若用骡车运输，则"每骡一夫，日食料八斤，一车一夫，日须口食两斤，兰州以西，料豆缺产，喂养用青稞、大麦、谷充之，畜养之粮，即人食之

---

① 《左文襄公全集·书牍》卷 14，29～30 页。
② 《左宗棠年谱》，276～277 页。

粮。车行三十余日,计一车载粮多不过六百斤。两骡喂养耗去五百数十斤,车夫口食亦须七十斤。"这样,肃运之粮断无颗粒可至巴里坤。

若改用驼只,则"食少运重又能抗险"。这是因为驼行口内,食料不过三斤,昼牧夜行,可省草束。且"一夫管牵五驼,日需口食又省;若行口外,食草不食料,如遇劳乏,但喂料一升,加盐少许,仍即复故"①。因此,驼只可用作关外转运的主要运输工具。

与袁保恒竭力主张设立粮台不同,左宗棠主张缓设粮台,而于哈密、巴里坤等处设立粮局。在他看来,"从前兵事多设粮台,而粮员之以夤缘进,以贪墨终者,比比皆是"②。

站在今天看待这场争论,左宗棠显然对西北转运有着更为清醒的认识,但我们并不能据此而以左宗棠的是非为是非。正如前面所述,这本属意见之争的争论发展到最后演变成了赤裸裸的权力之争。这反映在,他为了排挤、打击对手,将对方的一切观点意见皆加以批驳,哪怕其中的某些看法是自己曾经提出的。最为明显的例证是:

在粮台地点之争上,袁保恒一开始主张设台于肃州(前文已述),左宗棠则主张"于乌里雅苏台、科布多、巴里坤择一处移台,两处设立分台"。可见,他内心并不反对巴里坤设粮台或分台。但是,就在不久之后,当袁保恒认为"巴里坤为南北适中之地,且紧接大军后,拟将粮台移设巴城"③,转而主张巴里坤设立粮台之后,他竟然"忘记了"于巴里坤设台本也是自己的建议,反而大加批驳。认为:巴里坤产粮无多,且所余之七千石粮已由金顺采买,台设巴里坤将无粮可采。且若照袁保恒所拟骡车运

① 魏光焘:《勘定新疆记》,见中国史学会主编:《中国近代史资料丛刊·回民起义》(四),388页,上海,神州国光社,1952。
② 《左宗棠年谱》,295页。
③ 魏光焘:《勘定新疆记》,《回民起义》(四),386页。

输,"车粮由肃运巴,艰阻所不辞,劳费所不惜,而肃运之粮亦必无颗粒到巴城"①。

　　清廷当然对左、袁的矛盾非常明晰,也看出了左、景之矛盾迟早要爆发。② 在这时,单纯作为裁判者已无能为力了——因为这个裁判者远离西征的前线,无法判断孰是孰非——只能是二者取其一。经过一番抉择,认为左宗棠"阅历之深,居心之正,办事之精细踏实,原迥非袁保恒所能及……袁保恒既不能与左宗棠平心商榷,深恐贻误事机"。在这种情况下,遇事各存意见,"则两人同办,不如一人独办,可免掣肘之虞"③。于是命"左宗棠着以钦差大臣督办关外剿匪事宜,金顺着帮办关外剿匪事宜,"而将景廉调补正白旗汉军都统,与袁保恒一并谕令来京供职。并且,全面接受了左宗棠关于西征转运的一系列主张:"关外时势,可以缓设粮台,妥为经理,即照该大臣现行章程,于哈密巴里坤处各立粮局妥为经理,北路另有捷径,由归化、包头而西可达巴里坤,此路既能筹办,自可以从容布置,"从而,将西征的兵事、转运归于统一。"无论长运短运,及如何办粮,如何取道,但能于事有济,悉由左宗棠酌度办理。"④ ——三个权力中心并存的局面就此结束。

　　2. 架构新的转运管理系统

　　获得朝廷的授权之后,在原有的基础之上,左宗棠建立了新的转运管理机构:

　　在肃州设有总粮台,由帮办新疆军务刘典统揽粮运全局。总粮台之下,在湖北武汉设有陕甘后路粮台,由道员王加敏掌管。

---

① 《左宗棠年谱》,274~275 页。
② 限于篇幅,对左宗棠与景廉在交通运输问题上的分歧不再详述。现仅举两例(1)他主张分路进兵,由关内运粮接济,见《左宗棠年谱》,278 页,另见《宫中档光绪朝奏摺》(第 1 辑),20~21 页;(2)他还主张设立后路粮台;见《宫中档光绪朝奏摺》(第 1 辑),21 页,还可参考董蔡时:《左宗棠评传》,104~105 页。
③ 《左宗棠年谱》,280 页。
④ 同上,297 页。

任命署镇标中营游击尹吉宝为巴里坤后路粮台委员。在西安设有西征粮台，由陕西藩司经理、陕西巡抚核办。当时的粮台，内部分为八所，称为文案所、内银钱所、外银钱所，军械所、火器所、侦探所、发审所、采编所，以理众务，粮台设总理事务一人，以揽其成，各所则分派委员若干人，各司其职。[①]

其余要隘则设立转运局，由专人负责：

上海转运局由胡光墉负责。肃州转运局由县丞李玉白任委员，总兵张绍林为稽查委员。归化采运局由绥德州知州陈瑞芝负责。包头采运分局由提督部衔总兵萧兆元司之。宁夏采运局由署宁夏镇总兵、记名提督谭拔萃负责，后由宁夏府知府李宗宾接办。哈密转运局，委任署通判张季方经理，咨张曜照料。巴里坤转运局，委任署总兵王凤鸣经理。

除此之外，还设有甘肃军需局、陕西军需局、陕西军装局、军米局，哈密、巴里坤粮饷分局等。这些局中，皆有专门委员负责，还随时派员办理具体粮运事务。比如：曾委派知府衔甘肃候补同知丁鄂赴巴里坤；布政使衔甘肃即补道萧兆元赴古城办理采粮、开垦及收支事宜；派专门委员分赴山西、河南等内地省份做催提。而前敌各军中也各有粮局、军需委员。[②] 这样，就形成了一个采、运、拨、取一条龙作业的交通运输管理系统。

为了防止官吏从中渔利，在内部加强了管理。规定：台局和一切办理军需、军用的部门均须制作详细的出入费用报表，旬报一律不得过下旬三天，月报不得过不下月十日。[③] 此外，左宗棠在运粮道路沿线按站设局，就地雇车，规定运费。如潼关至西安间，规定挑夫和抬夫，每挑抬 60 斤，来回运费每里 28 钱 6 文；二套牛车每辆承装 600 斤，往返运费每里 28 钱 7 文；绥德州至鄜

---

① 转引自罗尔纲：《湘军兵志》，100 页，北京，中华书局，1984。
② 以上由《左宗棠全集·秦稿六》和《左宗棠全集·札件》中综合搜集资料而来。
③ 《左文襄公在西北》，79 页。

州，每40～50里设一局，每局500人，每人每日给米半斤，算钱60文，盐菜钱30文，计每日需40文。关内短运以车驮为主，关外则换作驼运。就这样，运输军粮时，商民、军队在前，粮台委员押解辎重跟随其后，上站递下站，节节倒换，颇为壮观。①

与这种运输形式相适应，为了加强管理，左宗棠还奏请清政府将相关道路所经各驿道的驿丞大多裁撤，将驿站交由沿途州县管理。由州县抽调里甲册户的车畜，协助驿站完成兵差、流差任务。一些地方还设立了"帮差局""官柜""后差义局"或"官车局"，被称作"里甲运输"。② 从强行要求里甲派车到成立短途运输组织，体现了左宗棠灵活、务实的为政风范。

就是这个管理系统，在一定程度上弥补了原始交通与近代战争之间存在的巨大反差，为西征胜利作出了贡献。

三、运输的规模与效率

此次进军新疆的作战原则是："广储粮草，杜其窜路，然后相机大举，聚而歼之。"③ 只有在拥有了充足的军粮和其他军需品④的补给之后，广大将士才能够充分发挥英勇无敌的战斗力，所谓"庶后路常通，粮运不匮，乃可言动，气直达也"⑤。在整个收复新疆过程中，左宗棠先以肃州为大本营，后以哈密为大本营，居中指挥前敌进军，照顾后方转运，使得从上海到汉口、西安、兰州、肃州至新疆前敌，数万里绵延一线，节节呼应。按他本人的描述，真正达到了"如琴瑟然，手与弦调，心与手调"⑥的境界。

---

① 《中国古代道路交通史》，589～590页。
② 同上，590页。
③ 《左文襄公全集·书牍》卷15，49页。
④ 当时的军需运输除军粮转运之外，还包括军火、军装、军饷等的转运和军报的传递。
⑤ 《左宗棠全集·奏稿》卷48，32页。
⑥ 《左文襄公在西北》，283～284页。

这里，我们可先大致勾勒一下军需转运的繁忙景象。当时，运往陕甘、新疆的军需物资，其运输路线为：

由上海转运局经过长江、汉江、丹江水运至紫荆关，再由紫荆关"陆运分局"起岸陆运，途经龙驹寨（今陕西丹凤县）到西安；另一路自襄阳起岸陆运，经南阳、洛阳、潼关转运至西安，这条运输线上运输的主要物资是饷银、军火和军装。两湖来的军粮，由汉江一直水运至陕西旬阳蜀河口，然后，入甲水（夹河）至上津堡、漫川关，再起岸陆运至西安。来自四川的军米，一路由嘉陵江水运至阳平关，再起陆运，经徽县和凤县到渭河，顺流而下，东至西安；另一路从徽县向西北到甘肃秦州（今天水）。来自山西的军粮也有两条运输路线：一路起自山西汾州（今山西汾阳）和军渡，先运到关堡，再运到绥德州；另一路来自归化城（今呼和浩特市）一带，然后利用黄河木船运到关堡，起岸陆运经绥德州运至靖边县。① 之后，再由设立在陕甘、新疆的台、局节节转运至前敌。

（一）军械、军火运输

西征大军配备了大量近代化的武器装备，在一定程度上提高了战斗力，但也给运输带来了巨大压力。最为突出的问题就是：当时配备的洋枪洋炮，主要产地在国外（多系德国造），而采买地是上海，离西征大军可谓遥遥万里。其间要经过波涛汹涌的大海，然后沿长江到达武汉，再换马匹驮至肃州，运到前敌还要由驼骆来牵引。正如左宗棠所言："军火、器械一切……逾山水万里以达军前，始工（供）取用，一物之值，购价加于运费已相倍蓰，尚须先备采运实银，乃期应手。"② 具体由设在上海的采运局委员胡光墉负责。当时，在上海销售军火的洋行很多，主要有：

---

① 《中国公路交通史》编审委员会主编：《中国公路交通史丛书·中国古代道路交通史》，588～589 页，人民交通出版社，北京，1994。
② 《左宗棠全集·奏稿六》，327 页。

地亚士洋行①、麦登司洋行②、新泰来洋行③、拿能洋行④、马德隆洋行⑤、琼记洋行⑥、太古洋行⑦、泰来洋行⑧、德生洋行⑨、香港南利洋行⑩、美国纽约"林明敦"制造厂⑪等等。由于时过境迁，我们已很难准确知晓哪些洋行参与了西征的军火交易，但根据兰州制造局专仿普式（德国）螺丝枪及后膛七响枪⑫，及从德国购买武器的记载来看⑬，专营"普国大埠加士答炮局、专铸成灵巧紧固铜炮"的香港南利洋行及曾参与左宗棠第二次西征借款的德商泰来洋行的可能性最大。凭借办洋务的精明，胡光墉来往于这些洋行之间，精心选择，讨价还价，大批军火得以转运西北，仅1875年在兰州就存有从上海运来的来福枪"万数千枝"。

左宗棠对于胡光墉在上海的采运给予了充分的肯定。在光绪四年四月上清廷的一份奏折中，竭力主张对其进行奖叙。他认为胡光墉自办理上海采运局务以来，已历十余年，"转运输将毫无遗误，其经手购买外洋火器必详察良莠利钝，伺其价值平减，广为收购，遇泰西各国出有新式枪炮，随时购解来甘，如前购之布洛斯后膛螺丝开花大炮……现在陆续运解来甘者大小尚存数十尊，后膛马步枪亦数千杆，各营军迅利无前。关陇新疆速定，虽曰兵精，亦由利器，则胡光墉之功，实有不可没者"。因此，认为"此次新疆底定，核其功绩，实与前敌将领无殊"，⑭ 要求破例

---

① 《申报》1876年农历2月初9日。
② 《申报》1876年农历12月19日。
③ 《申报》1876年农历6月30日。
④ 《申报》1876年农历5月31日。
⑤ 《申报》1877年农历2月16日。
⑥ 《申报》1875年农历7月2日。
⑦ 《申报》1877年农历6月30日。
⑧ 《申报》1877年农历9月13日。
⑨ 《申报》1877年农历1月27日。
⑩ 《申报》1877年农历8月22日。
⑪ 《申报》1877年农历2月16日。
⑫ 《左文襄公全集 – 书牍》卷14，49页。
⑬ 董蔡时：《左宗棠评传》，128页，北京，中国社会科学出版社，1991。
⑭ 朱寿朋：《光绪朝东华录》，588页，北京，中华书局，1984。

给胡光墉赏穿黄马褂以示恩宠。户部经过一番议叙，批准了他的请求。从中可反映出上海转运局对军火和其他军需品采运的贡献之大。

后来，左宗棠感觉单纯从上海采运洋枪洋炮运道太长，费用太巨，所以先在西安后在兰州创办过制造局，就地生产。其中，于 1873 年（同治十三年）创建的兰州制造局对平定新疆的军火补给起过重要的作用。

当时，局务由总兵赖长主持（当时为记名提督）。[1] 左宗棠对之曾有"夙有巧思，仿制西洋枪炮制作灵妙"[2] 的评价。当时，工匠多为"浙匠"和"粤匠"，虽也有"洋匠"，但中国工匠在该局中发挥了主要作用。当时的产品，可考的有：

仿制德国"后膛螺丝大炮"，"延粤匠学造，已成大小二十余尊，与布炮大致无殊"。[3]

造轮架大炮，"又仿其意造二百余斤重炮，用车轮架放，亦殊合用"[4]。

造后膛上响枪，"局造已成数十杆，亦能及之"[5]。

改制劈山炮及广东无壳抬枪，"劈山架改用鸡脚"[6]，"无壳抬枪，改照洋枪式，安宝嗒嘴，用铜帽子"[7]。除此之外，还"自造铜引、铜帽、大小开花子"[8]。

从一八八一年全局开销西洋、浙、粤各匠工银二万四千二百

① 宝鋆纂修：《筹办夷务始末》（同治朝），故宫博物院 1931 年据清内务府影印本，卷 50，19 页。
② 《左宗棠全集·奏稿》卷 44，62 页。
③ 《左宗棠全集·书牍》卷 15，41 页。
④ 同上。
⑤ 《左宗棠全集·书牍》卷 15，42 页。
⑥ 同上。
⑦ 同上，卷 14，49 页。
⑧ 同前注⑥。

九十四两三钱一分三厘等情况看,① 规模不算太大。但是，由于赖长精于业务，所以军械质量能够保证，据说，俄国军官索思诺维斯基看到兰州制造局所造枪炮之后，"叹服同声，自此亦稀言枪炮矣"②。

光绪元年，在刘典的筹划下，火药局也在兰州成立了。自此，原先从海外购买的子药也可就地取补了。所造火药，经左宗棠检验并使用，认为好的已能做枪药。与洋火药相比，则洋火药每发只有二钱五分，土火药须要多加七分，力量才可和洋火药相等。可见，土火药与洋火药在质量上还是有差距的。至于其余种类的土火药则远不如洋火药，原因是子粒稍粗，不很过火。③ 这样的火药用于战场，其威力自然逊色不少，但考虑到当时中国近代工业的总体面貌，也就不足为奇了。就这样，兰州变成了一个积蓄军火的大本营，源源不断的武器和弹药被从兰州越过沙漠戈壁运往前敌。④

那么，究竟如何转运呢？

当时，西进的大军中配备有专门的枪队、炮队，⑤ 经常用作进攻的先锋，在整个军事作战行动中发挥着举足轻重的作用。此外，在老湘军各营营官直辖的亲兵中，还设有劈山炮二队。⑥

光绪二年九月，为防守吐鲁番进而顺利攻取托克逊，左宗棠

---

① 孙毓棠：《中国近代工业史资料（1840—1895）》，（第 1 辑）上册，447～448 页，北京，科学出版社，1957。
② 《左宗棠年谱》，300 页，《光绪朝东华录》，307 页，或参照《宫中档光绪朝奏摺》（第 1 辑），349 页。
③ 同上，174 页。
④ 《阿古柏伯克传》，214 页。
⑤ 左宗棠在给清廷汇报克复古牧地及乌鲁木齐各城大概情形时写道："臣拟咨商金顺、锡纶布置各城堡要隘，一面商办善后事宜，一面咨调张曜、徐占彪会同刘锦棠进规南路，并增派马步各营及枪队、炮队赴前敌助剿"，从中不难看出，当时军中已设有专门炮队、枪队，初步适应了近代战争的交通形式——见朱寿朋编纂、张静庐等校点：《光绪朝东华录》，278 页，北京，中华书局，1984。
⑥ 龙盛运：《中国近代史专题研究丛书·湘军史稿》，76 页，成都，四川人民出版社，1990。

拨副将秦玉盛马队一营交徐占彪,拨副将武朝聘马队一营交张曜,并令炮队游击陈文英带开花大炮及仿制短劈山开花炮助之。后来,他考虑到刘锦棠全军由于驻防护运而愈分愈单,又"命参将侯名贵所管炮队,护开花后膛大炮两尊,车架开花后膛小炮四尊,又饬解后膛七响枪三百杆,匀配子药赴乌桓,续调肃州镇总兵章洪胜、总兵方友开带所部马队两营,总兵桂锡桢马队一营,均归刘锦棠节制、调遣……凡所添调马队均加拨军械"①。显然,这些专门的枪队、炮队或用作先锋的马、步各营日常需要大批军火给养。这样,军火运输显得格外迫切了。

按照当时军中惯例,"各营军装军火向系自行购办,由陕、甘沿途州县派车运送,毋庸由粮台豫为备办"。在创办了甘肃制造局、甘肃火药局之后,军火补给较以前近便一些,各军子药适有缺乏,可以随时借领。② 具体办理拨付事宜的是陕西军需局。③ 主持局务的是陕西候补道方鼎录和盐运使衔道员用陕西西安府知府李慎。但在实际执行当中,对于事关全局的重要军火补给、运转仍需由左宗棠妥为筹划。同治十二年十二月,他就曾拨副将冯桂增布鲁斯螺丝后膛开花大炮一尊,饬总兵邓增带领炮手随金顺出关……并益以新制连架劈山炮十尊、布鲁斯螺丝后膛炮一尊,七响后膛枪十杆。④

由于军火与战争密不可分,各部队(尤其是炮队、枪队)自

---

① 《光绪朝东华录》,307 页。
② 中国第一历史档案馆档案:3 全案 165 目录 8 120 卷第 61 号,景廉片语:"原奏内所称粮台专司转运,不必参验军务,致滋糜费,各营军装军火向系自行购办,由陕甘沿途州县派车运送,毋庸由粮台豫为备办,益(亦)云该督已设局,若各军子药适有缺乏,可以随时借领等语。"
③ 中国第一历史档案馆档案:3 全案 122 目录 6 055 卷第 27 号,金顺片语:"陕西军需局历年竭力(供)拨奴才军营饷项、账房、军火毫无贻误,随时接济,有:陕西候补道方鼎,盐运使衔道员用陕西西安府知府李慎"。
④ 《左宗棠年谱》,256 页。

行携带、护运理所当然。但也有由步队护运的时候,① 甚至不惜从数千里之外护送至前敌。光绪元年,乌鲁木齐的军队就曾从绥运城运来抬枪三百杆,同时还有随枪的一些零部件。② 有时,为了缓解军火短缺的情况,还从京师调运军械装备。从 1875 年 9 月至 1876 年 7 月,先后四次谕令从神机营和工部向驻新疆哈密、塔城、布伦托海等地的清军拨解大量武器弹药。其中,仅 1875 年(光绪元年)农历 9 月 20 日就命令神机营和工部火药局向驻哈密的文麟拨发带刺洋枪二百杆,洋帽十万万个,七响后膛洋炮二百尊,随带炮子十万,各种火药三万两千斤,火绳四千盘出关,由察哈尔都统衙门解赴哈密交接。③ 光绪二年闰 5 月 21 日,额勒和布也曾命该军赴京制备军装委员富里布承领转运过一批拨自神机营的军火。有洋火药一千斤,大铜帽四十万粒。④

现在,我们还可从荣全请求清廷再由神机营和工部拨解军火的奏折中看到运输的繁重:"由神机营再拨台枪三百杆,随带三百分六力以上弹弓五百张、皮弦一千条,梅针箭三百枝,并请饬下工部续拨万夯火药五千斤,枪铅丸六万出,鸟枪火绳一千丈,烘药五十斤。"这么多的军火要由北京出发,先运至察哈尔都统驻地,然后加派弁兵押送,由乌里雅苏台、科布多二城转解前来。⑤

虽说不如粮运自然损耗大,但损失仍是触目惊心的。光绪元年四月,大军出关之际,陈国珍所部军队"因军装车辆在路损坏,所有子药未经全数,随带出关",由于未拣派人员看守,也

---

① 《光绪朝东华录》,266 页,光绪二年八月左宗棠奏摺中语:"……提督谭和义、唐国华率步队拥护开花大炮……"。
② 《钦定大清会典事例》卷 899。
③ 《清德宗实录》卷 16。
④ 中国第一历史档案馆档案:3 全宗 165 目录 810 卷第 65 号,光绪二年闰五月二十一日额勒和布等片中提到。
⑤ 中国第一历史档案馆档案:3 全宗 122 目录 6 057 卷第 138 号,光绪元年十一月二十六日荣全片中提到。

未及时雇车搬运回营，以至于"将铅丸、药条等项散弃空墩之内"①，造成了不必要的损失。

就目前掌握的史料看，在平定新疆过程当中，曾经转运过的军火还有：

张曜出关时，配给连架劈山炮十门，② 德国造后膛来福线大炮一门，七响后膛枪三十杆。桂锡桢马队出关时，配给德国后膛开花大炮一门。刘锦棠部是西征主力，装备也最优，出关时除原有枪炮外，又配给各种火炮十多门，包括最新式的后膛开花大炮，各种枪支一千多杆。后来又拨过大洋火一百万颗，标响枪子二万八千颗，大号、三号开花后膛炮两尊，各配弹五百余枚，七响后膛洋马枪三百枝，每枝配子八十排，每排七发。来福前膛马洋炮五百门，每门配子三百发，合膛大号洋尖子十五万颗。又拨过田鸡炮，不记多少尊，配弹五百枚，是当时最新式的炮，可打好几里远。③

当时，还采用了一些利于指挥作战的先进仪器。比如，前线指挥官使用了双筒望远镜。1902年5月，新疆巡抚饶应祺在一份奏折中提及："前督臣左宗棠、抚臣刘锦棠出关，携运后膛来福马枪，哈乞开斯、马蹄泥、标针快，利名登、七响、八响、十三响枪共二万余杆，"④ 这还不包括金顺、张曜等部的武器装备。

由于左宗棠的部队大量装备了进口或仿制的洋枪洋炮，其战斗力有了明显的提高，这不仅是量的增加，更是质的转变，深刻地影响了整个西征军的面貌：它已是一支具有初步近代化色彩的军队。正像包罗杰所评论的，这支军队"完全不同于所有以前在

---

① 左宗棠著，邓元生校点：《左宗棠全集·札件》，308页，长沙，岳麓书社，1986。
② 劈山炮是一种旧式火绳引爆的迫击炮，后经甘肃制造局改制，用合膛开花弹，炮架也改为鸡爪式，原需13人拖放，改造后只需5人。
③ 《左文襄公在西北》，134～135页。
④ （台湾）故宫博物院编辑：《故宫文献特刊·宫中档光绪朝奏摺》（第15辑），光绪二十八年三月二十七日甘肃、新疆巡抚饶应祺奏。

中亚的中国军队，它基本上近似一个欧洲强国的军队"①。

这些近代化的武器装备在西征中发挥了巨大威力，成为克敌制胜的关键所在。

光绪二年六月，在清军攻拔古牧地的战役中，初步显示其攻坚的作用。当时，古牧地守敌甚为顽固，"金顺遂饬所部环城正西、西北、西南三面结垒，抽派营勇于南城外昼夜修筑炮台，以高过城身一丈为度。其各面原有炮台，均令培土、铺板以便安炮，迨炮台告成，布置就绪，金顺督所部攻西北一带，并分开花铜炮一尊置湘军炮台"。二十六日，刘锦棠饬宁夏镇总兵谭拔萃率千总庄伟以开花大炮轰塌东北面城垛，"复用开花铜炮并劈山炮紧对缺口连轰之。二十七日，移开花大炮斜轰城之正东，其轰塌缺口与东北相似。复以开花小炮及劈山炮环攻不歇"。之后，知府罗长佑督同副将杨金龙及庄伟"率亲兵移开花大炮于正南炮台，伺天色渐明，指轰南门左侧，并调集标针快响枪、七响洋枪劈山炮排列炮台两侧，同时轰击，提督谭慎典、谭和义率中军左四旗，参将董福祥，副将张俊率董字两营，各饬勇丁囊土潜伏墙壕，俟大炮轰有缺口，即行攻入……二十八日黎明，开花大炮轰动，南城左侧子墙渐圮，大炮测准连轰，城身坍卸过半，城头悍贼潜城隈，仰施枪炮。官军标针快响枪，七响枪、劈山炮连发，子注如雨，贼多死者"②。凭借强大火力，各路大军乘机飞奔入城，古牧地遂告光复。

光绪二年七月，在清军攻克玛纳斯的战斗中，同样显示了新式枪炮的巨大威力。七月二十日，金顺亲率总兵邓增、都司张玉林所部，以后膛开花大炮轰城东北角楼，横塌丈余，刘宏发、方春发趁势移卡，逼扎城根，但由于守敌顽抗，互有伤亡，相持不下。八月十四日，金顺命邓增以后膛开花大炮轰城西南二面。八

---

① 《阿古柏伯克传》，245 页。
② 《光绪朝东华录》，277~278 页。

月十七日，刘锦棠令在城南及西南隅高筑炮台。九月初一日午刻
举发，轰塌城身二丈余，但因敌军顽抗，只好于施放开花炮数十
发后收兵，不料此次发射将敌军元帅韩刑脓击毙。① 可见，此次
战役中，近代化军械虽未像攻拔古牧地时那样发挥决定性作用，
却仍是与敌周旋并适时歼灭的有效手段。

光绪三年三月，在清军攻克达坂的战役中，再次发挥了决定
性作用。当时，刘锦棠率军兵临城下，并命谭拔萃舁开花炮至，
并建造炮台。在炮台建好之后，侯名贵、庄伟测定敌军炮台及城
垣方位、远近，连环轰击，"逾时，相继坍坏，俄而一炮子丸，
飞堕城中火药房，有声轰然，如山摧地裂。大风起，火势骤张，
延烧所储药弹开花子，砰訇震撼，城中人马碎裂，血肉横飞。"②
清军乘势攻入城中，四千守敌或毙或俘，无一逃脱。

（二）军饷运输

西征的饷需（见表20：西征中左宗棠接收、掌管之军饷来
源、数量一览表）一直处于极端困难之中。因此，左宗棠在国库
空虚的情形之下，不得不多方筹措，费尽心机。

协饷。协饷是一种间接的中央解款，是中央政府为调剂地区
贫富在省区之间进行的财政调拨方式。至于协拨数额，则主要依
据"酌时势之缓急，定协饷之多寡"③ 的原则，采取自奏和中央
核定的办法确定。当时，西征协饷主要来源于以下省关：浙江、
江西、广东、湖北、江苏、安徽、湖南、福建、山西、四川、山
东、河南、江海关、粤海关、闽海关、江汉关、浙海关（只见于
同治十三年）。此外，还有两淮运司（不见于同治十三年）、陕西
藩司、金陵军需局（不见于同治十三年），陕西军需局等处。共
计：由同治十三年元月至光绪三年十二月收到协饷银

① 同前注②，338～339 页。
② 朱德裳：《续湘军志》，297～298 页，长沙，岳麓书社，1983。
③ 《回民起义》（四），198 页。

22 764 539.39两。

捐输。由于"甘饷日行支拙，出关各军待用孔殷，监生从九衔两项应一并展限，已（以）广招徕而济军需"①。就这样，为了筹措到商民中的闲散资金为西征所用，清廷不惜公开卖官鬻爵，采用"捐输"的办法来开辟财源。首先，于西征粮台中设有甘捐总局，下辖：总局、四川分局、山东济南分局、山东济宁分局、山东登莱青分局、河南分局、江宁分局、秦州分局、山西太原分局、福建分局（以上皆为光绪元年至三年开办）。其次，在地方部分富裕地区开设独立的捐输局：江苏上海分局（同治十三年）、江苏扬州分局（同治十三年）、河南彰卫怀分局（同治十三年）、江西捐输局、福建统捐局、江苏统捐局、江宁统捐局。第三，由地方有司代办捐输，有山西藩司、山东藩司，河南藩司等。共计：由同治十三年元月至光绪三年十二月收到捐输银2 368 551.166两。

洋款。包括两次。第一次借款规元3 000 000两，由英商怡和洋行于光绪元年三月一日支拨1 000 000两，英商丽如银行于光绪元年四月十五日支拨2 000 000两，利率都是常年一分零五毫，期限三年，每半年还本付息一次，用粤海关、江海关、浙海关名义代借。

第二次借款规元5 000 000两，从光绪三年起，七年为期，每年还本付息一次，用浙海关、粤海关、江海关、江汉关名义代借。这次借款有一个特别情形：即债权人英商汇丰银行只允借金镑，月息一分。左宗棠以先令和规元比价常有涨落，只要借规元。于是，由德商泰来洋行出来认包金镑和规元的比价，由左宗棠贴还月息二厘五毫。换句话就是，借款时汇丰银行只交金镑，由泰来洋行把规元交左宗棠；还本付息时，左宗棠只交规元，由泰来洋行把金镑交汇丰银行。

———————————
① 《左宗棠全集·奏稿六》，101 页。

这两次举债，都由上海采办转运局委员胡光墉与诸洋行接洽办理，共计筹集洋款8 000 000两。其中，第二次借款办理程序如下：由总理衙门咨行广东、浙江、江苏、湖北四省督抚及监督关道，将所借银两及利息分别出具关票，加盖督抚关道，并照会总税务司转交四关税司（浙海、粤海、江海、江汉）一律盖印签押，再交上海转运局道员胡光墉办理。并由总理衙门知照驻京英使，分别知照上海英领事及汇丰银行照付银两。[①] 这样，整个借款活动波及北京、广东、浙江、江苏、湖北、上海、陕、甘、新疆，真可谓关山万里！

部款及其他。所谓部款，就是由户部拨给西征军队的正饷。计同治十三年拨部款1 000 000两，光绪二年拨部款2 000 000两，光绪三年拨部款1 199 630两，再加上户部直接拨解景廉军饷银300 000两，合计收到部款4 499 630两。

除此之外，还从地方上以各种名义提留各种税银、厘金，构成了饷银来源的另一组成部分，这部分来源随年而变化，并非定制。同治十三年征纳的有：甘肃税厘局税厘银、甘肃各盐局厘银、甘肃藩司拨解银、各旗营报缴存旷银，收支采办、制造各款扣回来余银、甘肃惠安堡盐厘局盐厘金、甘肃靖远蒙盐价银、甘肃拉卜楞番寺捐款、西宁办事大臣垫拨西宁军饷银、大营及上海鄂陕等处挪借各款军饷银等；光绪元年元月至光绪三年十二月征纳的有：甘肃各税厘局税厘银、甘肃各盐局盐厘银、甘肃藩司作解秦州地丁粮价银，甘肃狄道州解到安插勇丁、拨给地亩扣得地价银，胡光墉借商民款，鄂台解挪借各商，军饷银，驻陕军需局拨银等等。[②]

综上可知，饷银的来源遍及全国各地，从而形成了以陕、甘、新疆为中心辐射全国的饷银运输路线。

---

① 《左宗棠全集·奏稿六》，695 页。
② 以上由《左宗棠全集·奏稿》卷 54、卷 55 综合而来。

　　按清朝定制，凡"起解饷银，该督抚并各差御史，选同知、通判之廉干者押解，如同知、通判别有委用，选州县佐贰之廉干者押解"，若不按此规定，而选用废员、匪人者罚俸一年。"或致钱粮中途失误者，降一级调用"。如果解员在中途，遇有事故，"经过省份督抚，一面委员接收代解，一面飞咨原省，令续派委员，兼程前进接解。"为了加强对饷银安全的保证，"起解司、道各库钱粮，除雇觅车赢，选差的当人役赍解外，仍按其所解银数，在一万里以下者，拨营兵一名，民壮二人；一万两以上者，拨营兵二名，民壮四名；有数至二万两以上者，酌量添拨。"

　　护运采取"逐程交替护送"的方式。"该州县于三日前豫行关会前途，并将拨护兵役名数，于报解钱粮之内声明"。为了"节省行程，保证安全"，该解役务"由大路按程前进，遇晚投宿州县城内，银鞘寄存大堂，添派更夫，同原解兵役加紧巡逻"。此种情况下，"倘有疏失，起解之州县，责赔六分，失事之州县责赔四分"。如果起解的州县不豫期知会，"任解役潜行小路，不请护送，以致失事者，起解州县独赔"；如果承担接递任务的州县已接到知会，"解役原由大路行走，而并不照例拨兵役护送者，失事州县，责赔一半，起解州县，金差不慎，亦责赔一半，以示惩戒"。

　　为了便于查清责任，在起解饷鞘时，"于鞘面编列号数，自一号至某号止，经过州县所拨人夫，著落夫头开具的真实姓名、地址，自一至百，编挂号数，令其照号扛抬，其拨护兵役，亦自某号至某号，派某兵往管押，开具号单，一存州县，一交解官，倘有疏虞，照号查究"①。

　　解部及协济各省饷银，向例要倾熔为元宝，以利运输。为此，根据各地的道路状况，里程不同，规定了相应的鞘箍银："山东起解京饷，并拨解陕甘之西安、兰州、肃州，协饷照例

① 《钦定大清会典事例》卷169。

……止给鞘箍银一钱三分……解送西安的协饷，每站每万给银三钱八分；解送兰州协饷，每站每万给银三钱五分；解送肃州协饷，每站每万给银三钱。"此外，"解甘肃军需银，倾熔元宝，制备鞘箍，每千两给银六钱，万两以下，准照万两之数，按站给脚费三钱，冬春增给五分"①。具体涉及护运，也根据饷鞘数额而不同。大致说来，以十万两为界限。"各省饷鞘数在十万两以下者，仍照例令沿途逐饬千把外委等，按程接送；其数至十万两以上者，俱令豫行咨明沿途督抚酌派该营附近大路之将备等官，督率弁兵，分起护送，逐程交替明白始准回营，遇有疏失，除银两仍令文员照例分赔外，该将备照地方州县，一律议处"②。

饷鞘的起解和接交也有严格的规定。起解协饷时，布政使同照部颁法马（码），"面同解官左右弹兑，即将原法马公同封固，请钤盖印信，给予解官带去"。当接受饷银之时，由布政使司"验明印封，官司取出，先将法马左右较兑无差，然后将饷银如前兑收"，如果解官无故遗失银鞘，"或中途私动印封、抵换法马者，收饷之布政使司验明印信，申报督抚题参治罪，并将金差不慎之各上司一并交部议处"③。

就这样：少部分的饷银通过汇解的办法到达左宗棠的大营，④大部分饷银是按照《钦定大清会典事例》中规定之运解制度由左宗棠委派专员由驿路解送到达西征前线的。⑤道路大抵有两条：一条是由凉运甘，由甘运肃，由肃运安西，由安西运哈密，再至前敌；⑥一条是由绥远城、张家口出边，取道科城，由沿途各台驮马转输，分兵护送至前敌各营。⑦由于各省关与前敌"相距太

---

① 同前注①，卷169。
② 同上，卷301。
③ 同上，卷169。
④ 据《左宗棠全集·秦稿》卷54、卷55综合而来。
⑤ 《钦定大清会典事例》卷169。
⑥ 《左宗棠全集·奏稿六》，160页。
⑦ 《左宗棠全集·奏稿六》，330页。

远，非三数月之久不能运解到甘；由甘运肃，由肃运前敌数千里，道阻且长，又非数月不达"①，其运输之缓慢可见一斑。

同治十三年八月初三日，顺天府委任候补知府张起鹏将户部拨解伊犁军饷银三万两至察哈尔都统处交收转解。按照清朝定制，顺天府预备了箱车，将三万两饷银分装十五箱中，每箱两千两。到达察哈尔都统衙门后，由张起鹏与伊犁转运委员奎祥共同查验各箱。经查验发现：虽然书条、印花均已磨损，但打开运箱一一查看时，"每箱内系二千两，计二布袋内，每一千两均写‘户部原发’字"②。这样，经过严格的共同验看，才算是完成了饷银的交解。之后，再由奎祥将饷银如数运抵伊犁军中。

光绪元年十月初九日，翁同爵在上清廷的奏折中大略描绘了由湖北运解协饷的情形："湖北奉拨督臣左宗棠甘军月饷，迭经拨解银二百九十五万两，又九次筹还积欠银三十万两，又（同治）十三年分减纳甘菜八成厘金，划抵积欠陕甘协饷银一千五百三十五两……兹再续拨银四万两，委游击孙长铎于十月十四月解赴陕甘后路粮台交收、转解，由湖北军需局司道具详前来。"③从中我们可以知道，当时确实是严格按定制由各地方差员将饷银自行运解到大营派驻各地的台、局，经过登记入册后再解送到大营中去。

有时，为了避免长途运输中的不便，常会分作几批来运解。光绪二年三月二十五日，部拨四成洋税银二百万两就是分作四批由顺天府接续起解，交西征粮台（设在西安），并进而分收转解到左宗棠军营的。④

---

① 《左宗棠全集·奏稿六》，617 页。
② 中国第一历史档案馆档案：3 全宗 122 目录 6 054 卷第 32 号，光绪元年正月荣全片。
③ 中国第一历史档案馆档案：3 全宗 122 目录 6 057 卷第 140 号，光绪元年十月初九翁同爵片。
④ 《宫中档光绪朝奏摺》（第 1 辑），234 页。

这样，扣除先期偿还前报销年度欠款银外，从同治十三年元月至光绪三年十二月底，各地共向西征大营和前敌各军运送实银 35 033 567.36两（包括汇解，见表21：左宗棠军中实额支出军费表）。① 由于各地欠解，导致军中饷银一直处于短缺状态，成为制约西征进程的重要因素。

（三）军装的采运

军装包括号衣、棚帐、旗帜等，照楚军营制，半年一换。起先都在汉口采购，后来改为就近制造。譬如，汉中有一个军装局，兼办军火；兰州、秦州和肃州也各有一个军装局。但是，由于做军装的材料：如棕藤、竹、麻布、纸油和漆都是当地没有，或虽有而价特昂贵，人工技能又不甚好，所以还是需要大量从外地采运。② 偶尔，个别军中还自己制造军装。③

按照左宗棠军中惯例："各营军装、军火向系自行购办，由陕、甘沿途州县派车运送，毋庸由粮台豫为备办。"④ 这样，各军就能够根据自身的实际需要，掌握采运的主动权。配置多少则有严格规定，拿棚帐来说，楚军营制中专门就有"棚帐之制"，规定："营官帮办、书记、军火等共用夹帐棚八架，单帐棚二架；哨官、哨长、护勇共夹帐棚一架，单帐篷二架，四哨同；亲兵每队夹帐一架，单帐棚一架，六队同；正勇每队单帐棚二架，三十二队同。以上共夹帐棚十八架，单帐棚八十架。"⑤

光绪三年九月初六日，金顺在上清廷的奏折中，描述了所部

① 据《左宗棠全集·奏稿》卷54、卷55统计而来。
② 《左文襄公在西北》，68页。
③ 中国第一历史档案馆档案：3 全宗122 目录6 061 卷第30号金顺片语："奴才所部马步四十余营，月需正饷十三万六千余两，委员、薪水、各局之费，采办驼马、制造军装以及各项杂支减而又减，统计每月非二十万两不可……"，可见，当时金顺营中军装系自行制造。
④ 《湘军兵志》，93页。
⑤ 中国第一历史档案馆档案：3 全宗165 目录8 120 卷第61号，光绪三年正月十六日景廉片。

购运皮衣的情形:"奴才所部历年应需皮衣,均系先由归绥设法购制,所需价值叠经奏蒙恩准,敕拨在案。兹奴才旧部及接管新部(景廉旧部),本年应需皮衣,业经派员先在归绥地方购买解营,通计价值需银四万两,系属先行设法垫办。"具体的结算方式是:由户部将价银四万两直接拨解至归化城的副都统衙门,由金顺军驻归绥转运委员承领款项并办理转运事宜。① 光绪四年十月十二日,在金顺另一奏折中,则描述了当时军中缺乏军装的情景:"兵勇旧衣弊破不堪……"为此,他请求朝廷拨解价银三万两,在山西归绥地方购办军衣。②

由于是各军自行采运,故采买地遍及全国。光绪三年,英翰就曾派采运委员赴安徽等省招募壮勇,办理采买军装、洋枪等事宜,③ 终因运费太高而被左宗棠勒令停采。

与其他军需品运输一样,由于西北恶劣的交通运输环境,军装在运输中的损失也是严重的。光绪三年二月初六日,保英在上清廷的《奏报回贼抢掠官兵情形摺》中,报告了一起严重的军装被抢事件。正月二十日,当乌鲁木齐回差两名、官兵八员行抵鄂隆布拉克台时,随行解运的军装二十九驮全被掠夺,同时被掠的还有该台的军驼五十七只,马四十六匹,毡房十五顶,以及应差一切随身什物。④ 从中可看出运道之险恶。

(四)军报传递

新疆地处边地,为了保证与内地特别是京师的有效联系,清政府历来对传递新疆公文非常重视,规定:"台站官员接递新疆等处公文册籍,未能包(保)护如法,以致破损者,将原递站弁

---

① 中国第一历史档案馆档案:3 全宗 122 目录 6 057 卷第 45 号,光绪三年九月初六日金顺片。
② 中国第一历史档案馆档案:3 全宗 122 目录 6071 卷第 88 号,光绪四年十月十二日金顺片,此片虽写在平定新疆之后,但以"仍在山西归绥地方购办军衣"看,可推知战争期间曾在此处置办过军衣。
③ 《宫中档光绪朝奏摺》(第 1 辑),807 页。
④ 《宫中档光绪朝奏摺》(第 1 辑),434 页。

及专管各官均罚俸六月。"① 那么，在西征之中，军情是如何传递呢？

按照清朝定制，寻常奏折由驿接递，不得辄限四、五百里，"应由驿站驰递公文不得由台站驰递"②。寻常的谕旨也一般经由驿站传递。重要的军情奏报（尤其是谕旨）则是通过马上飞递的形式以三百里、四百里、五百里、六百里加急的速度进行递送。

由于西北战争的紧急和清政府对西征的格外关切，清廷的上谕，大都使用了当时官方通讯的最绝密手段——廷寄，也大量地运用了马上飞递的方式。（见表22：清廷谕旨传递方式、传递速度一览表）。从表中可以发现：

其一，随着收复新疆战争激烈程度的递增，朝廷谕旨的数量也呈递增态势。

其二，传递速度也基本上随着激烈程度而递增。新疆战局最为艰险的光绪元年、光绪二年，以六百里加急传递的谕旨不论从数量还是从比例上均达到了顶峰。并且，在各自当年的通讯手段中占到了一半以上的比例。这也从侧面反映了清廷对西北通讯的重视。这种情况到了光绪三年发生了变化，随着战争的一步步胜利，一般性传递的谕旨（以"未提"方式为标志）占据了主要地位。此时，以六百里加急方式传递的谕旨不论从数量还是所占当年比例都明显减少。原因是紧急战况、有关军需运输状况的谕旨随着战局已定而呈明显下降态势，而有关战后奖恤等一般性事件的谕旨明显增多。

为了保证朝廷对军国大事的驾驭，有清一代制定了极为完备的廷寄制度。当时，寻常封寄事件，由军机处固封，钤盖印信，再令兵部加封飞递。若系奉旨密交各省督抚事件，即用匣颁发，

① 《钦定大清会典事例》卷626。
② 同上。

令于覆奏时恭缴，并且预先发给这些大员钥匙一副，以备稽考。①
这些谕旨、奏报均由军机处交兵部加封发递。②

对于"马上飞递"也做了严格规定，要求"各省移行公文，
应用马递三百里至六百里者必皆关系紧要，要先用紧纸包裹，钉
封钤印，再行装入封筒"③。具体说来，"以六百里由驿驰奏旨准
用火牌，昼夜限行六百里，不得将寻常雨水、米价等摺累牍附
入，至谕旨限行六百里发往之事，该督抚提镇接到后，酌量现办
情形，分别缓急亦不必概用六百里覆奏，其余一应奏摺，或遣标
弁，或遣家人，自雇脚力赍进；倘以寻常之事及并未奉有谕旨擅
由驿驰奏，甚至限行六百里者，都察院从重议处"④。除事关军需
紧要文报仍由军台按限加紧递送外，"其稍涉军需、无关紧要公
文及寻常摺奏，概令由驿接递，不得遽限四、五、六百里，由军
台驰送"⑤。即使是以三百里加急速度的公文也不可滥用。一般而
言，由"军机处发出公文签发马上飞递者，定限日行三百里"⑥，
有紧要事件，也可分别以四、五、六百里加急传递。

通过前表所示，清廷发给左宗棠大本营的谕令主要就是通过
四百里至六百里谕的方式传递的，因此，我们经常可以看到在谕
旨结尾部分加上"将此由六百（四、五百）里各谕令知之，钦
此"的语句，那么，这到底是一个怎样的传递速度呢？

从光绪元年三月七日左宗棠《覆陈海防塞防及关外剿抚粮运
情形摺》⑦ 中有如下记载："窃臣于光绪元年二月十二日承准军机
大臣密寄光绪元年二月初三日钦奉……"当时左宗棠尚未出关，
驻扎在兰州，从这段文字中，我们可以看到，从北京到达兰州，

① 《钦定大清会典事例》卷684。
② 《钦定大清会典事例》卷696。
③ 《钦定大清会典事例》卷684。
④ 《钦定大清会典事例》卷696。
⑤ 同上。
⑥ 《钦定大清会典事例》卷700。
⑦ 《左宗棠全集·奏稿》卷46，32页。

用"六百里谕"方式传递的时间为九天。

　　而在他的《督办新疆军务敬陈筹划情形摺》（光绪二年六月二十八日由肃州发往北京）中也有类似记载："窃臣于四月初八日承准军机大臣字寄光绪元年三月二十八日……"[1] 此时左宗棠大营已移驻肃州，并在城东南设置了行辕，从中可见：由北京抵肃州用"六百里谕"方式用了十天时间。在这种情况下，以最快速度来往一次也得二十天左右时间。而实际上九、十天内能够到达是非常少见的，一般都得十五日左右。如光绪二年四月十三日左宗棠所发《恩谕拟缓借洋款摺》中记载："窃臣于三月十三日驰递肃州后十六日准兵部递到军机大臣字寄光绪二年三月初一日……"[2] 该廷寄用了十五日之久。就算左宗棠立刻回复，往返也在一月以上。此外，如果清廷与左宗棠大营交流前敌军情，还应包括由前敌到达大营的时间。所以，由四百里至六百里谕"马上飞递"尽管已是当时中国最为快捷的通讯方式，仍不能做到军情谕令的及时传递。

　　这个速度，已大大落后于当时的世界。自从电报研制成功之后，1871 年 4 月 18 日，欧亚海底电线远东港沪线业已接通。"于是上海与伦敦间电讯即可直达"[3]。可惜，清政府并未将当时先进的通讯手段迅速引进而适用于西征的文报传递，远远地落了时代的后面，并为此付出了巨大的人力、物力和财力的损耗。

　　这种通讯方式决定了清廷对战局的指挥只能是间接性的、宏观性的。诚如在给左宗棠的一份谕旨中所指出的那样："所有关内关外各事宜，左宗棠业已统筹全局，布置妥协……该督抵肃州

---

①　同前注⑦，卷 46，50 页。
②　同上，卷 48，53 页。
③　班思德：《最近百年中国对外贸易史》，115 页，转引自聂宝璋：《中国近代航运史资料（1840—1895）》，第 1 辑，上册 635 页，上海，上海人民出版社，1983。

后应如何次第进兵之处，均著随时相机筹办，朝廷不为遥制。"①
从现有的谕旨内容中，我们也的确看出，几乎没有对战争的直接
指挥，大量的是督促各省加紧筹措饷需，做好后勤保障。

那么，在西北沙场上，军情传递又如何呢？往往是采用"飞
章入告"的方式。如《湘军刘总统禀收复库车，进抵拜城、阿克
苏由》和《湘军刘总统禀速复阿克苏、乌什两城由》等重要军情
就是通过这种方式由前敌通告左宗棠的。其实，"飞章入告"是
在关内外旧有塘驿大多废弛而又未全面恢复的情况下采取的权宜
之计。在军费紧张，又无以筹措资金的情况下，左宗棠"不得
已，权商金顺张曜于巴、哈、古城一带各饬所部分段安设马拨驰
递文报，照章给以犒费，俟塘站次第兴复再议停止"②。余虎恩、
黄万鹏于光绪三年十一月三十日夜克复喀什噶尔的消息就是这样
于十二月十九日送达左宗棠的。刘锦棠于同年十一月十七日克复
叶尔羌城的军情也是采取同样方式于当月十九日送达左宗棠的。
其间，分别用了十九天和两天。就当时交通状况看，已是尽了最
大努力；但就军情传递的实际效果看，依然大大落后于战局的需
要。难怪，时任陕西巡抚的谭钟麟会发出"后路防军百数十营，
远者相距三千余里，公牍往来动则两月，仓卒有事，无所禀承"
的慨叹。③

更为严重的是，有些重要军报在传递途中由于种种缘由而丢
失。如吐鲁番克复的情形是于光绪三年三月二十九日据张曜转录
孙金彪和徐占彪所上捷报才送达左宗棠的，而刘锦棠本人的军情
奏报却"无一字见及"。此时，已距收复之日（光绪三年三月十
三日）十六天之久了。④

---

① 奕訢总裁，陈邦瑞总纂：《钦定平定陕甘新疆回匪方略》，光绪二十二年大字铅
印，据北京大学图书馆藏本，第298卷。
② 《左宗棠全集·奏稿》卷48，5页。
③ 《钦定平定陕甘新疆回匪方略》第297卷。
④ 左宗棠著，邓元生校点：《左宗棠全集·札件》，402页，长沙，岳麓书社，1986。

如果说捷报丢失似还无关紧要的话，那么遇到军情紧急之时就会严重影响决策。光绪三年三月初七日，当大军会攻达坂之时，"本拟达坂不克，谭提督、罗道无率军会攻吐鲁番之理，然终以未接该总统禀报，不能措词"，以至于"日盼该总统达坂捷报迄不见到"[1]。而且，这份战报始终未能收到。这种情况还有很多：光绪二年十二月发递乌桓的军情也终未传到，显然是途中遇敌劫持而遗失了。如此重大军报的丢失对于战机的把握，进军策略、战术的运用，各军的协同配合均造成了重大的消极影响，由此而付出的代价或许永远也无法估算清楚，但毫无疑问，一定是西征将士殷殷热血和累累白骨！

正是基于以上缘由，左宗棠对于前敌的指挥也是间接的，"其前路进止机宜已面授总理行营营务处西宁道刘锦棠，令其相机办理，不为遥制"[2]。这样，战争的直接指挥权掌握于以刘锦棠为代表的前敌将领手中，各军的自主灵活性得以体现，而总体协调性则有所降低；左宗棠坐镇大营的主要职责乃是统一筹措、分配、运送军粮和其他军需品，并对战局给予总体的谋划。

可见，当时的通讯方式、通讯效率直接影响了清廷、左宗棠对战争的指挥方式，确定了前方将领在西征过程中的重要作用，也从另一侧面反映了交通运输在整个收复新疆过程中的关键地位。（见图17：平定新疆过程中通讯方式、指挥方式互动示意图）

（五）军粮运输

1. 前敌将士最低饮食需求

粮运问题是西征运输的核心。为了减轻军粮运输的负担，左宗棠对军队数量进行了大规模的裁减。第一次裁军在光绪元年五月，主要是由金顺接统景廉旧部，汰三十余营为十九营，合金顺原部共四十余营。这时，清军在西北集结了一百四十一个营，约

---

[1] 《左宗棠全集·札件》，402 页。
[2] 《钦定平定陕甘新疆回匪方略》卷 298。

六七万人。

其中，张曜所部十四营（后又增至二十五营），按人马实数，每月应支净粮料四十三万六千九百五十斤，其管骡、驼弁夫应支食粮，骡驼应支食料尚不在内。宋庆所部毅军步队十四营，又马队一旗，计马步勇夫九千一百三十六名，随员差弁、丁夫不计，月需净粮料四十九万三千一百斤。[1] 按湘军营制（见图18：湘军一营的编制图）一营官兵五百人，长夫[2]一百八十名计算，刘锦棠湘军马步二十五营（后增至二十九营，包括董福祥等回军数营），合计一万七千余名。徐占彪蜀军马步五营，金运昌皖军马步十营，侯名贵等三营（包括炮营），徐万福三营、范铭一营，易开俊七营，谭上连四营，金顺所部四十余营，还有荣全的部队。[3] 这些军队每年所需的军费开支是惊人的。由于清政府连年内忧外患，积欠的情况也愈加严重。光绪二年，左宗棠再次裁军，将金顺所部由四十余营并为二十营。[4] 这样，西征部队减为一百二三十营。

总人数在变，意味着供给的粮食总额在变，但每个兵弁的伙食标准是固定的。其中，步兵每日每名配给净粮一斤五两，平均每月净需四十五斤；马队一骑，每日需料五斤，草十二斤；骑兵则每日每员支粮两斤。各军饷事，再加上制造添补军需、军装、购买驼只之用，以实饷数按照每人、马平均下来摊算，计每名每年可得三十余两实银。[5]

2. 军粮的采买情况

---

① 《勘定新疆记》卷5，见《回民起义》（四），384 页。
② "长夫"一般不参加战斗，但穿号褂，是营的组成部分。行军担负运输，扎营后又担负挖壕筑墙任务，实际上是现代辎重兵与工兵的雏形。以前，部队往往靠抓夫派夫来进行运输，"长夫"的设立使交通运输有了比较可靠的保证，也符合现代战争的需要。见《左文襄公全集·书牍》卷16，27 页。
③ 《左文襄公在西北》，122 页。
④ 《宫中档光绪朝奏摺》（第1辑），381 页，或参照《光绪朝东华录》，338 页。
⑤ 《勘定新疆记》卷5，见《回民起义》（四），383 页。

清政府多次要求左宗棠"统筹全局，酌核办理关外军食，务当源源远济，以期士饱马腾，毋令停军待哺"①。从清廷发给左宗棠上谕内容的统计分析（见表23：清廷谕旨内容一览表）：

在战争最为关键的同治十三年和光绪元年，有关军需运输问题的专旨一直占到当年所发谕旨总数的第一位，甚至超过了对作战本身态势的关注程度。左宗棠本人更是清楚此中利害，认为"粮、运两事，为西北用兵要着。事之利钝迟速，机括全系于此"②。在同治十三年元月至光绪三年十月他发给清廷的502份奏折中，以粮运为主题的占有96件，比例达到19%，可以说，这个比例是相当之高了。因为在这502件中，有大量关于奖恤、赈济、抚辑、盐政、茶政、关税、厘金、兵变、民族关系、中外交涉、刑案诉讼、科举文教、行政区划的奏折，这些显然与西征无直接关联。所以，如果将这些都一一去除的话，这个比例还会更高，充分反映了粮、运二事的艰辛和左宗棠对此的重视。③

这么大规模的军队进军、作战，所需的粮草数量是非常巨大的。在用兵之初，苦于当地经济萧条，左宗棠开辟了四条异地转运粮食的交通线，采运了大量粮食：

同治十三年奏："自上年（同治十二年）起截止本年八九月新旧订采各色粮共一万万数百万斤，"④ "上年科布多岁收丰稔……是北路采办不患无粮也。"⑤

光绪元年奏："三月杪至五月，运四十万斤至巴里坤，俄粮年内可运古城二百万斤……南路肃局存现粮三万余石，安西局存现粮一百数十万斤，哈密局除张曜各营外，存现粮一百三十万

---

① 《左宗棠全集·奏稿》卷47，4页。
② 《左宗棠全集·奏稿》卷43，68页。
③ 据《左宗棠全集·奏稿六》统计而成。
④ 《左宗棠全集·奏稿六》，111页。
⑤ 同上，121页。

斤。张曜在哈密办屯垦，可收粮数千石。"①

光绪二年奏：截至六月十七日，运储的粮食总量有：运解巴里坤的有七百万斤，而加上甘州、高台、肃州、安西、哈密等采运分局运储之粮达二千数百万斤之多。② 由河西运存安西和哈密的，约一千万斤。由哈密运存古城的，约四百万斤，俄粮运存古城的，约有三百万斤。北路收复后，左宗棠命在古城采粮一千万斤，备运乌鲁木齐；在巴里坤采粮，合归化、包头和宁夏，存足六百万斤。再运粮六百万斤到哈密。吐鲁番收复之后，左宗棠又命在吐鲁番采存九百万斤，一面把后路采存一千万斤，分别从乌鲁木齐和哈密递运到吐鲁番，再节节转运到阿克苏为止。不论是2 480万斤，还是4 000万斤，③ 足供西征大军全军光绪二年8到12个月之用。并且，在条件具备之后，又适时地在新疆大搞军屯和民屯，逐步成为供给前敌的主要粮源。

光绪三年奏：南北路征粮已达二十五万三千一百石，还不失时机地"因粮于敌"。除此之外，还有俄粮一千万斤的到来。

从当时"存粮以足供三个月口食，再从宽准备三个月"的标准看，④ 采粮额已大大超过了左宗棠预定的标准。结合前面提到的将士最低口粮数字看，采买总量并不存在严重短缺——因此，从理论上讲，可足够军中之需。

3. 军粮的运输方式

先前承担军需运输、军情递报的军台、营塘大多在战乱中被毁，剩下的也由于运输压力过大而不堪重负。光绪元年正月十五日，庆春、奎昌在上清廷的奏折中指出了这种窘境："军台供应

---

① 同前注⑤，288 页。
② 中国第一历史档案馆档案：3 全宗 144 目录 7 134 卷第 43 号。
③ 由于运抵新疆的粮食处于不断的"层层转运"之中，故这几项粮食之数并不是当时储粮总数，而只是曾经运输过的粮食数目。关于运粮数，有的认为：1. 截止光绪二年，运存达 4 000 万斤。见《湘军史稿》，465 页；2. 截止光绪二年四月，运存的粮食达 2 400 万斤，见《清代外债史论》，22 页。
④ 《左文襄公在西北》，111 页。

新疆各处军务要差繁重，驼马瘦毙，实难支持。"① 而原本旨在及时补给驼马的新疆屯牧在战乱期间也受到重创。如巴里坤驼厂，原有孳生驼达 8 000 只。同光间，新疆战火蔓延，各地官厂，荡然无存，唯巴里坤守御独完，但城中难民食无所出，"乃宰食东厂马万四千匹，民赖以食"②。既然官驼补给匮乏，也就只好雇佣商驼了。这其中还有一个好处，就是受雇者对自有驼只爱护程度远胜于官方管理人员。为此，还可节约大量由于管理不善造成的运输工具的损耗。

因此，为了扩大运输量，加快运输速度，左宗棠非常重视雇佣商民进行军粮运输。他认为："转运一事，固非藉民力不可。"③并且强调："购驼不如雇驼，办官车不如用民车。"④（口内道路平坦，他主张用骡车），从而形成了此次军粮运输方式上的独特性。

为了保证民驼的正常运输，使他们有利可图，左宗棠积极采取措施保护民驼商人的安全和正当经济利益。

首先，敢于冲破"定制"，制定有利于商民的脚价基准。按照清朝定制，甘肃等处转运军需粮石每百里每石给脚价银二钱，⑤制定的时间康熙五十六年。显然，这种过时的规定与同光之际的西征现实相距甚远。于是，左宗棠耐心说服朝廷之后，对此成例做了大胆修正："关内转解粮饷、军装、军火，官运、民运相辅而行，民运脚价，无论雇用车驼骡马，酌定百斤百里给银四……关外民运百斤百里给脚银五钱。"这是比较符合当时实际的，大大激发了商民的积极性。⑥

---

① 中国第一历史档案馆：3 全宗 165 目录 8 120 卷 41 号，光绪二年闰五月景廉片。
② 钟广生：《新疆志稿》，哈尔滨：中国印刷局印，卷 2，32 页。
③ 《左文襄公全集·书牍》卷 13，12 页。
④ 《左文襄公全集·奏稿》卷 46，22 页。
⑤ 昆冈等修，吴树梅等纂：《大清会典》，光绪二十五年京师官书局大字石印，据北京大学图书馆藏本，卷 55，33 页。
⑥ 《左文襄公在西北》，111 页。

其次，明确对于商驼是雇佣。要按照运量、运效公平交易，而不是以往的派役和拉官差，并对一些地方出现的强迫现象明令禁止。为了消除一些脚户"以拉差为苦，疑阻不前"的情况，三令五申发布军令严禁拉差，并且认为"商驼不通，粮源日塞，乃自困之道"①。对征收脚户所谓"帮公费"的行为，也加以制止。认为这样只会使脚户裹足畏缩，疑惧不前，从大局而言，会妨碍整个粮运形势，因此不予批准。② 为了调动商民积极性，对于购粮款、运脚均尽力立即兑付，若因为"军饷不济，粮价未能豫发，饬局员先给印票，间造粮户花名、银数清册，呈递听候核给清款"③。

在筹措军粮时，左宗棠还注意处理好"军食"与"民食"的关系，他的观点是："要筹军食，必先筹民食，乃为不竭之源，"④坚决反对不顾百姓死活，强行采买的行为。认为："夺民食以饷军，民尽而军食将从何出乎?"⑤ 强调采买时要为地方留足余粮以自食，还应该留足种子。⑥ 在处理官民的纠纷时，本着"大约官与民交涉之件，总须官肯吃亏，但不可太亏"⑦ 的原则来行事。

除此之外，还派遣专门部队防守运道。左宗棠将他们的职责定为：每当克复一城一堡，即于要隘冲道设局防护，以通运道而速文报。⑧ 随着战争形势的发展，还按照地域做了具体划分："自肃州、嘉峪关抵吐鲁番，自吐鲁番、托克逊以抵库车，皆防军也。自库车至阿克苏、巴尔楚克为且防且战之军。自巴尔楚克、

① 《左宗棠全集·札件》，354 页。
② 同上，所谓帮工费，就是凡货驼到目的地后，每只付费一两备买军驼和修补房屋，兴复军台，美其名曰"因公其见"。
③ 中国第一历史档案馆档案：3 全宗 122 目录 6 054 卷第 49 号，光绪元年二月初四日左宗棠片。
④ 《左文襄公全集·书牍》，6 页，卷 14。
⑤ 《左文襄公全集·奏稿》卷 46，39 页。
⑥ 《左宗棠全集·札件》，357 页。
⑦ 《左文襄公全集·书牍》卷 15，14 页。
⑧ 《宫中档光绪朝奏摺》（第 1 辑），379 页。

玛纳斯、巴什以抵喀什噶尔、英吉沙尔则主战之军。"这样，就会"势成首尾，相应数千里，一气卷舒，将士心目中皆有交局洞贯之象"①。各军的职责更加明确，战斗力、运输效率也就会有相应提高。

就这样，一部分军队用于修复关外被毁道路，并对重点路段予以严密防守。同治十三年前后，在从兰州经哈密、古城到楚呼楚的大道上，设置了"一条完整的防护线"②。另一部分军队用于修复关外塘站。在吐鲁番克复后，左宗棠认为："大军均集南路，以后文报日多，现在嵩武军已新设马拨，本大臣爵阁部堂已饬哈密地方文武议增设台站，以通军报，"③ 把军情的过往传递放在十分重要的位置之上。金运昌手下的玛纳斯协副将傅殿魁更是亲自督率勇丁将从昌吉至玛纳斯的各防卡、桥梁、道路一概修补完好。④

而更多的部队则用来防护军需运输线路。比如，巴里坤至古城一带为大军运道，防剿、护运极关紧要。于是，左宗棠派标兵防护，并由徐占彪部拨队再逾盘安驿东扎，并分力量驻扎在望山驿、巴里坤，进行护运工作，⑤ 并且命护运大军专司护运之职责，不得擅自参与其他军事行动。当徐占彪禀请调动用于护防任务的精骑两旗时，左宗棠断然回绝，认为"精骑两旗系派护卫西运道之军，不准同赴前敌；前边批饬在案，不应率意调动……"⑥ 对敢于劫掠的阿古柏军队，严令进行搜剿。特别是巴、古中间乃至济木萨、乌鲁木齐的运道，十分重要，"时有游氛出没，伺间劫掠"，要求"各防营照获搜剿"。⑦ 光绪二年六月，他命令金顺带

① 同前注⑧，717～718 页。
② 《喀什噶尔》，141 页。
③ 《左宗棠全集·札件》，402 页。
④ 同上，430 页
⑤ 同上，382 页。
⑥ 同上，402 页。
⑦ 《左宗棠全集·奏稿》卷 49，45 页。

兵驻扎在木垒河、三个泉等处，由于"北路沙碛辽阔，无险可扼，防不胜防，且东路为大军后路粮运所必经"，故要求该军"认真防探，是贼即击，毋稍疏懈"①。光绪三年六月，又命令金顺将定西营并成两营，振威亦并为两营，然后严密驻扎昌吉、绥来一带防护运道。②

可见，在保障商民运输当中，防军发挥了重要作用。一句话概括就是："护运道以利转馈，余匪以保残黎……治道路以通车驮，浚泉井以便汲饮，栽官树以荫商旅……"③

由于采取了以上措施，出现了"驼户闻风踵至，运道畅通"的局面。商民成为左宗棠军中的主要粮运力量："师行所至，皆有随营商人奔走其后，军中资用多取供之。"④

当时，随军商人之中，以经济实力而言，汉商则依次为燕、晋、湘、鄂、豫、蜀、秦、陇等共八帮，燕帮又分京、津二联（原文如此），各不相属。此外，还有蒙商。其中，以津商、湘商、蒙商人数最多、势力也最为强大。尤其是津商，"蒙霜露，冒锋镝，随大军而西"⑤，使得军中资粮充积，立下了赫赫战功。

当年，左宗棠驻屯新疆之军队营幕，称为"西大营"，故这些跟随西征军队做军运的商民被称为"赶大营"的：

津商。以杨柳青人为最多。当时，由于交通阻塞，去新疆的路途遥远，川资浩繁，所以这些商人只好求亲告友或变卖什物，凑足几两、十几两的资本，先买些妇女用品，如针线、毛巾、鞋袜、小孩玩具之类的小商品，担着一两个小篓，徒步而行，所以当时又称这些人叫"担小篓"的。他们沿途经过各省城镇，边行

① 《宫中档光绪朝奏摺》（第1辑），690～691页。
② 龙盛运：《中国近代史专题研究丛书·湘军志稿》，76～77页，成都，四川人民出版社，1990。
③ 《左宗棠全集·奏稿六》，379页。
④ 林竞：《新疆识略》，22页，乌鲁木齐，天山学会，1918。
⑤ 《新疆识略》，24页。

边售，并随时进货，经半年多跋涉才能到达新疆。这时，他们已用辗转得来之钱购买了粮食和其他军需用品，然后销售给当地驻军。①

蒙商。主要是内蒙古归绥、和林格尔等地的商人。除军粮等军需品外，这些蒙商还经常夹带一些日用商品，有衣料、蔬菜、烟草、药品、瓷器等。后来，一些资金雄厚的人，既从内地贩运商品到新疆，又在商队回转时，运出本地名贵之物。大略说来，这些商品包括：天山南麓八城儿、吐鲁番的紫黑羔及羊毛毯子，哈密所产的西瓜和桃干，古城所产的枸杞等等。②

这些商品虽不比粮食等军需物资直接用作军事补给，但不可否认，多少改善了西征将士的日常生活，也为随营商人带来了丰厚利润，从而使他们有能力为西征军队运来更多的粮食。因此，理所当然应该划入整个战时交通运输的范畴。当时，归化城是驼户比较集中的地方，据三世相传的老驼户沈世德回忆，当年"清兵西进，归化城的粮秣，由转运局在甘守禄的祖父和彭青年的先人（均与沈世德为世代驼户）共同倡导之下，开辟了大西路，征用驼队押运新疆"，至战争结束之时，"彭甘两姓与驼倌温家都由前方统帅上奏清廷，给以三品顶戴，嘉奖其功"③。

如今，我们很难将这些小商小贩与解决西征军需补给的"功臣"联系到一起。但是，历史确曾将如此重任寄托于这些小本小利、默默奔波的寻常百姓身上。

光绪元年四月二十一日，在袁保恒的奏折中，记述了雇佣蒙驼的场景："按程设立三十四台，专司带领道路，另雇蒙驼一千

① 王鑫岗、郭希斋、李墨芳：《天津帮经营西大营贸易概述》，见《天津文史资料选辑》（第24辑），171～188页。
② 阎继璈：《清末走西营经商情况述要》，见《内蒙古文史资料》（第22辑），123～129页。
③ 沈世德口述，贾汉卿整理：《归化城的驼运》，见《内蒙古文史资料》（第12辑），182～183页。

五百只，民驼五百只，分作四段，各以五百驼任选一段，班转递运，每次司运官斛八百石，限四十日运至巴里坤，间二十日由宁（夏）发运一次。"①

其余各省商人也是这样，为了获取经济上的利润，不惜跋涉万里，冒着生命危险来到前敌进行军需转运。对于他们而言，每次只是为了获取每百斤粮食八两至十五两不等的银子，并没有意识到对于整个西征有多大的意义，但作为一个整体，就汇成了一支庞大的运输队伍。可以说，左宗棠正是将他们每个人发财致富的私利与维护祖国主权、领土完整的公义巧妙地结合起来，寓军需于民运，从而基本完成了艰巨的转运使命。

在漫长的戈壁、沙漠之中，进行长途运输显然是不合时宜的。这时，就需要"易长运为短运"。于是，左宗棠在肃州、玉门、安西、马莲井、哈密分别建立仓廒，以备起运军粮之用。还在这些地方建厂店、开井、积草储薪，以备停歇驼骡和更换运输工具之用。这样做的目的，是为了方便来往运输脚力进行修整，减少不必要的人疲、车坏、牲毙之患。比如，由肃州起运至古城，需要"四起四卸"方可最终到达。虽然费用增加不少，但却在很大程度上保证了粮运的安全。②

当时，分起短运的办法是普遍采用的。光绪二年四月，当各路大军次第进至古城时，"刘锦棠饬继进马步各军均就哈密取存粮分起短运，逾天山以抵巴里坤，由巴里坤短运古城，限闰五月底一并取齐候令进止"③，他本人则"自率轻骑赴济木萨金顺行营商定方略，并赴前途，度地势，以便布置屯粮、护运、辘轳转挽事宜。"④

---

① 中国第一历史档案馆档案：3 全宗 144 目录 7 134 卷第 1 号，光绪元年四月二十一日袁保恒片。
② 《左宗棠全集·奏稿》卷 46，34 页，或可参照《勘定新疆记》，381 页。
③ 《宫中档光绪朝奏摺》（第 1 辑），271 页。
④ 同前注③，271 页。

　　此外，他还分别不同路况，用不同的运输工具来运输。南路由甘运肃，由肃运安西，路况较为良好，均使用驼只。这样，有利于充分利用现在运输工具，以节省运费和时间。①

　　当时，在左宗棠调度下的运输工具，如今可以指数的有：凉州和肃州间有大车2 000辆、驴1 500头；安西、哈密、巴里坤、古城间有官驼3 000头、商驼10 000头、大车300辆；古城和乌鲁木齐间有大车500辆、官商驼8 000余头；巴里坤，齐克胜之间有驴1 000头；乌鲁木齐、吐鲁番、哈密间有大车900余辆，驼8 000头；吐鲁番到南疆前敌有大车300余辆，驼8 000头，驼骡1 000头。

　　以上并不是这几个地段常备的运输工具，只是曾经支配过的数目。② 这么多的商民及运输工具结合起来，蕴涵的运输潜力是巨大的。那么，实际效果又如何呢？

　　4. 军粮采运的实际效果

　　非常遗憾的是，前敌将士并未因朝廷和左宗棠的高度重视及其采取的相应措施而吃饱肚子。这种情况，是比较严重的，可从多方的记载中看出［见表24：西征军中军需（主要为军粮）缺乏情形一览表］。

　　1875年（光绪元年）农历4月，金顺率领的首批西征军驻扎在济木萨，因为所存军粮只敷一月之用，就派遣佐领恩泽前往兰州向左宗棠请粮救急。周先檀（金顺幕僚）等人设宴，赋诗壮行。在诗序之中，记载当时"千里溃粮，士有饥色"③ 的惨景。在同年农历11月15日奏折中，金顺还为我们具体勾勒出了缺粮

---

① 《左宗棠全集·奏稿》卷49，4页。
② 《中国古代道路交通史》，589页，又见《左文襄公在西北》，115页。还有的学者统计当时运输工具有：大车5 000辆，驴骡5 500头，骆驼29 000头，见《清史研究集》（第2辑），320页。
③ 钱伯泉选注：《味道轩文钞》，引自中国社会科学院近代史研究所《近代史资料》编辑部：《近代史资料》（第91号），40页。

概况："奴才全军军食除自行屯采供支之外，尚缺二万石，不敷接新，前曾函商阁督左宗棠，得其复书准照数力为筹济。并嘱以运存哈密之粮局多，如营中有驼，假可赴哈驮运。查奴才营驼染灾，陆续倒毙极多，现存可用仅有千只，前敌转运尚且不敷，拨派赴各处买驼委员来函均以缺银不能集事。"① 从这个例子中也可看出，造成军中缺粮的原因多是运输不力，而运输不力大多由缺乏采买费用所致；在西北的实际环境中，即使粮源有了保障，也未必就能解决军队的吃饭问题，愈到了战争后期，这种情况愈成为整个西征交通运输的严重阻碍。

另一处，则有如下记载："（年、月缺失，据史实当为光绪元年）处新定之秋，粮局告匮，其已订买民间者，敦催不缴，市价腾踊，几有断炊之虞。都护万分焦灼，另拣能员，会同镇迪道，请谕乡约，委曲开导，激以大义，乃得零星凑缴，日敷一日。其初百姓犹疑居奇，故意延宕；迨至雪消开拔，筹采裹带，已有将籽种充数者，此在巴（里坤）时拮据之情状也。三月十二日西上，一路荒凉，寂无居民。自抵奇台所属之西集，始渐有景钦使（景廉）屯户；二十六日次古城，都护（刘锦棠）与景钦使连日熟商，进止规画，总不外以储粮为先务，四月一十一日，自古（城）进驻济木萨，都护亲履粮局，勘核储备无多，立传各营，不准虚领一名，务于无可减省之中，力求搏节之法，再四腾挪，距接新约短四十日，不得已派员驰赴北路，买羊搭放，能否敷至新麦登场，尚未可知，此到济木萨后窘迫之情状也。"②

光绪二年正月，文麟禀报：该部本年屯田仅敷一月军食，粮饷两拙，哈密各营月饷积欠甚巨，情形困苦，饥馈堪虞。③ 光绪二年八月，据金顺禀报：该军饷需缺乏，"诚恐缓不济急，军士

① 中国第一历史档案馆：3 全宗 122 目录 6 057 第 114 号，光绪三年十一月十五日金顺片。
② 钱伯泉选注：《味道轩文钞》，见《近代史资料》总第 91 号 42 页。
③ 《左宗棠全集·奏稿六》，374～375 页。

枵腹荷戈"①，请求左宗棠能迅速送解。

光绪三年七月，刘锦棠在攻克托克逊城之后，本拟乘胜进规南路八城，"只因吐鲁番新粮收获需时，哈密、巴里坤东驮转运陈粮难于骤集，正值驼只歇厂，转运艰难无从设法，又地本火州旧壤，夏令炎威灼人，未克急进，拟俟八月初旬凉风渐至，各营粮运销资裹带，当即奖帅师徒，鼓行而西进"②。难怪当时一名前敌将领在给左宗棠的函件中这样写道："后路之饟源益涸，前敌之坐食如林，地濒往水尽山穷，回顾茫茫，乞籴无路，此则可虑也。"③

直到光绪三年九月清军克复喀喇沙尔之后，这种情况才发生了根本性的改观。这是由于："官军自克复喀喇沙尔，以所历均是腴疆，"各城米粮、布匹、银钱及军民所需日用百货的价格与东南各省相似，"且有较之内地市价更为平减者，加以经理，则得民用裕军储，胥有攸赖。"因此，左宗棠断然命令承担主要采运任务的古城、巴里坤、哈密、安西采运局减采停运，并将其余各局分别撤留。④ 这时，离清军收复除伊犁以外的新疆全境已为时不远了。

5. 前敌将士不得足食的深层原因

粮源基本充足，采取的运输方式又很得力，为什么前敌将士仍然不得足食？是统计有误，还是有关史料的记载不真实？其实，只要我们稍加注意就可知道：

以上粮食大都采自新疆境外，集中存储在巴里坤、哈密、古城等少数战略后方。这种情况下，粮源充足和将士能否足食是两码事。只有经过艰辛的转运，将后方存储之粮变为前敌将士口中之粮，二者才能统一。随着战争的深入，前敌将士越走越远，交

---

① 《左宗棠全集·奏稿六》，531 页。
② 《宫中档光绪朝奏摺》（第 1 辑），592 页。
③ 《味道轩文钞》，见《近代史资料》第 91 号，46 页。
④ 《光绪朝东华录》，578 页。

通运输线也愈为漫长。一批粮食经过"层层短运",往往要几卸几起,损耗增加不算,运费也大大提高了。这时,一旦运费接给不上,前敌就会缺粮。可见,运费是否充足是将士能否足食的关键所在。

由于各地运输条件、运输里程长短不同,运费差别比较大。[1]单是驼只和驼户在往返中的食料消耗已是不少,加上脚价,共同构成了高昂的运费。在这种情况下,运费往往高过粮价很多。就拿甘肃而言,"粮食升斗须负戴而行,数百里之程,非车驮莫致,运脚之费每过粮价数倍,且有多过数十倍者"[2]。

那么,军粮运输究竟花费了多少?由于左宗棠日后将粮运运费与其他运费混合报销,故我们只能知道总的军需运费为:7 276 791 601两,约占实际支出的五分之一左右。[3](见表25:左宗棠军中实际支出款项表)在运输费用之中,我们能够认定:粮运运费在其中所占的比重很大。[4]

同治十三年时,大军尚未出关,转运军粮只至陕甘,道路里程相对较近、也较易行走,故运费只有八十二万余两。光绪年间,大军陆续出关,运输里程明显延长,自然环境也较前恶劣许多。这种情况对于除军粮外的其他军需品的运费增加当不甚多——因为这些物品大都不需长途运输,由各军自行采购,其损耗

---

[1] 具体数字见于第一部分"先北后南"一节之中。

[2] 《左宗棠全集·奏稿六》,327 页。

[3] 整个战争中,与交通运输相关的费用除了上述运输费用之外,还要包括以下几项:"采买驼骡置办鞍屉什物养等项花费"(交通工具采办费)、"采办军粮米麦草料价值等银,除转发各营扣回价银外津贴粮价银"(军粮采办费)、"采买制造军装、军火旗帜、号衣、棚帐并洋枪洋炮子药铜冒价银"(其他军需采办费),总额为:12 845 352.9两。

[4] 这里有个设定,即西征人数虽有裁撤、伤亡,但大体变化不大。按楚军营制之规定,军需(含军粮)的供应量为一定值。在同治十三年左宗棠的报销单中,他曾说过:"其牟勇口粮、制造军火、文武员牟薪水、屯垦经费等项均较前案略有加增",可见变化确实不大。(见《左宗棠全集-奏稿》卷55、54 页)同时他又说:"大军远征荒缴,万里转输,致一种而费十种,每粮一石运至军前,积价至数十金,"(同上所引)这就明白无误地道出了运费之庞杂。

花费也比出关前增长不多。故这三年运费平均数二百一十万两中，比出关前多出之一百三十万两当主要是因军粮运输长途跋涉、节节短运、粮价昂贵、自然损耗又大，从而引起脚价大涨所致。

从表 27 中，还可以看出：

（1）总运费比总的采办费本身还在高出二百二十多万两，充分显示了用兵新疆过程中转运之艰辛。

（2）对比同治十三年正月至光绪三年十二月归左宗棠支配款中实额支出费用①34 631 613.91 两可以看出，前者竟占后者的 37.1%。即使对比实际支出费用 45 403 640.16 两，也要占到 23.8%。这就从数字上体现了交通运输在整个平定新疆战争中的核心地位。

更为重要的是，我们还可发现一个重要情况：左宗棠军费开支入不敷出。那么，欠额情况究竟有多严重呢？据左宗棠自己讲，每年归他支配的各省关协饷有八百二十万两，实收额平均只在五百万两左右，而支出却达八百数十万两，欠额竟达三百万两；其他部队还各有军费拨款，但同样积欠严重，比如金顺所部四十余营月饷需要二十二万两，每年实需正饷二百六十余万两。而在光绪二年裁并之前，所得实额不过五十余万两，积欠竟达二百万两以上。②据左宗棠自己讲，至光绪元年时，欠款已积至二千六百余万两。所部除火食、马干、寒衣、单衣外，每年仅发一月满饷，尚须多方设措。③到光绪五年报销时，尚有 10 772 026.25 两的缺口没有填平。而且，这种入不敷出是经常性的，贯穿了整个战争的全过程。（表 26：左宗棠用兵新疆欠款一览表）。

---

① 实际支出费用＝实额支出费用＋历年欠款数额，总数为 45 403 640.16 两。
② 《宫中档光绪朝奏摺》（第 1 辑），380 页。
③ 《左宗棠全集·奏稿六》，327 页。

为此，左宗棠不得不一次次地将饷需不足的情况向清廷上奏（见表 27：左宗棠关于缺饷专摺统计表）。

从这个表中，我们不难看出：在整个进军新疆过程中，一直存在着严重的饷需不足，尤以光绪元年为甚。此后，随着清廷解决力度的加大，及战局的好转，饷需不足的状况呈逐年下降趋势。这个表背后所反映的是：采办费用越来越充足（相对以前而言）。并且，随着就地屯田效果的日益显现，异地采运的费用呈逐年下降的态势。这样，只有到了战争结束之时，困扰西征大军饷需不足的问题才得以根本解决。

总收入的积欠，必然导致支出中的重头戏——运费的严重短缺。加之左宗棠从事军运主要依藉民力，通过现款交易的方式与商民公平来往，故运费短缺就意味着运量相对不足——即使有粮也运不出去，或不能及时运到前敌。同治十三年十一月初三日，在一份奏折中，左宗棠写道："乌、古产粮实本不少……嗣因买驼二千五百只无款停止，仅资蒙台递运，其能到营者不及百分之一，余存乌台、科城半多朽腐。"[①] 光绪元年二月，南路凉、甘、肃、安西新订之粮十九万石，不为不多，因乏现银，收缴尚欠五万余石。[②] 光绪三年三月，"各省协解西征饷银未能足数，致有积欠口粮"[③]。在这种情况下："悬军边塞，转运万里，即各省依时起解尚虞迟滞，何况欠解数月？"[④] 长期下去，就会出现即使后方基地有粮有人，而前敌将士仍然不得足食的奇怪现象。

饷需不足，归根到底是近代中国积贫积弱所致。可见，近代战争不仅是双方军事力量的角逐，更是综合国力的较量。

---

① 《左宗棠全集·奏稿六》，121 页。
② 《左宗棠全集·奏稿六》，168 页。
③ 《左宗棠全集·奏稿六》，429 页。
④ 《左宗棠全集·奏稿六》，634 页。

四、对收复新疆过程中交通运输状况的简要评述

后人在评述历史之时，往往"以成败论英雄"，成功之人，成功之事，总要找出万千条理由来诠释其何以成功，甚至将其中的失误和败笔也笼罩以胜利的光环，反之亦然。因左宗棠收复新疆之役最终取得了成功，故历来对其进行交通建设、组织军运给予了较高的评价：

清廷认为，左宗棠筹兵、筹转运"备历艰辛，卒能谋出万全，肤功迅奏"，[①] 特将其由一等伯晋为二等侯。《续湘军志》一书的作者认为："新疆收功，自以设立台站为首……宗棠督师西征，出关转饷，论其劳烈，亦略师康、乾两朝遗策，得收全功。其时从伊犁各城南至嘉峪关，计程约二万里，羁旅之人一车两马，偶偶独行而无戒心，一入关门，则游匪逸贼不胜其防矣，亦台站之力也。然自鄙夫为之，则长馋，管粮运，竟以长子孙。"

就连英国人包罗杰也在记述当中流露出钦羡之意：他们（清军）"在靠近乌鲁木齐的古城设立了司令部，为保证他们和甘肃之间的交通，已组织了正规的信差来往，武器、后勤补给和人员源源不绝地穿过戈壁流向远征军。"[②]

民国期间，陕西人士宋伯鲁先生在吊祭左宗棠时，曾赋诗一首，其中"万里车书通绝域"[③] 一句充满了对西征交通运输功绩的缅怀。新中国成立之后，率领人民解放军入疆的王震将军也曾深情地说过："解放初，我进军新疆的路线就是当年左公西征过的路线。在那条路上，我还看到当年种的'左公柳'，走那条路，非常艰苦，可以想见，左公当时走，就更艰苦了。"[④]

---

① 《湘军记》，330 页。
② 包罗杰：《阿古柏伯克传》，200 页，北京，商务印书馆，1976。
③ 左焕奎：《左宗棠略传》，117 页，武汉，华中师范大学，1993。
④ 《左宗棠的爱国主义精神在历史上闪光——记王震同志说左宗棠》见 1983 年 10 月 15 日《人民日报》。

　　但是，在当时的新疆，乃至整个西北，落后交通与近代战争的矛盾并未得以根本解决："先北后南""缓进急战"只是一种无奈的选择，军需短缺时常严重干扰战争的进程。由左宗棠主持的西北交通建设，只是对本已落后于世界水平的交通体系的修补。在此过程中，缺乏科学、完整的规划，也缺乏理论上的概括和总结。他赞赏并大量使用洋枪洋炮，却对引进西方电报、火车等新的交通工具加以抵制。[①] 加之当时资金匮乏、风气不开，使得西北的交通建设在他与后任手中并未迅速走上近代化之路，长期处于徘徊之中。

　　与此相反，沙皇俄国则于 1891 年开始修建西伯利亚大铁路、中亚铁路。至 1903 年，已南临喀什、西逼宁远、北界塔城，在新疆的侵略势力大为增强。英属印度之铁路亦自北印度之劳尔向东接展至克什米尔，"边境一旦有警，风驰飙举，朝发夕至，藩篱尽撤，防不胜防"[②]。而且，与我国东部的差距也越拉越大——由于交通落后造成的边疆危机非但没有缓解，反而愈演愈烈。

---

① 左宗棠曾云："……议铜线、铁路信线一事。前年宗棠在福建时，法国美里登即以所请。宗棠面加辩驳，大意即谓安设地方，或妨民间出入，或近田畴，或近坟墓，必非民情所想，民人拆毁，牲畜撞损，必有之事。官司万难禁止。"又曾云："至铁路原因火轮车而设，外国造铁路，抽火车之税，利归国家；我无火车，顾安用此"。见《左文襄公全集·书牍》卷 9，54 页上。

② 《新疆志稿》卷 3，93 页。

第四章 建省时期的新疆交通态势

□ 俄国、英属印度相关铁路开通后，新疆本地及其与内地、京师的交通态势更为严峻，这条经济政治联络线面临前所未有的挑战。

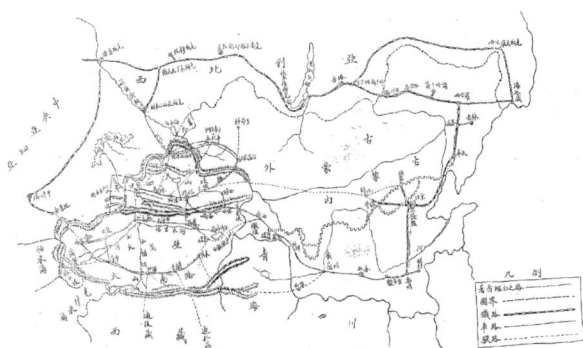

《新疆纪略》中描绘的清末新疆交通态势图

第四章　建省时期的新疆交通态势

一、近代化交通方式的出现

（一）近代邮政的兴起

光绪十年（1884 年），新疆建省，形成了与内地一致的治理模式（见表 28：新疆建省后主要军政官员情况一览表）。长久以来实行的军台、营塘之制已完全不合时宜：它主要用于军事，"便于官不便于民，利在上不利在下也"，这就造成"自建行省以来，燕晋湘鄂之人稍稍奔集往还既众，东南消息时间一通，而山川阻修濡滞犹故也"的情况。①

鸦片战争后，英国率先在香港开办邮局。之后，列强纷纷在中国领土上设立自己的邮局。1878 年，海关总税务司赫德委派天津税务司在北京、天津、烟台、牛庄、上海、九江、镇江等地试办邮政，设立送信官局，由海关兼办，并发行了第一枚大龙邮票。1896 年，清政府正式开办"大清邮政"，赫德兼任总邮政司。②

中国第一个官办、官用的文报局始于 1876 年。1875 年，清政府首次派遣大臣出使美国、西班牙和秘鲁。次年，又派遣大臣

---

① 钟广生：《新疆志稿》，89 页，湖滨补读庐丛刻铅印本，1930。
② 潘志平：《清代新疆的交通和邮传》，见《中国边疆史地研究》，1996（2）。

出使英国和日本。外交上往来的文报，驿站已不能胜任，需借助外国轮船运送，这就要求设立一个专门机构来传递文报，文报局由此产生。上海设有"北洋出使文报总局"，天津设"北洋文报总局"，作为京沪转口枢纽。国家邮政开办后，文报局的邮件有的也交与邮局，按整包重量计费寄送（见表29：新疆各邮局发递程期表）。①

新疆的"客邮"始于19世纪末。当时，俄国中亚铁路、西伯利亚铁路相继修成，铁路线延伸至离中国边境不远的斜米巴拉金斯克、阿拉木图和安集延。俄国借此在迪化、伊犁、塔城、喀什开设客邮，"收受华人函信，取道西伯利亚，阅四十日而达京师。其计时速、取费廉，流寓商民利其便捷，争相输送，岁入邮资十万卢布"②。

新疆近代邮政的创办晚于电信。在近代邮政创设前，英俄在新疆设立邮政机构，收受华人信函。宣统元年（1909年），俄国领事要求在迪化至塔尔巴哈台边疆开设台站快车，进一步谋取邮权以垄断新疆邮政事务。新疆地方官员开始认识到，新疆"非亟谋交通无以保固有之权利，非速兴邮政无以杜日后之觊觎"。宣统元年八月，总税务司派洋员毕德森来新疆筹办邮政。是年年底，迪化总局开办。同时，在吐鲁番、哈密、鄯善、七角井、安西（今甘肃境内）、乌苏、塔城、精河、伊犁设立分局；翌年，又在南疆的焉耆、库车、阿克苏、喀什噶尔、莎车、和阗（和田）设立分局，至此，新疆形成了完备的近代邮政管理体系。其中，东路、东南路和南路与甘肃关内邮政相连，西北路则据民国邮政公会与俄国商定在寄合同借道西伯利亚铁道转输至东三省及京津。邮政章程由北京制定，统设文报局委员，以专负其责。邮信印花由京局颁发，费用、经营完全由新疆地方政府自行筹办。

---

① 孙君毅：《清代邮戳志》，2～3页，北京，中国集邮出版社，1984。
② 《新疆志稿》，84页。

当时主要分布有四条邮路：东路邮程，由哈密入嘉峪关至甘肃，东设古城、哈密、安西三分局；东南路设吐鲁番、鄯善、七角井三分局；北路邮程，伊犁、塔城则援万国邮政公会之例，与俄商订合同，取道西伯利亚铁路入北京；西北路设昌吉、库尔喀喇乌苏、精河、塔城、惠远城五分局；各条邮路仍沿用驿站路。

那么，邮政传递速度及效率如何呢？"以邮电而论，邮政之达北京，至速须四十八日，若包裹，非半年不为功"①。当时，有的地区沿用驿站制度，一人一马，挨站传送邮件，有的地区与商办车店驼帮订立合同，定期传送邮件，按里程付给运费。这种陈旧的邮传方法，因受交通工具的限制，再加设备条件太差，其效率谈不到迅速、准确、安全、方便。例如，1909 年，国内邮路仅通至甘肃、兰州，凡由关内寄至新疆的邮件均交官办驿站转寄，所需费用则由寄件人及收件人负担。同时，新疆邮区已试办日夜兼程快班邮路，由迪化到兰州长达6 600华里，邮差骑马驰行这条邮路，共需时间 33 天，其落后情形可见一斑。②

1912 年，新疆设立邮务管理局，下辖新疆省内各县的邮局十六处，还辖有当地官厅指派专人或商人代办的邮寄代办所二十处。设立初期，在管理局邮务长之下分设十个处：秘书处（专门处理洋文公事）、会计处、内地事务管理处、本地事务管理处、邮件收发处、挂号邮件处、包裹处、汇总处、无法投递邮件处和查验档案处。以上设置，虽具规模，但因当时熟悉邮政业务者甚少，所以各处主要职务都由关内调来资历较高的职员 2、3 人担任，其他处理邮件、财务、营业等具体工作，则在当地招收一些人员接受他们的指挥（见图 19：大清邮政各色书信邮寄资费图）。邮务系统着重办理信函业务（见图 20：清末新疆邮戳样图）。但在使用上，不论平挂信函，绝大部分均系当时官厅利用邮政投递公文，而民间使用者很少。并因当时新疆与关内币制不同，新疆邮资也比其他各省为高，邮标上都加印"限新疆贴用"字样，以示与关内通用的邮标有所区别。

清宣统元年（1909 年）九月，邮传部派外国雇员毕德森来新疆襄办邮务，于当年年底在省城迪化设立邮务总局，归省管辖。邮务章程由邮传部颁布，经费由新疆省自筹，同时在东路和西路设立 9 处邮务分局。宣统二年（1910 年），又在南路设立 6 处邮务分局。上述分局统归邮务总局管理。是年，邮务总局改归邮传部邮政总局管辖。

近代新疆邮电充满殖民色彩。自 1910 年创办至 1933 年，邮务长均为外国人担任。此间，邮政业务范围也逐步有所扩大，宣统元年十二月（1910 年 1 月）开办信函业务，民国 5 年（1916 年）开办包裹业务①。

新疆邮政自 1910 年创建，一直入不敷出，连年亏损。初建时，新疆邮政应交资费由地方政府按原拨驿站费的半数（省票63 000 两），每年拨付邮政，作为协款。② 因业务清淡，收不抵支，经营亏损；裁驿归邮后，邮政业务绝大部分为地方政府利用邮政投递公文，民间使用很少；后又因新疆省币不断贬值，而所拨协款又固定不变，实际政府邮递业务却不断增加，终使新疆邮政不胜负担，亏损逐年增大。③

---

① 《新疆通志·邮电志》，151 页。
② 《新疆通志·邮电志》，666 页。
③ 《新疆通志·邮电志》，669 页

(二) 电报 (线)① 的蓬勃发展

西征过程中，左宗棠对电报、铁路等事业的建立，并没有采取积极支持态度。他于 1879 年致函总理衙门说："铁路、电线，本由泰西商贾竞利起见，各岛族遂用以行军，一似舍此别无制胜之具者。实则生计之赢绌，兵事之利钝，不在乎此。观彼商之近多折阅，各国之互有兴衰，同有铁路电线而其归不同如此，亦可得其大概。"② 正因如此，电报在左宗棠任上并未获得任何发展。

自 1874 年 5 月福州——厦门的陆路电报线和厦门——台湾的海底电报线铺设起，电报线路向四面八方不断延伸。到 1889 年 (光绪十五年)，中国电报线"已东至东三省；南至山东、河南、江苏、浙闽、两广；缘江而上，至皖、鄂入川，以达云南之极边，东与桂边相接，腹地旁推交通，几于无省不有：即隔海之台湾，属国之朝鲜，亦皆遍设"③。

1889 年，李鸿章与陕甘总督杨昌浚又奏准架设陕甘电报线，主张"拟设陕甘电线，将来更可由嘉峪关接至新疆，则东西万里，一律灵通，于地方要务、边防大局均有裨益"④。至 1890 年 (光绪十六年) 冬，陕甘电线竣工，电线西端达到嘉峪关，为新疆电报的创设提供了条件。同年，李鸿章在一份与山西巡抚、陕西巡抚联衔所上的《拟办山陕商线片》中，首次明确地向清政府指出在新疆设立电线的问题。折片中说："杨昌浚拟设陕甘电线，将来便可由嘉峪关接至新疆，则东西万里，一律灵通，于地方要

---

① 近代电报，在相关文献中多称为"电线"，需沿途逐次架设线路，为方便起见，相当一部分与原有道路系统相重合。《辞源正续编合订本》对"交通"的定义是"人之往来，货物之运输，彼此通达无阻之谓也。"晚清时期的新疆，铁路只议未建，而电报 (线) 的全线贯通，对于密切边疆与京师、内地联系，密切新疆各族人民交流发挥了举足轻重的作用。因此，从广义上理解，近代电报 (线) 具有交通线路的一般特征，属于新兴交通方式之一——笔者注。
② 《左文襄公全集》卷 22，20 页。
③ 《李文忠公全集》卷 17，13 页。
④ 《李文忠公全集》卷 66，16 页。

务、边防大局均有裨益。"① 1891 年（光绪十七年）冬，即将上任的新疆巡抚陶模到天津拜会李鸿章，"商接肃州至乌鲁木齐电线"②。陶模在赴新疆就任途中，又在西安与杨昌浚商谈新疆设电报线之事。

1891 年与 1892 年之交，英、俄两国争夺我国新疆的帕米尔地区，西北边防再告危机。同时，清政府与英、俄就帕米尔问题所进行的交涉也在北京、伦敦、莫斯科等地紧张进行。英、俄因在阿富汗和中亚地区设有电报，信息便捷灵道，外交上常能采取主动。而我国新疆尚无电报，道路绵长，军报迟缓，外交上颇感被动。

1892 年 2 月 23 日，李鸿章致电杨昌浚，商议设立新疆电线问题，他提出："应否先令盛道（指津海关道盛宣怀，时为电报局总办——引者）派员匠出关勘路，查度道里、木植情形，约费几何，始能核估具奏。"③ 杨当即复电，指出新疆设电报"势在必行"，并写信给李鸿章筹议办理。杨昌浚认为："新省幅员辽阔，英、俄窥伺帕境，自宜赶设电线，庶几消息灵通。请即饬盛道派员估勘，一面录电咨商陶抚院矣。"④

1892 年 4 月 17 日，杨冒浚、陶模会奏拟设肃州至新疆省城电线，请分筹银两，购办机器。奏折中说："甘肃电线业已竣工。新疆远处边陲，遇有紧要文报，由省城递至肃州转电，动需旬日，关外电线，极应接办。新疆地域辽阔，伊犁、塔尔巴哈台、喀什噶尔，南北相距遥远，一时难以筹设，拟先由肃州接办至新疆省城，伊犁及天山南路等处要件，均由此线打报递关。"⑤ 考虑到由哈密经巴里坤、奇台至乌鲁木齐的道路中经天山，十分险峻

---

① 同前注④，卷 17，16 页。
② 同上，卷 14，1 页
③ 同上。
④ 同上。
⑤ 《海防档·电线》，1 495 页。

崎岖，入冬雪深，巡守不易，因而杨昌浚和陶模主张此条电报线由哈密经吐鲁番以达省城。又鉴于"新疆商务甚少"，这条电线"专为巡防而设"，杨、陶指出："现值库款支拙，就地又无可筹"，故奏请旨饬户部暨总理衙门，筹拨银 10 万两，交由李鸿章派员购办电线、电报、器材，"迅速西来查勘电路，以次安设"，并于甘肃、新疆存四分平余项下各动拨银 5 万两，平分饬各州、厅、县采料（如电杆）备用。以上各项经费如有不敷，再由杨、陶另筹，一并造报。①

这些意见很快得到批准，甘肃、新疆两省将各自划拨的 5 万两白银解交北洋大臣李鸿章。1892 年 9 月、10 月间，由外国购买的电线、电报器材即运抵上海。1892 年底，李、杨、陶又联衔奏上《拟设新疆电线折》。内称：俄使屡赴总署纠缠帕米尔边界之事，语极桀骜，结果如何，尚无把握，"天山南路情形重于北路，境外零星回部此后事变尚多。乌鲁木齐去京八千数百里，喀什噶尔又去乌鲁木齐四千里，文报过迟，即电讯事件，亦往往逾月。若值边情紧急之时，消息不灵，必致事机多误"②。因此应再筹款项，"乘此鸠匠兴工之候，为事半功倍之谋，一气呵成"，展修天山南路电线，由吐鲁番至库车、阿克苏以达喀什噶尔，该线计长 3 800 余里，约估需银 28 万两。③ 李鸿章与总理衙门函商的结果是，这笔经费由总理衙门从出使经费项下提拨应用。④ 上奏得到允许，工程进展迅速，至 1894 年 3 月，该工程竣工。

1893 年起（光绪十九年），新疆正式创办电报，分南北两线，南线自乌鲁木齐经吐鲁番、库车、阿克苏至喀什，北线经乌苏至伊犁、塔城。全线长八千余里，在乌鲁木齐设电报总局，各县设

① 同前注⑤，1 496 页。
② 《李文忠公全集》卷 75，86 页。
③ 同上。
④ 《李文忠公全集》卷 77，21 页。

分局 16 处。①

1893 年 2 月（光绪十九年），李鸿章指示盛宣怀选派工程技术人员"西出长城测量线路，由嘉峪关以达迪化省城"②，这年 7 月，嘉峪关——迪化电报线路即告竣工。③ 10 月 19 日，李鸿章、杨昌浚、陶模再次联衔递上《展设新疆北路电线折》，奏请展设天山北路电线，自省城迪化西向以达伊犁惠远城，"此线接成，则新疆南北两路一气贯注，全局皆灵，更无偏而不举之患，于边防大局深有裨益"④。该线长近 1 500 里，估需经费银 2 万余两，"议定由新疆筹备工料两项"，"就东南两路存剩线料，接续拓展"⑤。

1894 年（光绪二十年）5 月，伊犁将军长庚函商李鸿章，请将北路电线自库尔喀喇乌苏展修至塔尔巴哈台，李即咨商总理衙门，提出：塔城是正副都统和领队大军的驻地，现在新疆南北两路均置电线，"塔城紧接俄疆，常有交涉事件，势须添设电线，俾与伊犁、迪化等处，消息灵通"⑥。这条线路长 900 余里，新疆只能承担购运杆木之费，另外设线所需经费银 4 万两，经李与总理衙门商定仍由总署从出使经费项下拨用。⑦ 1894 年 6 月 24 日，李、杨、陶又联名递上《展造塔城电线片》，清廷立即予以批准。

新疆各级官府为建电报线路做了充分准备，"檄令沿途州县，预储杆木，计里分屯。故经过地方，取材不匮，工程无阻"⑧。至 1895 年 4 月，南北电线一律架设完毕，统计长达 8 000 多里。⑨ 在当时情况下，虽然线路绵长、气候恶劣、条件艰苦，但设线的技

①　《新疆图志》（宣统三年刊本）卷 86，7～12 页。
②　袁大化主持，王树楠、王学曾编撰：《新疆图志》卷 86 道路 8。
③　《海防档·电线·大事记》。
④　《李文忠公全集》卷 77，21 页。
⑤　《海防档·电线》，1 933、1 934 页。
⑥　同上，1 514 页。
⑦　同上，1 517 页。
⑧　《新疆图志》卷 86 道路 8。
⑨　同上。

术人员、民工和有关官员，共同努力，使得"自创议以迄告成，为时仅历两载，而全省贯通，环球消息迩若庭户，新疆交通之机于斯渐辟已"①。

新疆电报线路是由盛宣怀主持的电报总局与新疆地方共同建造的。陶模与盛宣怀商定，"购运线料工匠等事归该总局派员专办，修建总、子局，报房、巡房等工，由新疆分饬各厅州县经理"②。后来，新疆电报线在塔城、伊犁、喀什噶尔三处与俄国电报线相连接，并入了世界电讯网络。

20世纪初，新疆电报进一步延伸。迪化1893年首创电讯事业，1895年设电报总局。③1904年7月14日，新疆巡抚潘效苏奏设迪化至古城（奇台）的电线。该线自迪化北经阜康、孚远（吉木萨尔）以达古城，全线长400里有零，估需经费银2万两以内。④截至1908年，新疆连接京师和全疆主要城镇的有线电报通信体系初步建立，共设有电报总局1个（迪化），分局4个（塔尔巴哈台、喀什噶尔、伊犁、吐鲁番），子局3个（奇台、哈密、温宿），报房9处〔安西（甘肃境内）、焉耆、库车、巴楚、绥来（今玛纳斯）、乌苏、精河、宁远、喀什汉城〕，共计电报局（房）17处，通信线路10 065里⑤。（见表30：1908年新疆电报局所辖线路里程表）。1907年迪化开始经营国际电报。1917年全疆共有26个电报局房。⑥1911年，在科布多办事大臣请求下，又从西路的绥来增建了一条通往阿尔泰的线路，计长1 299华里，同年，又增设了哈密到巴里坤的支线。⑦

---

① 《新疆图志》卷86道路8。
② 《海防档·电线》，1 933页。
③ 《新疆图志》卷86道路8，12页。
④ 《海防档·电线》，2 500页。
⑤ 张大军：《第十四章 新疆之文教与交通》，见《新疆风暴七十年》，2 351页，台北，兰溪出版社有限公司，1980。
⑥ 《新疆近代经济技术开发》，206页。
⑦ 邮电史编辑室：《中国近代邮电史》，124页，北京，人民邮电出版社，1984。

1909 年 4 月 8 日，邮传部在上奏本部 9 年预备立宪应办之事时，提到第 8 年将"试办甘肃电话，试办新疆电话，展设前后藏电线"，而第 9 年将"修订全国铁路敷设法，编定全国铁路轨线图说，展设内外蒙古电线……筹设伊犁至库车电线，大修西北各省电线……"①

1910 年，又从绥来（玛纳斯）展修至当时直属中央管辖的阿尔泰。但是，新疆电报的传输效率非常之低，"由迪化至京亦须一周，甚且转不若邮政之速者。推其原因，盖非尽天然之阻力，实则人事有未逮。"首先，全省电报局员"无一有电报智识者，其嗜鸦片者，十有八九。而以迪化总局长某为最甚"。其次，"地面寥阔，戈壁则狂风猛烈，山沟则冰雪连天，摧折甚易，修复独难，而局员又不讲道德，存局修理之费，大半吞没，每遇摧折，仍不发表，仅将电文交付邮局递送，故常有邮书已到，而电报尚未到者，西人讥为骆驼电，良非无因，此关于地理之阻碍，实则由于当事之腐败"②。

此外，不论邮政也好，电报也罢，都由官府专用，"中国西部地区邮局不为私人（中国人）传递邮件。私人打电报的也很少。……俄国人在邮电通讯方面比中国人方便得多。塔城和伊犁都有俄国的邮电局，办理俄国人的来往邮件。在喀什噶尔是通过俄国领事馆把邮件送到俄国境内最近的邮局。乌鲁木齐领事馆的邮件和私人邮件根据条约由中国当局送到塔城。中国西部地区也有电报局，但中国人很少使用，一方面是由于行政当局不赞同，而主要是中国人很少有快速通讯的必要和习惯"③。可见，管理的僵化和风气不开是导致中国西部地区近代交通长期停滞不前的重要原因（见表 31：清末新疆电信业务经营情况一览表）。

① 《宣统政纪》卷 10，9 页下~10 页上，宣统元年闰二月戊戌，即 1909 年 4 月 8 日。
② 《新疆纪略》，39 页。
③ 《长城外的中国西部地区》，211~212 页。

(三) 对铁路的筹划

新疆建省后，对铁路的修建曾多次进行筹划。1906 年 10 月 30 日（光绪三十二年九月丁未），御史赵炳麟上奏清廷："陕甘、新疆、伊犁亟宜修筑铁路。"[①] 1907 年 6 月 10 日（光绪三十三年四月庚寅），两广总督岑春煊请将全国铁路统筹规划，亦将新疆作为重要部分包括在内："铁路宜统筹全局、预划轨线。请以京师为轨枢，而分东西南北为四大干，以为军路；干各分枝，以为商路，并派员勘明缓急，次第兴修。……以正太至伊犁为西干，……以晋、陕、新、川、滇、青、藏诸轨为西枝……"[②] 在经历了一个由排斥到认可的过程后，清政府开始认识到："铁路为交通大政，利商赈灾，运兵转饷，以及开通风气、振兴实业，胥赖乎此。"[③]

基于此，1907 年，邮传部规定，全国干路关于西北大势，一由洛阳入潼关到西安，走固原抵兰州，西经甘、凉出嘉峪关以达新疆；一由张家口西趋归化至蒙古、科布多以达新疆。[④]

1908 年（光绪三十四年）2 月 19 日，陕甘总督升允代奏宁夏府知府赵惟熙请建西北铁路一折，折中提议"西北铁路拟请分筑干路两条：一由张家口至库伦为东干；一由张家口到绥远城，逾蒙古、过凉州，出关至伊犁为西干。干路既定，拟由太原南经泽潞，接洛潼为一枝；由西安东出潼关，接汴洛为一枝；……由兰州北接凉州干路为一枝；由迪化经天山南路达疏勒府为一枝。"

针对此折，邮传部会奏道："西北路线，关系地利国防，尤须力图建设……该知府所请由张家口至绥运城，逾蒙古、过凉州，出关至伊犁一节，该线中经荒漠，长途旷野，防护需兵，计

① 世续监修，陆润痒总纂：《大清德宗景皇帝实录》卷 564，8 页上、下，光绪三十二年九月丁未，北京，中华书局，1986。
② 《清德宗实录》卷 572，22 页下，光绪三十三年四月庚寅。
③ 同上，卷 592，8 页上～9 页上，光绪三十四年（1908 年 6 月 25 日）。
④ 《新疆志稿》卷 33。

不如由中原以达边要。现更拟仍定为由洛潼、西安出兰州以至伊
犁，借收脉络贯通之效，该知府所拟西安接汴洛一线及兰州至凉
州一线，应即并入办理。其天山南路达疏勒一线，应俟西北路线
筑至迪化时，再行酌量办理。……此外，由西安达兰、凉以出新
疆，路线过长、需款太巨，兴工尚属有待，应由臣部随时会商各
省，另行奏明办理。"①

　　1910 年 12 月 19 日，陕甘总督长庚再提新疆构建铁路一事。
他认为："新疆关系紧要，拟请借款接筑归新铁路。应就归化城
赴新疆商路定为归新路线，其中略可分为七段：由归化至包头
镇，计程三百二十里。该处濒临黄河，上通宁夏，水陆缩毂，商
运甚繁，包头产煤，亦产木料，先尽此段修起，作为始基。自包
头一千一百里至扎克苏吉，作为第二段。又一千三十里至土布
齐，该处附近，即固勒班赛罕，水草丰美，可以屯田；北行可达
库伦，南行可达阿拉善旗之定远营，不难即成市镇，应作为第三
段。又七百八十里至苏吉，作为第四段。又一千二十五里至嘉
会，该处亦有沃壤，可资屯垦，即作为第五段。又九百九十里至
三塘湖，为新疆镇西厅之属境，向有户民种地，出产煤铁，天山
森林亦茂，足供枕木之用，可作为第六段。又九百三十里至新疆
之古城，该处四达冲衢，为商贾荟萃之区，应即作为第七段。由
此西至新疆省城，仅止六站；其北则通科布多、乌里雅苏台；西
北经布伦托海，可达阿勒台山；东接哈密，为嘉峪关驿路；南通
吐鲁番，为入南疆大道，将来添造枝路，皆可以此为中心点。计
自归化至古城，共长六千一百七十里，所经为喀尔喀土谢图汗、
三音诺颜、扎萨克图汗三部之南境，及天山之北路。论者或疑关
外荒寒、养路无费，殊不知铁路经过之处，即人烟趋集之方。于
此兴修，约有五便：草地少石、地质坚实、垫筑之费可省，一
也；道途平直、无高山大岭，不劳开凿，二也；又无洪流巨浸阻

隔，可免建造桥梁，三也；地尽闲旷，不需价购，四也；无绕越城郭庐墓之事，五也。有此五者，路工必可事半功倍。"①

针对他的奏折，邮传部经过会商，认为"铁路性质，约分为二：内地则计懋迁，边地则重征调。臣部前经奏定中国轨线全图，西干自京城历潼关、兰州以至伊犁；北干自京城历张家口、库伦以达恰克图；北枝自库伦抵科布多；西枝自太原历大同，至张家口与北干相接"②。但是，由于经费没有着落，只好作罢。

铁路建设不仅对发展新疆实业有积极意义，对稳固边防也具有重要意义。最后一任新疆巡抚袁大化，曾就筹建新疆铁路专门上书朝廷，从边疆局势及兴铁路对发展实业、巩固国防所起作用的角度，指出在新疆修建铁路的紧迫性。他说，应修陕甘新三省铁路，"直接俄路于布捍"，如此"环球既以此路为枢纽，人货自无不出于其途"，"我之经营甘、新、青、藏四省，朝发夕至，迁民实塞，筹款练兵，自皆操纵裕如"，认为在新疆修筑铁路是保全中国领土、转弱为强的关键。他规划的陕甘新铁路，是自潼关、长安沿渭河而上至渭源、狄道（今临洮），过山至兰州，由兰州渡黄顺沟出北山至古浪境；再至吐鲁番或迪化（今乌鲁木齐），可分两道，或由迪化分支，西至伊犁，南通喀什；或由吐鲁番分途，一出迪化、伊犁，一由焉耆、疏勒以接俄路。③ 他还主张从新政中挪出巨款或从美国借钱修路。但这些建议未被清政府采纳。

此外，在筹建的蒙古铁路三条路线中，有一条为库伊铁路。"此路由东至西，以贯外蒙古……或由库伦经乌里雅苏台以通伊犁，或取道宁夏，以通伊犁"，为此，资政院于1911年1月11日请饬邮传部测量库伊路线，"将应由何处抵达伊犁规划详明，等

① 《宣统政纪》卷45，5页下~10页上，宣统二年十一月戊午。
② 同上，卷7，20页上~25页下，宣统元年正月戊寅。
③ 袁大化：《请借款修通东西铁路以保西域而固全局摺》，王树枏等：《新疆图志》卷106《奏议十六》。

来年开院，再交会议讨论"。后来，由于爆发了辛亥革命，清廷被推翻，此议也就无从落实了。

综上所述，由于种种历史条件之限制，清末颇为热闹的新疆铁路之议并未成为现实，终究只是"纸上谈兵"而已，从而错失了交通运输方式快速近代化的良机，一旦发生变故，中央政府对新疆的治理就会出现岌岌可危的局面。

（四）近代交通运输工具的出现

清朝末年，伊犁开始出现官督民办用做客运的汽车，往返于伊犁与乌鲁木齐之间。当时，不少人有开创新疆近代交通运输的设想，如顾保申请开办新蒙汽车运输，塔城地方当局建议中俄合办台车、汽车联运。阿尔泰地方当局也曾建议兴办额尔齐斯河航运，省府官员曾计划与瑞典商人苏德帮合办迪化至张家口的汽车运输等等。由于当时种种原因，未成事实。①

宣统三年（1911 年），伊犁将军创办羊毛公司，从波兰购进客运汽车两辆，经营惠远和宁远（伊宁）间短途客运业务，由商人沙亦德主持，每日往返十余次，营业颇佳。这是新疆自办现代公路客车运输之始。由于汽车客运与原来马车客运发生竞争，有人就在路上暗埋小刀，刀尖朝上，汽车行驶时，轮胎常被戳破，反映出新旧事物之间的激烈斗争。②

二、建省后对道路交通的建设

（一）交通设施的修治

1. 修复、新设驿站系统

建省之后，新疆巡抚刘锦棠决定裁撤原军台台员，驿卒及识字毛拉：在新疆南北两路设驿站 150 座，每站设驿书 1 名，马夫

---

① 刘德贺：《解放前新疆的交通运输》，见中国人民政协乌鲁木齐委员会编：《乌鲁木齐文史资料》第 6 辑，乌鲁木齐，新疆青年出版社，1983。

② 《新疆建省述略》，150 页。

5 名左右，马 10 匹左右，其驿书共 150 名，马夫共 858 名，马
1 716匹；奏请岁支银两 5.41 万余两，白面54.432万斤，京斗料
2.47 万余石，草料 864.8 万斤；年倒（毙）马按十分之三采
买。[①] 兵部认为开支过巨，议驳。刘锦棠复奏："新疆兵灾以后，
佣食昂贵，碍难一律遵章，请仍就现在情形参酌议量为变通"，
并声明"俟局势大定、元气渐复，再随时酌量核减。"最后议定：
驿书、马夫工食银和驿站日常开支照刘锦棠原奏议。

光绪二十八年（1902 年），新疆巡抚饶应祺奏请增设南路州
县，于是驿站增至 213 座，驿书至 213 名，马夫至 1 066 名，马匹
至2 106匹。除去地方官捐廉和外销项支款的 12 座驿站外，共支
薪粮、工食、料草、油烛、纸张等项银11.3472万两，站价、倒
马价等项银9 941.65两，全年合计支经费 12 万余两。驿站费用对
于财政不能自给的新疆地方政府始终是个沉重的负担。

光绪二十九年（1903 年），新疆巡抚潘效苏仿俄国台车之制
试办站车。所谓台车就是俄国人在西伯利亚境内设置的四轮驿
车。新疆试行站车，每一大驿站由官备车 10 辆，由地方官员负
责主持，沿途驿书负责安排驿车传驿，按站定价。官府公差往
来，政府给价，商民则按站计价。但驿车数量少，配备不齐，不
敷周转。有时，大帮商队用车，后来者被羁 10 余日以至薪尽粮
绝。有时驿役倚势作奸，常在交界换车时，无论风雪暮夜，将乘
客扔下，挥鞭而去。站车行之 3 年，公私亏空、官民交困，不得
不罢止。传统的驿运制度随着清王朝的没落已经山穷水尽。

建省之后，不复军府制，而实行与内地划一的郡县体制，故
而所有塘站一律改驿站，以牧令辖之，前期军台、营塘道路大体
构成后期驿站的主干道、干道和部分支道。与同治以前军台、营
塘系统相比发生了两大变化：一是由军办改官办，二是由以伊犁
为中心的交通体系变为以乌鲁木齐为中心的交通体系（见图 21：

① 《新疆图志》卷82。

新疆全省总图)。

主干道有 3 条:其一,迪化经哈密出星星峡至京师;其二,迪化经库尔喀喇乌苏至伊犁;其三,迪化经托克逊、阿克苏、巴楚至喀什噶尔。干道 4 条:其一,库尔喀喇乌苏至塔尔巴哈台;其二,喀什噶尔至莎车;其三,巴楚至莎车;其四,莎车至和阗。支道 9 条:其一,阿克苏至乌什;其二,阿克苏经扎木台至伊犁;其三,镇西至哈密;其四,镇西至头水接哈密,经古城至迪化主干道;其五,绥来至承化寺(阿勒泰);其六,莎车至蒲犁(塔什库尔干);其七,库尔勒至若羌;其八,和阗至于阗;其九,古城至科布多。

需要说明的是,主干道迪化至哈密有南北两道,其一是迪化经托克逊、吐鲁番、七角井往哈密,是为南道;其二是迪化经古城、头水、七角井往哈密,是为北道。先是南道为主,后随着古城发展,成为仅次于迪化的商贸中心,北道逐渐取代南道地位。

随着古城商贸中心的崛起,头水至七角井间的民间商道——小南路更名中大道,终成主干驿道的一部分,显示出商业贸易活动与交通体系发展的相互影响愈来愈大。沿袭前其军台、营塘的驿道,除个别情况外,大都在原军台、营塘旧址上设驿站,驿站名亦大多沿用军台、营塘旧名。除此之外,新开辟的驿道主要有 6 条:

喀什噶尔至巴楚道。原本荒凉,建省后,此处设驿站,不仅成为正式官道,而且是重要的驿站主干道。此道开辟、兴盛的同时,原巴楚至莎车军台主干道地位骤然下降。光绪二十八年(1902 年)裁撤,宣统元年(1909 年)地方官捐廉复设。

库尔勒至若羌道。光绪二十五年(1899 年)添设,其间有 14 站,大体同现代公路走向一致。

和阗至于阗道。其间等 5 站,在现代公路南侧。

莎车至蒲犁道。光绪二十八年(1902 年)新设。由渠沙驿

（莎车）出 13 站，牙合哎勒克驿（亚喀艾日支）、托严拉克驿
（科克牙）、阿普里克驿（阿尔帕勒克）、开子驿（喀依孜）、八
海驿（八格）、塔希代克驿、七里拱拜驿（其里拱拜孜）、托鲁布
隆驿（吐尔布隆）、塔尔巴什驿，奇恰克驿，申底驿（新迭）、新
化驿（塔尔库尔干）。以上驿站大多在今阿克陶县支皮勒陶乡、
恰尔隆乡境内的崇山峻岭中，至今仍为山间荒野，并无大道。

绥来至承化寺道。光绪三十三年（1907 年）新设。出绥来底
驿、靖远驿，有沙门驿（沙门子）、新渠驿、小拐驿、三岔口驿、
唐朝驿，黄羊泉驿入阿尔泰，经乌纳穆河、库克申仓、和什托罗
盖、乌图布拉克、哈喇托罗盖（黑山头）、木呼尔岱（莫合尔
台）、沙拉呼逊（萨尔胡松）、巴里巴盖至承化寺（阿勒泰）。

古城至科布多道。出古城孚远驿有北道桥驿、黄草湖驿、元
湖驿、鄂伦布拉克（以下入今蒙古国境内）、希伯图台、察罕通
古台、沙斯海台、玉音齐台、达布苏台、博罗浑台、苏济台，科
布多台。这也是连接古城和归化城（呼和浩特）及京师的重要
商道。①

此外，乾嘉年间，清军在伊犁、巴里坤、奇台、木垒、塔
城，吉木萨尔、玛纳斯等地曾设立羊厂、马厂、驼厂，官办牧业
有所发展。同光初期，除巴里坤外，荡然无存。故西征胜利后，
首先恢复巴里坤马政。光绪十一年（1885 年），迪化抚标设牧厂
于南山，伊犁镇标设牧厂于察布查尔。其经费不请于公帑，凡考
核功过及盈虚良驽之数，皆不向部报告，其所繁殖的马匹，交官
厩设邮驿，将士人人乐于尽力，颇著成绩。②

2. 修复、新建道路、桥梁设施

在平定阿古柏之后，伴随着大规模的建省步伐，刘锦棠派人
修治了毁于战火的道路、桥梁和驿站。阿古柏南逃时，多掘水断

---

① 潘志平：《清代新疆的交通和邮传》，载《中国边疆史地研究》，1996（2）。
② 钟兴麒：《新疆建省与社会经济的发展》，载《西域研究》，1994（4）。

桥，使南疆的道路、桥梁遭到严重破坏。进驻喀什噶尔后，刘锦棠即派罗长友、张春发、段伯溪、刘必胜在城南各路修造大小桥梁30多座，平整道路数百里。同知王维国在七克托修桥两座，汤彦和、杨金龙修整了龙口桥、玉代里克各台站之间的桥路。各地台站因战乱，举目荒凉，居民无多。采往公差因无"驻宿公所，多占驻民舍"。① 对此，刘锦棠令各善后局在各站就近盖造官店，供来往公差使用，从而避免了公差对居民的骚扰。"回疆西四城自兴修各项工程以来，闾阎鲜水旱之忧，行旅忘跋涉之苦。转输文报，无虑迟延，田赋税厘渐有起色"②。在将叶尔羌河、喀什噶尔河修复完结后，刘锦棠命人在喀什噶尔城南各条道路上修建大小桥梁30余座，修复道路数百里，又于各台站之间搭造桥梁20余座，将道路一律平整。③

建省之后至清末，各地均有规模不等的道路修治工作：

迪化县。城南达阪城至后沟30里中，有巨岭，险峻非常，车马往来攀岩而上，每年跌毙牲畜无数，行旅视为畏途。巡抚潘效苏派人勘查：傍沟东岸顺流下驶长约20里许，两山夹峙峭壁，悬岩中隔小河一道。苦砌石成垒，架木为桥，较岭路稍为径捷，且无攀路之苦。一面派营兴工，一面由县令易润痒谕令该处农约杨天喜，纠集民夫往助，砍伐树木，暨预备运石车辆，用费甚属不赀，经营数月，始克竣工。④

阜康县。光绪八年知县李时熙修二工河桥。⑤

奇台县。光绪八年，古城满营协领魁庆捐廉创建八旗义塾，

① 刘锦棠：《刘襄勤公奏稿》，光绪二十四年长沙刻本，台北，成文出版社，1968年影印本。
② 同上。
③ 王椒梅：《刘锦棠与新疆建省》，载《西域研究》，1994（3）。
④ 中国社会科学院中国边疆史地研究中心编：《新疆乡土志稿》，7~8页，全国图书文献缩微复制中心，1990。
⑤ 同上，30页。

立惜字社，并疏渠道、平路途、葺桥梁。①

孚远县。县南出路多崎岖，县北路皆平坦，县之东西皆系驿路。其自县治四达道是远近……以全境论，形方而长。罗列二十五渠水源，由南而北距省三百七十里，东西延一百六十里，中有驿路，为东西两路往来所必由，均系坦途，并无崎险。东界奇台，西界阜康，南北袤延二百里，南至冰山麓，道路崎岖，与吐鲁番属地交界，北至北沙窝，地段辽阔，与科布多属地交界，东南行九十里，至泉子街而车道止，又南行二十里至头桥。其路一面依山，一面滨水，每至路穷之处，过一卧桥，如是者五，迂回险隘，人马难行，迳达冰山，系通吐鲁番山路，东北绕至断河，与奇台县交界，道路盘旋，夷险不一。②

古城。东西北三面现有桥梁，车抵色必口止，计桥五座，西抵大泉上，计桥桥梁六座，北抵北道桥止，计桥梁十座，古城内有奎星桥一座，③北路所经皆砂溃，只容驼马，车不能行，其路之远近有冬夏之别，冬因冰雪遍地，能行捷径，夏必绕道寻水。④

昌吉县。其南经水，近则民地，远则戈壁，渺无人烟，随处可通，惟无大道耳。⑤

绥来县。东界抵深沟止，计桥梁 28 座，西界抵双石垒止，计桥梁 19 座，南界抵甘河山止，计桥梁 4 座，北界抵岔山，小计桥梁 5 座。⑥

哈密直隶厅。沁城东南隅四十里名石钟山，傍山峡东行，经河翼过梧桐窝，拜子泉、梧桐大泉、明水等处直达肃州。明水又分支路至安西，此路戈壁沙滩，乏水草，无站户，不通车辆，间

———————

① 同前注④，59 页。
② 同上，50 页。
③ 《新疆乡土志稿》，73 页。
④ 同上，76 页。
⑤ 同上，88 页。
⑥ 同上，139 页。

有行旅。①

宁远县。县令高敬昌越筑城垣、开屯垦、修桥梁、疏渠道……②

阿克苏道。城南瑚玛喇克河，水流散漫，河桥数道，并设渡船济之。③

新平县。新平四野砂渍，道无岐径，水元港汉，人行大路而走，一直千数百里，中无支路，可分可合。④

轮台县。光绪二十八年十一月，署巡检黄世珍以城北三里许，壤地湿低，夏水陡涨，车马阻滞，爰即购木鸠工，建桥一所，名曰："沙寿"，材坚工固。⑤

乌什直隶厅。本境止自万城，车行至温宿，可以车行，其余各处，道路只可骑行，不能车行。⑥

叶城县。城北五十里有提孜拉普河一道，光绪二十三年，县令左昭贻捐廉修水桥十一道，名曰"坎济桥"，光绪二十五年，县令王炳坊捐廉加固。⑦

于阗县。本境南界后藏，东南界青海，皆系大雪山，东界若羌县，系小道；北界库车之沙雅县，沙漠之路，西界洛浦县，系驿站大道。⑧

英吉沙尔厅。四境唯西面多山，旧有土卡伦，崖壑深阻，道路崎岖，极险处，骑牦牛始上；近城俱平旷，无高山大川，可资控扼。⑨

然而，这些经过修治的道路配套设施还是非常简陋的。"村

① 同前注③，263 页。
② 同上，368 页。
③ 同上，447 页。
④ 同上，510 页。
⑤ 同上，519 页。
⑥ 同上，588 页。
⑦ 同上，643 页。
⑧ 同上，731 页。
⑨ 同上，755 页。

庄和村庄之间的距离一般都很远，相离二、三十俄里是常见的事。这些村庄是戈壁滩上名副其实的绿洲……有时，在村庄之间某个泉口或小河旁设有孤零零的旅店，但很少有人投宿，往往给人以伤心惨目、寂寞空旷之感"①。

城镇中的道路状况也令人担忧："一进入中国西部地区的任何一个城镇，你立即就会踏上一条狭窄的街道。根据天气不同，不是尘土飞扬，就是泥泞不堪。……到处都是人，有牛车、有四轮车，有骑马的，有牛驮，驴驮，有时还有骆驼驮。"② 各个城镇内部的道路状况如下：

绥定。（绥定）"新城，由于是新建的，具有某些长处。首先是条条街道笔直，虽然不很宽，但比较干净……老城里面具有一般中国城镇的所有特点和缺陷：街道又窄又脏，主要街道上挤满了人。"③

伊犁。（伊犁）"县城是一座又窄又脏，弯弯曲曲的街巷组成的迷宫。"④（见图22：清末伊犁街市道路情景图）

喀什噶尔。"是一个典型的中亚城市……街道弯曲而狭窄。"⑤

这些道路根本谈不上有什么维护，"毫不夸大地说，几乎没有进行任何工作去维修和养护这些土路，使之保持完好状态。从中国内地至乌鲁木齐，从乌鲁木齐到喀什噶尔、伊犁和塔城的道路称作官道，但即使这些道路，也很少做些什么以保持其勉强可以通行。这种官道只有一些小的路段由公家负责保养，其他路段则完全交给当地居民负责。公家负责的路段由军队管理，靠士兵的劳动来保养。养路工作只限于修理城市附近的桥梁。离城市稍远一些的桥梁都不修缮，更谈不上道路本身了。即使是城市或驻

---

① 《长城外的中国西部地区》，76 页。
② 同上，77 页。
③ 同上，85 页。
④ 同上，86 页。
⑤ 同上，90 页。

军附近的道路也从不修整。如果说军队的养路工作搞得很糟，只是当偶有重要人物来临时，才肯把土路马马虎虎地修修，那么，居民们则是根本不把养路的事放在心上。"①

这样的路况，自然常常误事，就拿种牛痘来说，清末新疆主要城镇都设有牛痘局，但是由于交通不便，内地寄来的牛痘浆日久失效，而且寄来的数量有限，所以主持牛痘局的人就用中国古法种人痘，就是将出过天花人的疮痂，留作痘苗。这种方法往往引起杂症，不太安全。同时，由于风气闭塞，做父母的认为在臂上以小刀划破种痘，小儿必太痛苦，何况种了以后，或因牛痘苗失效而不出，或因人痘苗太厉害而危险，宁可听天由命，不愿到牛痘局去种痘，致使牛痘局徒有虚名，因该症而死亡的频率极高。②

此外，建省时期，新疆还疏浚了大量沟渠和坎儿井，除灌溉农田之用外，也有利于改善交通沿线的水源补给，对于提升运量、提高运输效率起到很大作用（见表32：新疆建省时期天山南北水利成效之总汇表）。

（二）建省后新疆的对内、对外交通

1. 健全军需运输管理机构

刘锦棠将以河西走廊为中介的传统交通线的主要任务概括为转运军饷、军装、军火和粮料。由于哈密地处通往天山南北的交通要道，因此专责上述转运事务的主管机构均设在该地，包括行营粮台、行营军装制办总局以及督促粮运总局。

在哈密以外的地方，于古城设立屯采总局，在其他各地设有采运局。采运局分别设在安西、玉门、敦煌、巴里坤、吉木萨尔、吐鲁番、喀喇萨尔、库尔勒、轮台、库车等处。③各地采运

---

① 同前注①，208 页。
② 《新疆文史资料》第 3 辑，169 页。
③ 《刘襄勤公奏稿》卷 5，53 页下。

局下辖专责柴草采办和储存的柴草局。柴草局分布范围最为广泛，绝大部分配置在各大城镇的中间环节地带，是保证各交通线正常运行的一大保障。

由于受到地理环境，特别是受到水源条件的限制，后来在柴草局之下，于一系列战略要地又分设了若干柴草站。从而进一步增强了柴草供应网点的密度，扩大了柴草供应的储量。其中，哈密境内设立柴草站16处。巴里坤境内设立柴草站5处。吐鲁番境内设立柴草站7处。喀喇莎尔至库车设立柴草站5处。在察尔齐、扎木台、玉尔衮、拜城、赛里木、河色尔各设柴草站一处。

各级交通机构均配备有相应的官员和办事人员。他们享受直接供职作战部队和政权机关的同级官员的待遇。特别应该提及的是，以哈密行营粮台到各地采运局都配备了维吾尔字识以及维吾尔语翻译人员，以沟通维—汉语言和文字。[1]

2. 与京师、内地联系有所加强

清末民初，由北京至新疆迪化分为三道：

（1）经东三省满洲里，乘西伯利亚铁道，3昼夜至伊尔库斯克，又3昼夜至罗夫尼卡拉斯科。换车乘支线向西南行。1日夜至斜米巴拉金斯克。换坐邮政车。6日至塔尔巴哈台（邮车甚少，可雇民间车，日行两站，须12日），由塔尔巴哈台坐四轮车，12日抵迪化，大车需18日。由京抵迪，大约45日至50日之间（出境在满洲里检查，入境在塔尔巴哈台附近苇塘子检查）。

（2）由河南郑州坐海兰铁道至观音堂，换乘轿车，6日抵西安，16日抵兰州，由兰州坐大车，18日至肃州，出嘉峪关、玉门关经安西县，18日抵哈密。由哈密取道天山南麓经古城，约18日可达。（分道在距哈密7站之七个井）由京抵迪化，大约100日至120日之间，兰州以西至新疆境内，均用大车、轿车两种，大车平均日行60里至80里之间，轿车平均日行100里至

---

① 刘志霄：《维吾尔族历史（中编）》，353页，北京，中国社会科学出版社，1996。

120 里之间，沿路人烟稀少，食物困难，出嘉峪关则戈壁无垠，取此路者须在兰州预备粮食暨饮食器具始可前进。

（3）出张家口经归化城，或迳由归化城经包头镇及阿拉善蒙古、扎萨克图汗蒙古至新疆古城，由古城乘四轮台车 2 日抵迪化，大车或轿车需 4 日至 6 日之间。此道多平坦戈壁，无山川阻隔，惟沿途无站宿之处，逐水草而居。常人行者甚少，然商人以骆驼运货，大多取道于此（由北京至迪化大约 75 日至 90 日之间）。

另外，还有奇台到绥远（呼和浩特）的驼路，即所谓大草地；还有奇台经巴里坤至老君庙，再经蒙古国边境而到绥远的小草地；另有由奇台经巴里坤到甘肃明水，再经宁夏而至绥远的海牙马图，或从哈密向东北至明水，再到达绥远的一条驼路，亦称小草地驼路。大草地沿路，水草丰美，适于驼行，小草地沿路多沙漠，水草较少，所以驼运大都走大草地。①

3. 对外交通线路有所萎缩

当时，从中国西部地区的主要城市乌鲁木齐到俄国边境有三条主要道路：一条经塔城，一条经伊犁，一条经喀什噶尔。

到塔城的路经过玛纳斯和西湖，在西湖分路到伊犁。这两条路大车可以通行，在西湖和加依尔山之间有一些驿站。其间道路完全是深深的沙子，马拉起车很费劲。从雅玛图驿站到托里布拉克驿站的一段路程，以大车特别难走而著名。这段路只有当地的大轮马车能走。乌鲁木齐到喀什噶尔的路经过天山、焉耆再向西南，大车都可通行。喀什噶尔交通道路的特点是由该区被一条山岭从三方面所包围这一点决定的。这使这一地区的道路只能驮运，仅有一些不长的路段能通行大车。除此而外，由于气候条件所限，这些道路并非整年均可通行。最宜于商队通行的季节是秋季和冬季的前半段。

---

① 刘德贺：《解放前新疆的交通运输》，见《乌鲁木齐文史资料》第 6 辑。

从俄国运往中国西部地区的商品，一部分是经斜米巴拉金斯克运到塔城和伊犁，另一部分则经过塔什干运往喀什噶尔。具体而言，俄国同中国新疆地区进行贸易的主要起点是费尔干纳地区的奥希（离喀什噶尔375俄里）、谢米列契地区的纳伦（离喀什噶尔296俄里）；普尔热瓦斯克，离阿克苏384俄里。从奥希到喀什噶尔必须通过以下三个山口中的一个，这三个山口是塔尔德克、沙尔特和帖列克达阪。经帖列克达阪的路程最短。这条路只能走驮子，而且特别难走。大坡本身很高（12 700英尺），而且很陡，特别是北坡，要上去是十分困难的。然而，大多数商队还是走这条路。

这样的路况下，骆驼平均一昼夜行程不到15俄里，有时甚至更少，大车就快得多，如果是牛拉，一昼夜可走25至30俄里，用马拉则一昼夜可走35至40俄里。但马车比牛车及骆驼的费用要大些。由于交通上的种种困难，商品运费非常昂贵。例如，从乌鲁木齐到塔城700俄里，1普特商品的运费约为1个卢布，有时还更多一些。从乌鲁木齐到伊犁运费更贵，从塔城到斜米巴拉金斯克每普特40至50戈比，有时还高些，从伊犁到塔什干畜力车的运费为每普特2卢布40戈比。从伊犁到塞米巴拉金斯克为1卢布20戈比或稍多一些。①

由于阿古柏入侵过程中曾程度不同地获得过英俄两国的支持，清军收复天山南部之后，原先以克什米尔为中继的叶尔羌——印度南向交通，以及由喀什噶尔、乌什通往俄国中亚的西向交通遂告停顿。直到1881年2月24日《中俄伊犁条约》在圣彼得堡签订之后，天山南部的西向交通停顿状态才得以改变。稍后，随着条约内容的兑现，清朝在天山南北放宽了对俄国商务活动的限制。但是，由于条约对于货物的集散地点和转运路线有着严格的规定，所以，在起初的一段时间里，西向交通的总体情况

① 《长城外的中国西部地区》，209～211页。

并没有多大之改观。往来于两国之间的商业活动，还不曾引起人们更多的关注。总之，由于政治环境的变迁，这一时期天山南部的涉外交通线，呈现出萎缩态势。

4. 对玉门、阳关两路进行实测

就在西方"学者"、"探险家"纷纷进入我国新疆地区进行"地理"、"科学"考察之际，1889—1890 年之际，新疆巡抚刘锦棠、护理新疆巡抚魏光焘派遣郝永刚、贺焕汀、刘清和三位官员，实地探访并测绘了汉代玉门、阳关两路。此举比斯坦因的实测地图早 30 年。陶葆廉《辛卯侍行记》卷 5 中"汉玉门、阳关路"中做了记载："前任巡抚刘毅斋、护抚魏午庄先后遣郝副将永刚，贺参将焕湘、刘都司清和裹糊探路，各有图记。"

这次勘查的玉门、阳关两路行程皆在 3 000 里以上，中经沙漠与荒无人烟之区，历经两年而完成。他们从敦煌出发，分绘出玉门、阳关两路，即汉丝绸之路南北两道：北道自敦煌北上，经咸泉、大泉、大方盘、小方盘、西湖、清水沟、芦草沟、五棵树、新开泉、甜水泉、沙沟（罗布泊界）、星子山、土山台、野牲泉、咸水泉、蛇山、土山子、沙堆；南道自敦煌向西，经石俄卜、南湖、巴产布拉克、推莫免、胡卢斯太、毛坝、安南坎、野马泉、深沟、雅不冷、野马沟。由于目前只发现了三图中一幅（见图23：敦煌县西北至罗布淖尔南疆之图），所以无法了解到当时探测的全貌。

三、建省时期的人员往来

（一）向新疆发遣遣犯的恢复

由于西北的回民起义和阿古柏的入侵，使得从同治元年至光绪八年（1862—1882 年）21 年中，京师、内地至新疆的道路阻隔，赴新疆的遣戍政策也被迫中断。

同治元年，"现审案内，问拟遣军人犯监禁过多。所有烟瘴改发极边足四千里，并例内本应发极边足四千里充军，及发遣新疆各犯，均暂行改发黑龙江，酌量安插"，同时，由于现审案内拟遣人犯监禁过多，"所有发遣新疆各犯，暂行改发黑龙江，分别种地为奴。俟新疆、甘肃军务告竣，再行照旧发往"①。同治五年又规定："各省应发新疆及改发黑龙江遣犯，系例应发往为奴者，俱改发各省驻防，给官兵为奴，"将一部分应发新疆的遣犯改发各省驻防官兵为奴，以减轻给黑龙江带来的压力。

新疆平定之后，出于实边和恢复社会经济的需要，恢复传统的遣戍制度势在必行。光绪十年，清廷发布上谕"嗣后秋审减等之犯，令同妻室子女，发配新疆，助兴屯政，其车辆口粮，一并由沿途地方官拨护资送。并将罪至军流以上官犯照旧发往，按屯拨给地亩，令其督办开垦……"②

光绪十一年，陕西、甘肃、山西、四川、直隶、山东、河南等七省遣犯1 500人陆续起解新疆。刘锦棠上《遣犯到配安插详细章程摺》，规定择其年力精壮有家室者，由地方官酌量多少、随处安插，交乡约领保，分拨荒地，与平民杂处，同兹作息。由地方官按季查验，以示缜密。对于那些不能种地的人犯，交给配所衙门役使，或者令其从事小贩生意。按照新疆垦地户民例，从优借给农具、牛籽、房屋、食粮等项，分年缴还。并酌量年限，准其入籍为民。这实际上是变相的移民实边。都臣援引遣犯种地当差之例，未经入籍为民，不得比照户民办理。刘锦棠则坚持"非照民屯，难收实效"的观点，并考虑到单身遣犯屯田，难以长久，奏请改为携家带口的遣犯方可起解新疆。按照民屯章程，每两人为1户，拨上地60亩，给农具银6两，修屋银11两，耕牛2头银24两，籽种粮3石。月给口粮麦90斤，盐菜银1两8钱，

① 昆冈等修，李鸿章等纂：《钦定大清会典事例》卷721，光绪二十五年大字石印本，北京大学图书馆藏本。
② 同上，卷746。

自春耕至秋获，按 8 个月计算，籽粮照时价扣定，只需银 73 两有奇，所借公款，初年缴还一半，次年全还，遇歉酌缓。[①] 额粮则自第 3 年始，初年征半，次年全征。每 10 户举一屯长，月给口粮银 2 两，50 户派 1 屯正，月给口粮银 4 两，亦以 8 个月为限，但免扣还。每屯正 5 名，派一委员管理，以资递相铃束。仍 10 户出具连环保结，互相纠察，以免领车陪逃。

刘锦棠在新疆北路安插遣犯 1 000 户，计迪化县 306 户，奇台县 100 户，昌吉县 104 户，阜康县 53 户，绥来县 320 户，济木萨县 66 户、呼图壁 74 户、哈密 45 户，精河 22 户。一时悉安耕作，效果颇好。根据有关资料显示，自新疆于光绪九年设立行省之后，仅至光绪十一年"发往新疆助兴屯田，各省合计不下数千人，再加检同之妻室子女，数已逾万……"[②]

到了光绪末年，随着经济与交通的发展，生活地点的迁移对人们已经不再可惧，基于此，当时很多人认为"流已失惩戒之实"，再加上受到西方国家刑法的影响，于是有人提出了废止流刑的主张。光绪二十七年五月，刘坤一、张之洞上疏，建议应修改以往监狱，附设工艺房，徒、流等犯改为并科罚金与羁禁若干年。宣统二年，清廷颁布了《大清现行刑律》，对流放制度作了较大的修正。根据规定，旧有的笞、杖、徒、流、死五刑改为罚金、徒刑、流刑、遣刑、死刑 5 种刑罚。充军、迁徙取消，充军并入流、遣之中。流刑仍分三等，道里远近一仍其旧。遣刑分为两等：一是极边足 4 000 里及烟瘴地方安置，一是新疆当差。并规定各省要设习艺所，犯人判决流刑、遣刑后，不论发配与否，均收入习艺所，织带编筐。流 2 000 里为 6 年，2 500 里为 8 年，3 000 里为 10 年，遣刑为 12 年，限满释放。[③] 同时还规定官犯凡

---

① 《清朝续文献通考·屯田》卷 16。
② 《大清会典事例》卷七百四十六。
③ 张铁纲：《清代流放制度初探》，载《历史档案》，1989（3）。

应发遣新疆、军台人员，准其一律改发巴藏（今四川甘孜）效力赎罪。

尽管这部刑法中保留了流放制度，但是在《大清新刑律》中、将刑罚分为死刑、无期徒刑、有期徒刑、拘役、罚金、褫夺公权、没收。意味着流放制度在中国法律中的正式废止。但是，这部法律并未来得及实行，清廷就在辛亥革命中覆灭了。可见，直至清末，流放新疆的人员一直没有停止过，其中的犯官更是成为移民实边的重要组成部分，为开发新疆作出了贡献（见表33：1865—1911年间遣戍新疆主要犯官情况一览表）。

（二）大规模移民与新疆的进一步开发

道光六年（1826年），新疆人口仅有110万左右。经过长期战乱，到建省前夕，天山南北"城市邱墟，人烟寂绝"①。居民"荡析离居，存者无几"②；"耕者不及十分之二"③，然而，到了光绪廿八年（1902年），人口已经增长至200.39万，76年中人口净增90.39万增长了82.17%，年平均增长率为10.81%。④1911年2月26日，民政部奏报第二次人口调查的情况时，新疆全省人户共达453 477户，2 162 030人。⑤（见表34：1840—1949年新疆人口统计表，又见表35：新疆各道人口统计表）。

这与清政府采取的一系列鼓励措施是密不可分的。

1. 裁减军队、参加民屯

① 《清军西征后古城、济木萨地方情形》、中国第一历史档案馆藏《朱批奏折民族事务类》卷625。
② 奕訢总裁，陈邦瑞总纂：《钦定平定陕甘新疆回匪方略》卷306，光绪二十二年大字铅印本，北京大学图书馆藏本。
③ 同上，卷319。
④ 《新疆图志·建制一》卷1中所列新疆人口为2 003 931人，卷43和卷44户口所列居住地分类累加结果为2 028 351人，两者相差24 420人；陈延琪在《〈新疆图志〉人口统计数的疑点》一文中，经过核实认为，新疆在清末总人口应为2 017 635人，见《新疆地方志》，1990（2）。
⑤ 陈延琪：《1840—1949年新疆人口的发展变化及其原因初探》，载《西域研究》，1992（1）。

左宗棠收复新疆时，全疆有官兵 6 万多人，经过 1886 年、1904 年、1907 年的三次大裁军，新疆军队只剩下 8 760 名官兵，除少数愿回内地的外，大批就地安置为民。其中，从湘军退伍的湖南、湖北人，在迪化开设手工业作坊，从事铁工、木工、缝纫、土法造纸等行业的生产，为建省后新疆手工业的发展做出了一定的贡献。[①]

2. 兴办蚕桑

在光绪六年时（1880 年），左宗棠就在浙江湖州招徕熟悉蚕务者 60 名，交委员祝应焘管理，令其自带桑秧、蚕种及蚕具前来新疆教民栽桑、按枝、压条、种葚、浴蚕、饲蚕、煮茧、缫丝、织造，自安西州、敦煌、哈密、吐鲁番、库车以至阿克苏，各设局授徒。

在推广新法育蚕于南疆东四城取得成效后，刘锦棠复饬祝应焘赴西四城设局教习。计在阿克苏设立蚕织总局，又于阿克苏、叶尔羌、和阗、英吉沙尔、喀什噶尔、库车、库尔勒、吐鲁番、哈密、敦煌等处设立蚕桑分局，各设司事，酌派工匠，分途教习。光绪三十三年（1907 年），新疆布政使王树楠又谋兴蚕利，由浙江人赵贵华推广先进技艺，鼓动民众养蚕，赵贵华提出发展蚕桑八条意见：设局、度地、考工、栽桑、择种、制器、选丝、程功。由于采取切合实际的蚕桑政策，加之俄英商人竞运茧丝出口，大大促进了蚕丝的出口，据宣统三年（1911 年）调查，和阗辖境内，有桑树 200 万株，岁销英俄二国茧 13.5 万公斤，值银 7 万两，丝约 4 万公斤，值银 72 250 两。莎车岁产茧 1.5 万公斤，叶城岁产茧 5 万余公斤，丝 6 500 余公斤。其他如温宿、库车、沙雅、轮台、焉耆、吐鲁番、哈密，亦有栽桑购种、转相传习者。和阗与其他地方岁产地毯 4～5 千张，输往中亚及印度、阿富汗等处，每张价银 7 两左右，岁收银 3 万多两。所产尺子布，洁白

[①] 王得瑜：《乌鲁木齐的冶铁业》，见《乌鲁木齐文史资料》第 6 辑。

绵密，岁出 20 余万匹，运销内地约 2 万余匹，输往中亚地区 12 万余匹，每匹值银 3 钱 5 分，岁额钜万。

3. 安置赈济流民

刘锦棠在作战的同时，即已开始着手进行"招集流亡"的工作。收复南疆东四城后，又将白彦虎裹胁的难民 10 余万人救出，派人送返原籍。先后送回乌鲁木齐的达 2 700～2 800 人，送回哈密的达 2 500～2 600 人。光绪九年（1883 年），"又收抚流散在伊犁以外的索伦、锡伯、额鲁特人众 4～5 万人。"① 将"土尔扈特南部落难民七千八百余名口，由伊犁、西湖仍归喀喇沙尔珠尔都斯地方游牧，"② 并拨银 4 万两予以赈济。以前，"蒙古各部素畏天花，但闻有患痘者，无论平顺与否，余皆相率避处，纷纷转徙，尽室偕行。"③ 为了解除病害，安辑边民，刘锦棠先后在哈密、巴里坤、昌吉、吐鲁番、喀喇沙尔，库车、阿克苏、乌什、喀什噶尔、英吉沙尔、玛喇巴什、叶尔羌、和阗等地设立了 13 个牛痘局，招募医生一面分段点种牛痘，一面选派维吾尔儿童入局学医，"开局以来全活甚众。"④ 在这些缺水地带，由于自然灌溉不足，需要安排人工灌溉，就是挖渠引水。当这一最困难最重要的工程完成后，往往耕地的准备工作即告结束。这样已经开发的耕地便可移交治移民私人使用。

4. 选派留学生，进行文化交流

新疆与沙俄毗邻，交涉繁多，而精通俄国语言文字并熟悉交涉事务者"究难其选"。伊犁将军马亮曾说："满营办事人员，通晓满、汉、蒙、回文义者，固不乏人，然兼通俄国语言文字，熟悉交涉事务者究难其选"，"若不开通风气，培养才能，诚恐继起

---

① 《钦定平定陕甘新疆回匪方略》卷 316。
② 《刘襄勤公奏稿》卷 3。
③ 同上，卷 6。
④ 同上，卷 6。

无人。"① 为了培养此类人才，从 1903 年起，伊犁将军署每年选派 10 名青少年学生到俄国的阿拉木图去留学。后来，伊犁将军又从满、蒙子弟中挑选了 40 名优秀学生，送入伊犁养正学堂，改读俄文，学制 4 年。同时，迪化的新疆俄文馆也进一步发展扩充，学制定为 5 年，并增开了英语等课程。这些学生后来大多成为新疆从事翻译和外交事务的重要骨干。②

5. 大批商民的到来

光绪初年，左宗棠率军西征，军需供应困难，天津杨柳青货郎随军西进，紧跟军队后面销货，循环不断地来回跟着军队营盘跑，称为"赶大营。"建省后，清地方当局广招商贾，并治邮以通道路，于是关内各省商民蜂拥而至。至清末，内地商人汇集在迪化、古城，按籍贯形成了"八大帮"。

燕帮。为人数最多、资本最雄厚的一帮。又分天津杨柳青人为主的津帮（见表36：津帮八大家一览表）和河北武清人居多的京帮。清末，迪化大十字为中心的东、南、西、北大街和奇台最繁华的大街商站的 70% 以上都由津帮经营。主要的经营有：京津杂货（百货）、布匹绸缎、烟糖茶叶、醋酱点心、干鲜果品、饭馆小吃、蔬菜瓜果等。

晋帮。多为山西太谷富户，资本雄厚，握金融命脉，营内地汇兑。后又广泛经营茶叶、饮食业。

湘帮。由左宗棠、刘锦棠部部分湘兵裁退后从商所致，此外，另有一些湘籍商人赴新经商。他们与新疆地方军政界来往密切，主要经营湘茶、药材。

秦帮和陇帮。人数不多，多为手工艺匠人和小本经营者，迪化城中粮店、典当业多为陕甘籍商人。

蜀帮、豫帮和鄂帮。蜀帮以四川人为主，也包括云南、贵州

① 马亮：《奏陈拟设伊犁养正学堂折》，《宫中档光绪朝奏折》第 17 辑，239 页。
② 潘志平：《清季新疆商业贸易》，载《西域研究》，1995（3）。

籍商人。这些商人人数较少，多为挑担商贩，经营零星日用品，也有以饮食、理发、弹棉、编织、缝纫为业者。

当时，燕帮势力最大，尤以杨柳青人为最，光商号就有一百多家。在乌鲁木齐，天津帮中有所谓"八大家"，系由清廷指定，计有同盛和（周乾义）、聚兴永（萧连弟）、升聚永（周质臣）、永裕德（郑子澄、后为杨维新）、德恒泰（李翰臣、王德云合资）、复泉涌（杨润堂、杨春华兄弟创立，由周义臣顶兑）、公聚成（王锦堂）、忠立祥（王性之）。他们由内地购货运新销售，赚得利润后在新购买沙金、白银运津。这种回款方式名曰"回标"。标期每年分春秋两季办理，将50两一锭的银元宝40锭（共计2 000两）装成1箱，谓之"标箱"，由专人携带，由草地随驼内运。①

除此之外，还有一些商民"走西营"（泛指新疆各繁华地带）。这些走西营的人中，有湖南人、天津人还有山西忻、代、崞、太谷、祁县、文水、交城等地的人，而走西营的人最多的还是内蒙古的归绥、萨、托、丰、陶、和林格尔等县的人，约占十之八九。②

走西营的经商者，经常来往的是新疆的那些人烟稠密、土地肥沃的地方。从到新疆的路线来说，一出呼和浩特北部百灵庙奔古城子、迪化、莫乃斯、北叶儿等地，和从古城子、迪化到伊犁和八城儿，以及从莫乃斯北部到金河、阿太。往西营去的路线，可分为大西路干路和大西路南部支路，以及大西路北部支路（见表37：大西路干路沿线经商情况一览表和表38：大西路南北支路沿线经商情况一览表）。

各地前往新疆经商的人，分别根据所去地需要的货物，按照

---

① 王鑫岗，等：《天津帮经营西大营贸易概述》，见中国人民政治协商会议在津市委员会文史资料研究委员会编：《天津文史资料》第24辑。
② 阎继敖：《清末走西营经商情况述要》，见《内蒙古文史资料》第22辑。

自己的资本，购办各种货物，然后雇用驼户运送。他们一方面代客运货挣取脚力，一方面又用资本在繁华地方开设各种商店自运自销。驼户把代运的货物运到目的地，交给收货商店或货主验收办理应办的手续后，就又找客户承揽回头货或购买自己要办的货品，运回原地。他们所办的货物，有吐鲁番所产的白葡萄、香梨、杏儿、石榴等；库车特产的紫黑羔皮、羊毛毯子；哈密所产的西瓜、桃干、杏干；迪化所产的貂皮、灰鼠皮、狐皮、豹皮、貘皮、马熊皮、马尾；古城子的枸杞；古海子、白塔山等地所产的鹿茸、鹿筋、羚羊角等。

移民从内地迁徙的一般路线是：兰州—肃州—哈密，向北经巴里坤—古城—乌鲁木齐。乌鲁木齐是移民的枢纽，不论去何处，都得在此集中，然后再按地区分配。开始时，许多人就安置在乌鲁木齐附近，但随着移民的增加，该城郊区的可耕地都分配完毕。于是，清政府便把新来的移民向西和西北越来越远的地区遣送，大都安顿在通向伊犁和塔城的北路官道附近。乌鲁木齐的移民分发工作由知县直接掌管。一般先在县衙门问明本人的志愿去处，然后由有关部门派出技术官吏去察看可耕土地。他们按土地优劣分为三等，同时也考虑到承担赋税能力，并决定分配次序，并把这些情况详细记录下来，然后禀报知府，知府再呈报巡抚，最后，由巡抚批准划拨土地。

那么，当时移民实边的到底有多少人口呢？据《新疆图志·民政四》所记载的各地客籍人口统计，全新疆当时有外省人口81 553人，占总人口的4.06%。他们主要集中在北疆一线：哈密4 568人中，外省客居有3 093人，占当地人口的67.7%；奇台外省客居的有8 883人，占当地人口的60.8%；迪化外省客居的有21 611人，点55.49%；绥来外省客居的有5 978人，占38%；绥定外省客居的有4 143人，占39.5%；乌苏外省客居的有1 110人，占28.9%；宁远外省客居的有6 528人，占28.4%。

移民实边政策取得了较好的效果，光绪十三年（1887年），全省南北三道属共有荒熟地11 480 190余亩，除未垦荒地暂未开科外，每年应征本色粮203 629石2斗3升8合2勺，应征本色草13 958 216斤10两2钱8分，应征粮草折色及地课银57 952两1钱6厘2毫1丝7忽。从光绪十三年（1887年）到宣统三年（1911年）的24年间，额粮增加为302 407石，增长率为44%，额草增加为28 272 039斤，增长率为100%还多，粮草折色及地课银增加为90 490两，增长率为56%，人口增至40余万户，200余万人。

由于人口移动，也促进了生产技术和作物品种的交流。新疆农作物品种，有小麦、大麦、玉米、水稻、高粱、青稞、胡麻、山芋、大豆、黄豆等，其中有些品种是由内地引进。吐鲁番棉花生产有了较大增长，年产300万斤，许多客民也竞相艺种。湘军士兵捆栽了一些蔬菜芽，移植天山南北。天津人带来了暖室之法，出现了一批城郊菜民，使得春初之菜，无不应时入市。①

（三）建省前后对外人员交往

1. 穆斯林西向的朝觐活动

这一时期值得记述的西向交通是以天山南部为起点的维吾尔穆斯林赴麦加朝觐的活动。他们"一由喀什噶尔骑马西行，出明瑶卡，五日至爱坎什唐木，再西行，过窝什及费尔干至浩罕，计十日程。再西行十日，至赛满尔罕。由此乘火车向西行，铁路经布噶尔边境，五十七小时至乌孜阿塔。由此登轮船渡克斯辟海，仍西行十八小时至巴库登岸。复换火车西北行十六小时，至贴比里斯。再西行十八小时，至巴托木，有城依黑海口。由此驶轮船西南行九十二小时，至土耳其国都城。由此再西南行，转而东南渡地中海，渐入红海，十三昼夜至土属沮德城，由此登岸东行两

① 钟兴麒：《新疆建省评述》，113页，乌鲁木齐，新疆大学出版社，1993。

日，抵麦加"。

"一由喀什噶尔骑马西北行，出图舒克塔什卡，六日至乌鲁阿提达坂。再北行四日，至俄属纳林河，再西行十九日，至俄属塔什干省城。再自南行五日，至俄属赛满尔罕，再西南行八日，到阿富汗与布哈尔交界之阿母河，舟渡两小时，登南岸。行两日，至阿属玛扎希立普。再东南行十四日，至喀布尔，自此由陆路再东南行，以抵英属印度海滨"。

"一由喀什噶尔骑马西南行，出塔什密里克卡，九日至塔什霍尔干。再西南行七日，至阿富汗属之瓦罕。再西南行七日，至阿属巴达什罕。再西行八日，至阿属喀布尔，再向东微南行十二日，至英吉利所属之披霞洼尔。由此乘火车向东南行七小时，至英属拉火尔，西南行十三小时，至英属大拉符。再西行七十七小时，至奔贝，即印度海滨。自此驶轮船由印度海西南行，转而西北入红海，以抵土耳其之沮德"[1]。

2. 以普尔热瓦尔斯基为代表的各类"考察"再度活跃

伴随着交通线路的恢复，俄国在新疆各地的各类"考察"活动也日渐活跃起来。作为俄国人进入新疆地区"考察"的代表，帝俄总参谋部军官普尔热瓦尔斯基先后进行过四次"中央亚细亚考察"，[2] 搜集了大量重要情报。

就在新疆建省前夕，他于1879年至1880年到中国进行了"第三次中央亚细亚考察"。1879年4月，普尔热瓦尔斯从斋桑出发，进入布伦托海一带，再向东南到巴里坤，越天山，经哈密、安西到达敦煌，并到千佛洞窥探。之后，悍然越过祁边山脉，进入青海柴达木盆地，然后越过布尔汗布达山、可可西里山，直奔长江上源木鲁乌苏河。1879年11月，"考察队翻越唐古拉山口，遭到藏民狙击。他下令开枪，打死打伤藏民多人"。在进入西藏

---

① 见《新疆图志·道路四》卷76，12页下~13页上。
② 前两次考察分别是1870—1873年和1876—1880年。

无望的情况下从原路经唐古拉山口、柴达木盆地前往西宁，并于1880年4月向南沿黄河上游前进，直抵该河支流曲什安河、恰克图河一带；欲到黄河源，但终因山高路难，不明路径，驮畜不济，只行经贵德、青海湖、贺兰山、阿拉善旗北返，于1880年11月10日回到恰克图。

1883年至1885年，普尔热瓦尔斯基到中国进行了"第四次中央亚细亚考察"。在这次行动中，"考察"了黄河源以下的鄂陵湖、札陵湖附近地区、柴达木盆地和罗布泊，并沿塔克拉玛干沙漠南沿系统地测量了阿尔金山脉和昆仑山脉。

之后，沙俄政府又派遣了一系列"考察队"到中国进行"科学考察"。1889年5月，派遣彼甫佐夫从卡腊科尔出发，越过别迭里山口潜入中国境内。他们经阿克苏、喀什噶尔和叶尔羌河谷到叶尔羌城；由此转向东南，经和田、于田、尼雅，沿昆仑山北麓和阿尔金山脉进行详细的侦察和测量，远及阿尔金山南面的牙克库勒库木湖等地，并一度越过昆仑山，到达藏北地区的达什库里湖。由于被藏民力阻，只行折回南疆，取道罗布泊、喀喇沙尔，于1891年1月返回斋桑。在此次考察中，他们在尼雅设立了气象站进行常年观察，还系统地调查了地质、地形、道路、水草分布、从南疆通向西藏和拉达克的通道情况；对南疆的矿藏、采金业、农牧业及商业进行了详细调查。

就在此次"考察"同时，1889年6月，沙俄总参谋部和地理学会还派遣格鲁姆·格尔日马伊洛兄弟到天山东部和祁连山侦察。他们先后到准噶尔盆地、博格多山、吐鲁番盆地和觉罗塔格山脉一带活动。1890年春，他们从新疆东入甘肃，系统地"考察"了祁连山，在途中为清政府所阻后，于1890年7月下旬折回塔尔塔，此后又至敦煌、嘉峪关一带活动。最后，经新疆北部于1890年11月底返回。

此类"考察"活动还有：

1889 年，沙俄总参谋部大尉格罗姆切夫斯基受俄国政府派遣，先后到塔克敦巴什帕米尔、叶尔羌河谷、喇斯库姆河谷、喀喇喀什河谷、和田、塔勒塔得、喀喇昆仑山口、赛图拉、民丰和西藏西北部活动。

1892—1894 年，波塔宁到中国北部和西部进行第四次"考察"。同行者有奥勃鲁夫等。他们分为两路：奥勃鲁切夫着重调查了戈壁、祁连山、天山东段、吐鲁番盆地；波塔宁则向南越过秦岭，进入四川西北部。

1893—1895 年，罗博罗夫斯基、科兹洛夫率"考察队"进入中国西部，先后到达天山东部、大小裕勒都斯、吐鲁番盆地、阿尔金山脉、甘肃北山、祁连山、青海湖、柴达木盆地、积石山等地，等等。

他们对中国的"地理考察"，"是沙俄对华侵略的一个重要组成部分"，他们刺探情报、测绘地形、寻找矿藏、盗窃标本，涉及自然环境和社会生活的方方面面，客观上为我们留下了一批有价值的历史资料。

3. 俄国商民及传教士的到来

伴随着中俄贸易发展而来的还有大批俄国商民的到来。当时，开设在乌鲁木齐贸易圈里较大的洋行一共有八家，其中最大的是塔塔尔人胡赛音、哈桑兄弟的吉祥涌；其次是塔塔尔人伊斯哈克兄弟等的天兴行，乌孜别克人伊敏江、土尔逊巴巴的德盛行，乌孜别克人美尔沙里、拉合满巴依的德和行，还有乌孜别克人满素尔江的吉利行，乌孜别克人塔居斯曼的仁中信行，塔塔尔人孜牙巴依的芝盛行，乌孜别克人阿布特的茂盛行。当年，这些洋行经营的货物以布匹、铁、砖茶、红茶、糖、棉线、石油、纸烟、火柴及其他日用品为主，出口货以牲畜、羊、毛、羊皮、羊肠、棉花、干货、兽皮等为主。① 到 20 世纪初，塔城俄国商民已

① 包尔汉：《新疆五十年》，6～7 页，北京，文史资料出版社，1984。

达 300 余户，3 800 多人，贸易圈因此继续扩展，其面积超过 1883 年条约规定范围的 2 倍多。1907 年，乌鲁木齐的俄商店铺已达 30 多家，人数增至 800 余人。1912 年，全疆共居留俄籍商、民共 11 912 人，其中约 45% 的俄民直接从事商业，约 20% 的俄民从事与商业有关的加工业。①

在来新疆的外国人当中，还有一些传教士。光绪年间，俄国驻伊犁、塔城、迪化各领事馆及英国驻喀什噶尔领事馆内部都设有医官为本馆职员治病。宁远县东梁天主堂比利时人梁萌德神甫为当地天文教教友及市民种牛痘并施诊施药。在光绪三十年（1904 年），瑞典耶稣教传教士在喀什噶尔附近传教，兼设医院，伊宁与喀什都和俄国接壤，通商往来，民间对于西医药不太生疏，所以，当时部分维吾尔族群众就到教会医院去治病或种痘。

四、建省前后的物资流通

（一）解送协饷的艰难与近代金融的诞生

在当时情况下，由内地各省解送协饷显得颇为困难。建省以后，每年由内地专协新疆款项 242 万两，外加伊犁 36 万两，塔城 14 万两，共 292 万两。伊犁将军所属军标和塔城参赞所属参标兵饷以及旗营经费由将军和参赞自行支销，古城旗营军饷和伊塔道属行政经费则仍在协新疆的款内开支。上述协饷，因不直属清廷户部管理，称为"外销款"，在藩属内另设"新饷所"专管此款项。每年由各省陆续拨交陕西藩库，转解甘肃藩库后再由甘肃藩库派员分批押解（后改为转汇）新疆藩司，交新疆藩库拨用。

这些纹银中有：50 两左右一个的元宝，20、30 两左右一个的锞子，以及麦豆小银块。解送时约每千两装入一个高约 6 寸，宽约 7 寸，长约 2 尺的长方形木箱中，钉盖后，另在箱的中腰和

---

① 厉声：《新疆对苏（俄）贸易史（1660—1990）》，38 页。

两头,用宽约寸许、厚约 1、2 分和长约 2 尺余的薄铁条加箍 3 道,并用盖有甘肃藩司印信的封条交叉贴在箱盖和箱身之间,这种木箱叫做银鞘。当时兰州至肃州 18 驿站,肃州至哈密 18 驿站,哈密至迪化 18 驿站,肃州至哈密 18 驿站,哈密至迪化 18 驿站,共计 54 站,约 4 000 余里。长途戈壁中,主要交通工具是四马大车,沿途经过较大市镇时都需休息几天,这样,由兰州到迪化,往往需要 2 月以上,每批解饷约 10 万 ~ 20 万两,需用上述银鞘 30 个左右,大车 10 辆上下。每批解饷以后,由藩台"新饷所"和有关人员会同解饷委员,开鞘过秤,逐一验收。同时,由藩台召集各商号学徒,用和田桑皮纸将该银分包,每包约 100 两,然后收入藩库。

藩库收支的都是现纹银,商号交易、私人银钱往来也都是现银,携带非常不便,找零补尾颇费周折,同时,又有湘平银、库平银之分,折算也颇繁琐。商人售货所入,向京津置货,还须花大价钱包雇驼员,派人押送现银(即走现镖),由蒙古草地日夜奔驰限期(一般为 60 日)运到归化,再转经京津,这就造成资金周转迟缓、金融闭塞的局面。

为解决这种情况,光绪十三年(1887 年)后,新疆巡抚和伊犁将军先后饬属在迪化、惠远城开办官钱局,分别发行每张兑换纹银 1 两或红钱 400 文。以及换兑制钱 1 000 文的兑条,后又发行一钱一枚的铜牌(每 10 枚兑制钱 1 000 文)流通市面。随后,天津杨柳青人在迪化开设的各大商号也先后发行票面兑足红钱 400 文的油布票。

光绪二十年(1894 年)前后,蔚丰厚、天成亨和协同庆三家山西票号陆续来迪化开业。他们汇款每纹银百两收取汇费 1.5 两,放款给商号月息 8 分,存款月息 5 分;私人存款月息 3 分,给私人贷款要有抵押,月息 8 分。同时,他们承办甘肃藩司汇交新疆藩库协饷业务,即"兰号"由甘肃藩库领取协新纹银若干两，由"迪号"如数照交新疆藩库。这样做就了省却了甘肃派员解送现银的费用和时间。另一方面，票号所收各商号汇往内地的现银也有了出路，可谓公私两便。

1901 年前，上述协饷每年尚有余款。之后，新疆摊得庚子赔款 40 万两。各省协新疆款项也不能足额到达，而当时支出日多。巡抚、全省各府、厅、州、县员役薪工每年需 20 余万两，兵饷白银 190 余万两，藩司员役薪工每年约需 2 万两以上；镇迪道兼提法使外支员役薪工每年需 1 万两以上；开办邮政，支付驿站善后各款共约 40 余万两，警察费每年 6 万余两；再加上其他费用，已比原先支出增加了 1 倍，而收入不到 200 万两。致使 1911 年（宣统三年）藩司陈际唐不得不从内地印发纸币267 300多两，以资弥补庞大支出。①

（二）建省后的对俄贸易

1. 建省初期新疆对俄贸易处于不利地位

新疆建立行省后，与俄国的贸易全面展开。与前期相比，建省后俄国在新疆的贸易除条约规定的各种优惠外，还占有以下优势：俄国已垄断了新疆市场。在 60 至 70 年代新疆战乱的 10 多年间，关内道路阻塞，各地物资奇缺，俄商乘虚而入，占有了新疆市场，其贸易规模和范围都远远超出了 1851 年通商条约的规定。俄国货物从沿边伊犁、塔城进入新疆腹地，天山以北实际已变成俄商自由无税贸易区。

与前期相比，建省后新疆对俄贸易商品结构有了很大变化。90 年代，新疆输入俄国的商品中，原种产品占 90% 以上，而俄国输入新疆的商品几乎都是工业品和半工业品，新疆已经变成了俄国工业原料供应者和工业品的销售市场了。与建省前相比，俄国出口新疆货物的品种大大增加了，由原来的织品、精制革、金

---

① 《新疆文史资料》第 3 辑，157 页。

属及金属制品等有限的几类，扩大到 20 多个品种。除了出售一般商品外，俄国还积极组织对华的鸦片贸易。在归还伊犁之前，俄国殖民当局在伊犁鼓励种植鸦片，主要输往中国内地牟取暴利。据 1880 年《土尔克斯坦报》记载：仅在 1874 年，从伊犁输往中国其他地方的鸦片即价值33 235英镑。[①]

新疆对俄国出口项目中，棉织品已完全停止，新增的畜产品品种中，羊毛、活畜、毛皮等总值达 103.46 万卢布，占 1893 年对俄出口额的 37%。建省后，本地茶叶与内地茶叶差价扩大，其价格比外蒙古恰克图地区高一倍，比南方茶叶价格更高。此时，俄国西伯利亚铁路向外贝加尔地区延伸，从新疆出口运往俄国的茶价，比经恰克图或经海路运往俄国的茶价高得多，故新疆茶叶输出锐减：1893 年，茶叶仅占新疆对俄出口总额的 2.1%，价值为 5.7 万卢布。

2. 中俄通商交通线路及相关政策的修订

清军收复天山南路之后，原先以克什米尔为中继的叶尔羌——印度南向交通，以及由喀什噶尔、乌什通往俄国中亚的西向交通，遂告停顿。打破对外交通停顿状态的是《中俄伊犁条约》的签订。1879 年 10 月 2 日，中俄签订《中俄条约十八条》（《里瓦基亚条约》）以及《陆路通商章程》。其中，关于西路通商的规定如下：俄商在中国蒙古和新疆各地自由免税贸易，除伊犁、塔城、喀什噶尔三地前条约已规定者外，哈密、吐鲁番、乌鲁木齐、古城、嘉峪关增设通商领事，建造铺房货栈，开辟自新疆入嘉峪关经西安、汉中至汉口的西路贸易商道。《中俄条约十八条》传到国内，举国一致反对。1880 年 4 月，清政府派曾纪泽赴俄商谈修订事宜。

1881 年 2 月，中俄签订《伊犁条约》和《改订陆路通商章

---

① 兰斯德尔：《俄属中亚细亚》第 1 卷，257 页注，引自《沙俄侵华史（第 3 册）》，236 页。

程》，对中俄通商交通线路作了以下修订：将西路中俄通商路线限制在嘉峪关以外，取消原先西安、汉中两路及汉口字样；对俄国在新疆的通商活动规定如下：第一、准许俄国商民前往伊犁、塔城、喀什噶尔、乌鲁木齐及关外天山南北两路各城贸易、出入贩卖各种货物；贸易方式或现金交易，或以物易物，或以货抵账均可；俄商在新疆各地贸易暂不纳税；准俄商由陆路经嘉峪关往内地运货，入关时享受入口正税（值百抽五）三分之二的优惠。第二，"两国沿边界各百里以内，准双方人民任便贸易，均不纳税"。第三，规定俄商往新疆境内贸易过界卡伦地点如下：塔城所属包括察罕鄂博、布尔噶苏台、哈巴尔乌苏、巴克图；伊犁所属包括喀普他盖（今博乐阿拉山口）、阔（广）克苏山口、霍尔果斯；阿克苏所属包括别迭里山口；喀什噶尔所属包括铁列克提山口，图鲁噶尔特山口，苏约克、伊尔克什塘。第四，准许俄国在伊犁、喀什噶尔、塔城、吐鲁番（后改设乌鲁木齐）四地重设或增设通商领事，建立俄商贸易圈。

3. 俄方通过改善交通条件等措施鼓励对华贸易

19 世纪 90 年代开始，新疆对俄贸易出现某些积极变化，原因如下：首先，1892 年，新疆巡抚陶模将税务总、分各局尽行裁撤，停征华商货税，使新疆成为当时国内唯一的免税贸易省份。其次，随着中国内地与新疆商业往来的不断增强，关内物资、各种生活用品及部分西方列强输入中国东南沿海的商品成批西来，进入新疆市场与俄国商品形成竞争。第三，新疆建省后，各地屯田经济益恢复发展，自给自足的经济形态重新确立。并且，新疆地广人稀，财政长期靠关内各省协饷，市场容量有限。自建省后年年俄货充斥，至 90 年代初社会已无太多的资金承受俄货倾销。这样，自 90 年代开始，新疆与俄国之间贸易额明显下降。1886 年，俄国对伊犁地区的输出额为 170 万卢布，1890 年减少为 100 万卢布，1892 年又减少到 70 万卢布，仅为 1886 年的 41%。

为了改变贸易中出现的不利局面，俄国加快了通往新疆铁路建设的步伐。1894 年，俄国西伯利亚铁路由乌拉尔修至鄂木斯克。随后，两条铁路同时向新疆边境延伸，成为俄属欧洲部分的商品进入新疆市场的捷径，但自铁路终点至中俄边境仍有几百里不等的路途，俄国货物需要要用驼运、畜载，与铁路运输相比费用昂贵。以俄属中亚至喀什噶尔的货物运输为例：俄国欧洲部分的货物经铁路运至奥什（距喀什噶尔 373.5 公里），每普特运费不超过 3.5 卢布。再用马驮从奥什运至喀什噶尔，每马驮（8 普特）运费在 6～17 卢布之间。为了鼓励将商品输入新疆，俄国政府规定奥什到喀什噶尔每运出一马驮货物，发放 24 卢布奖金。此项奖金的来源是从新疆进口的棉织品税收中拨出来的。

新疆中俄贸易往返路途遥远，道路难行，运输工具落后，凡俄商运货，均雇用中方民间车、马、骆驼，运费随季节、供求关系的变化浮动很大，对俄国在新疆贸易的发展多有影响。为了改善运输条件，1900 年前后，俄国组织了"希望"运输公司，先后在伊犁、塔城、乌鲁木齐三地开设了办事处，包揽俄商货物运输，降低运输成本。

俄国货物输入新疆后，首先停留在伊犁、塔城、喀什噶尔各贸易集散地或市场内，然后分销或转运，其程序大致如下：俄商货物在各贸易市场上的俄商店铺直接零售；部分俄商货物由俄商洋行向代售商贩赊贷批发，此类代售商贩多为中国商民，他们定期向洋行赊贷商品，运往边远的城镇坐销，或到农牧区流动推销，到期结算，归还贷款和利息；大部分俄商货物由洋行向设在各地的分店或代办处转运，凡俄商货物输入伊犁、塔城、迪化各城，必先由俄运至伊犁、塔城，然后转运各处。南疆一带必先运至喀什噶尔，再转运各城。[①]

俄国政府采取的上述措施对新疆与俄国的通商产生了深远的

---

① 《新疆外交报告表·商务》，引自《新疆对苏（俄）贸易史》，128 页。

影响，双边贸易额迅速回升。1883 年，新疆对俄贸易总额为 582.86 万卢布，1895 年上升到 759.3 万卢布，1899 年达到 1 109 万卢布，1903 年为 1 456 万卢布。1893 年以前，新疆中俄贸易双方的进口总值和出口总值大致是平衡的。此后，直到第一次世界大战前的 20 多年中，俄国在对新疆的贸易中开始出现入超，而且呈逐年增长的态势。到 20 世纪初，每年入超额已达 100 万卢布以上。在 1896 年 11 月，迪化贸易圈占地 240 亩，只有俄商三四家，商人 200 余人，到清朝末年，有俄商 30 余家，商人 800 余人。[①]

从根本上讲，俄方入超是由于新疆的经济地理条件所决定的。近代新疆孤悬塞外，与内地相隔数千公里，西出嘉峪关后，人烟稀少，多瀚海戈壁，使得东向与中国内地贸易往来的交通条件十分艰难。与此同时，新疆西边与俄国有数千公里共同边界，有大道、铁路直达俄国内地。新疆这些特定的经济地理条件是西部中俄贸易中俄方长期处于入超的主要原因之一。[②]

4. 华商在中俄贸易中的重要作用

19 世纪末，关内经新疆与俄国的直接贸易已基本上停止了。出口货物中，除丝绸、茶叶、瓷器、花椒等几项数额有限的商品外，全部是新疆当地土货。值得注意的是，这一时期新疆华商在对俄国进出口贸易中的作用日益明显。19 世纪末 20 世纪初，本地华商已经具有相当资本实力，主要有：伊犁木沙巴依、铁列巴勒得、尼宰巴依三人，喀什噶尔有克里木、卡山巴依两人，每人资本约在百万两白银上下，为俄商所信任。其余华人中、小商贩往来边境从事对俄贸易者成百上千。据阿克苏道所属乌什厅统计，1908 年 4 月到 12 月经乌什所属关卡出境赴俄国哈喇湖贸易的华商达 101 人。新疆华商贩运出入境货物额相当大，据俄驻乌

---

① 《新疆图志·交涉五》，7 页。
② 《苏中经济关系概要》，120 页，引自《新疆对苏（俄）贸易史》，155 页。

鲁木齐总领事馆统计，乌鲁木齐一地 1905、1906 两年华商贩货到俄国的商品合计 300 万卢布。[①]

　　新疆商界也将部分俄国商品长途贩运到关内，以换取茶叶等项货物。随着俄国西伯利亚铁路和中亚铁路的延伸，俄国对华出口的地理方向发生重大变化，俄国货物开始经铁路运往远东，直接输入中国内地。1895 年，俄国对新疆的出口总额占俄国对华出口总额的 74.5%；到了 1914 年，俄国出口中国的大部分商品都经外贝加尔和黑龙江边境由铁路或沿黑龙江、乌苏里江以及海参崴由海路运往中国，对新疆的出口在俄对华出口总额中的比重下降到 38.4%。输入新疆的俄国货物只在本省消费，转销内地的已非常少见。

　　由于新疆与内地、俄国交通便利程度的不同，20 世纪初，出现了"华茶倒灌"事件。如前所述，到 20 世纪初，俄国西伯利亚铁路已延伸到新疆境外。俄商多从中国中南产茶省份直接采办、加工茶叶，经天津、上海等港口海运输出，或运抵俄国远东港口海参崴，或经苏伊士运河运抵俄黑海港口巴统、克拉斯斯诺沃茨克等地，然后经俄西伯利亚大铁路西运，经高加索、中亚铁路东运至谢米巴拉金斯克和俄属中亚其他地区，其运输比经恰克图或新疆陆路运输费用要低得多。于是，在新俄商利用这一巨额差价，由境外向新疆输入中国内地的茶叶，这就是"华茶倒灌"事件。这一事件的背后，是不同运输方式带来的经济效益的巨大反差，新疆与内地交通的阻隔影响了其与内地的政治、军事关系，也极大地影响了与内地的经济关系。

　　1901 年庚子赔款之后，"入销的外国产品和中国产品都大大减少了"[②]。与此同时，"从中国西部地区运往内地的东西很少，

---

① 　见宣统二年三月十四日《新疆候补同知李晋年关于与俄议约说帖五条》，引自
　　《新疆对苏（俄）贸易史》，145 页。
② 　《长城外的中国西部地区》，169 页。

由于开采和加工工业发展缓慢，也不可能运出更多的东西。按说可以向内地运出一些畜产品或者原料，如像向俄国输出这些东西一样，但此项事业仅有过一个开端，却未得到较大发展。畜产品和原料在国外欧美等地极为重要，但是如果从这里运往，就必须千里迢迢穿过整个中国内地，然后经中国的港口城市转出。而这些货物又都是庞大而笨重的，运输费用过高，以至可能赚得的利润，有很大部分要为此消耗掉了。假如中国的道路不是那么原始，不是靠畜力运输，而是水运或铁路运输，那么输出原料倒是有利可图的"①。尽管这样，新疆还是向内地输出了一些商品，其中，在数量和贸易额上占首位的是棉花，其次是鹿茸，还有干果、玉石和黄金。

此外，当时的对外贸易，除了同俄国的之外，还有南向的向英印领地出口。"同英印领地的贸易几乎全是由英国人和印度人进行的，中国人参加贸易的很少。贸易主要是由喀什噶尔经叶尔羌、和阗这一路线进行的。从印度向中国输入各种棉织品、少量茶叶和其他商品"②。英、德、美等国商人也纷纷在迪化等地开设了洋行。为了与这些"洋行"进行周旋，迪化总商会于1911（宣统三年）4月成立。当时，迪化共有工商业户1 134家（其中商店764家，手工业作坊370家），加入商会的只有97家，第一任会长是"津帮"八大家之一的永裕德经理杨绍周。③

五、近代交通与辛亥革命在新疆

在跟随左宗棠进军新疆的湘军、淮军中，有许多人与哥老会有千丝万缕的联系。哥老会在塔城、伊犁、精河一带均有活动，在新疆辛亥革命起义中，领袖人物徐三泰就曾任哥老会正山主，

① 同前注②，172页。
② 《长城外的中国西部地区》，175页。
③ 咎玉林：《迪化总商会的成立与活动》，见《乌鲁木齐文史资料》第6辑。

杨缵绪为副山主。当时,他们受民主思潮和国内"反清灭洋"的思想影响较大。

1905 年,孙中山先生在日本东京成立了同盟会,提出了"驱除鞑虏、恢复中华、创立民国、平均地权"的革命口号。之后,一批同盟会员进入新疆各地,伊犁是当时一个重要的活动中心。1906 年秋,武昌日知会为清军破坏,时有革命党人冯特民、冯大树等均为重大嫌疑人物,不能久居武汉。冯特民与另一革命党人杨缵绪过往甚为密切。1907 年,伊犁将军长庚调湖北新军一部来伊犁作为练兵基础力量,湖广总督赵尔巽奉命委任杨缵绪负责挑选官兵、组织队伍。杨缵绪挑选的官兵是湖北陆军第八镇的人员,计选有官长、学兵、士兵等 800 名,这些人员编成陆军步队、小炮队、野炮队、工程队。编成后于 1908 年 1 月 7 日从武昌出发,冯特民也被选调其中。同年 7 月 15 日,他们抵达伊犁,长途跋涉了 6 个多月。

随杨缵绪来伊犁的革命党人除冯特民、冯大树外,还有郝可权、李克果、方孝慈、徐叔渊、章泽宏、周献臣、李英、兰少华、万长风、刘岐山、邱玉成、谭钟麟、黄云峰等,行至西安时,李梦彪加入。他们成为伊犁辛亥革命起义的基础力量。[①] 武昌起义后,武汉革命党人曾拍一密电,由上海都督陈其美转俄国,以达冯特民,相约起义响应。当时,冯特民任模范营协统杨缵绪部书记,于是,联络李梦彪运动陕西籍军人,而后又运动湖北籍军人。[②]

在新疆首先爆发的是于 1911 年 12 月 28 日打响的迪化起义。领导这次武装起义的革命党人刘先俊,是在武昌起义胜利后的第 12 天,由湖南路经陕西来到迪化的。[③]

---

① 杨柳风:《伊犁辛亥革命起义始末概述》,见《辛亥革命在各地》,262～265 页。
② 邹鲁:《新疆伊犁举义》,见中国史学会主编:《辛亥革命(七)》,428 页。
③ 陈慧生:《辛亥革命在新疆的胜利和失败》,载《西域研究》,1991(4)。

在整个革命运动之中，电报在双方各自的联络、指挥作战中均发挥了重要作用。

迪化起义被袁大化扑灭之后，他在宣统三年十一月十三日致内阁的电文中，将此次起事情形做了简要陈述："前闻匪首刘先俊等，因内地多事，特来趁此谋乱，人心甚为惶惑。旋据商民禀告，随即拿获伪总统唐小云、伪帮统陈光模等，皆随伪元帅刘先俊约期起事，以左臂白布为记，旗用黄红等色，大书悖逆字样。正在讯办间，初九晚突有匪徒百余人开入城守协营，夺取枪械，裹胁营兵扑犯抚署东营……天曙，一面晓谕，一面炮击，遂缴械受命，分别内胁外匪办结。商民丝毫未扰。匪酋刘先俊、唐小元、陈光模、陈菊芳均拿获正法。地方一律平靖。"

而清廷内阁于次日（宣统三年十一月十四日）就电复袁大化，称赞袁大化平定起义一事"办理甚为迅速，殊堪嘉尚"。

电报运用的迅捷程度在伊犁起义中显得更为明显。在起义后，"广福、贺家栋、杨缵绪等先后电报，则宣布志将军罪状，以为陆军因志久不发饷，又纷纷裁撤，不给川资，人心怨叛，各界同情，及闻志被戕，迎广独立，军士商民，齐呼万岁等语"①。

在宣统三年十一月十九日夜伊犁起义当晚，新疆巡抚袁大化即收到伊犁电生冯作栋的密电，内称："二更后火便大起，炮声不绝，军署及都统、四领队署均烧，余电生一人，火至不能出局"，袁大化在电饬精河参将飞速探报，并派陆军马队一营前往侦探后，将此消息于二十一日电报清廷内阁。而在此前一天（十一月二十日），广福已将该消息电告清廷，距起义仅一日之隔。

清廷在收到袁大化急电后，立即电令袁大化"多派营队驰往救援"，并要求他"一面电商长庚设法陆续接济"。就在十一月二十二日，袁大化又接到伊塔道潘震由俄国转来的电报，再一次证实伊犁发生革命的消息。他一方面"电潘震转告（各国）领事勿

---

① 张开枚：《辛亥新疆伊犁乱事本末》，见《辛亥革命（七）》，431页。

听，"派大兵前去增援，一方面"授意伊犁府贺家栋转致广福，作为旗汉兵互斗……概不追究"，企图分化革命力量，为其进行镇压争取时间。

清廷收到该电文后，于十一月二十三即行回复，并称"该抚所拟办法甚属妥协"，并要求他相机因应，妥为开导。伊犁起义的消息传入清廷除上述渠道外，尚有塔尔巴哈台参赞大臣于十一月二十三日给清廷的电报。在他发现伊犁、塔城十九日电报中断的情况后，立即通过俄国电报询问伊犁的局势，二十一日，从俄方得到了伊犁已经起义的电复。

二十三日，袁大化又将广福协同独立一事通电告知清廷内阁，并认为"广福庸愚，向以伊犁府贺家栋为谋主，杨标（缵绪）为爪牙，此次必为贺杨所愚，借广福为目"，根据此项判断，他"已电陕甘总督长庚、塔尔巴哈台参赞大臣额勒浑请取消独立都督名号"。又"密饬文武各官毋为所惑，调集各军，听候攻讨。"

二十四日，清廷电告长庚、袁大化、额勒浑等，要求他们"如能和平了结固属甚善，倘不服劝导，即著派队驰往，剿抚兼施，以保治安而消反侧"。

与此相对照的是，陕甘总督长庚与伊犁信息不通已久，竟于十一月二十七日（伊犁革命八日之后）还在同清廷讨论伊犁将军的人选问题。"伊犁存亡关系极重，将军员缺请旨迅赐简放，并先派员署理，秉公查办"，真是令人哭笑不得。

在伊犁起义发生后，额勒浑等曾经"专电广福取消独立，大义危言，不惮反覆开导，"袁大化"亦曾数电广福"。当时，由于事关紧急，清廷关于额勒浑先为兼署、后为署理伊犁将军，文琦署理塔尔巴哈台参赞大臣的谕令亦不得不经由电报传送。[①]

新疆的革命党一方，于 1912 年 1 月 8 日 11 时电告南京政府，

①　故宫档案馆：《新疆起义清方档案》，见《辛亥革命（七）》，444～466 页。

并照会俄国领事，电文称："照得敝国民军起义，响应武昌，推倒满清专制政府，改建共和国，系孙逸仙先生领导下整个革命。满清政府与各国所订条约继续有效，民军对于外国人生命财产一律保护。"俄国领事亦复照承认民军。①

围绕战和问题，双方也进行了频繁的电文往来。十一月二十五日，袁大化秉承清廷谕旨电告广福曰："伊事之起，原因略有所闻，志将军本有取祸之道。但事已至此，难以收局，不得不作此重大问题，举公为大都督，亦惧祸之心所迫而成耳。化与额大臣两次电劝，以将军维持边局，乱军概不追究，文武均可照旧，此亦极平极和之办法。来电毫无取消独立之意思，是以不便再请，"并且威胁广福如不取消独立将派军前往征战。

1912 年 1 月 24 日，袁大化接到邮传部发宣统三年十二月二十五日谕旨，内称："清朝皇帝逊位，由内阁总理大臣袁世凯以全权总理。"二十七日，袁世凯电令改巡抚为都督，袁大化电请解职，文曰：西北各省，惟新疆孤悬万里，逼近强邻，汉人极少土著，皆缠回、蒙、哈，各有部落酋长，顽固不堪。处处以静道处之尚恐蠢动，曲为羁縻，庶可稍安。……新疆有失，西北全局不堪复相……化在漠河八年，积受寒毒，腿痛岁常数发。近因军务吃紧常夜不眠，触发旧恙，不能下床，万难支此危局……"②

后来，革命军占领精河时，杨缵绪、冯特民曾向临时政府报告伊犁革命的经过。并请求中央政府劝袁大化毋轻启战端，承认伊犁革命政府。1912 年 2 月 21 日，黎元洪接电后致袁世凯："伊犁我军倡议，九城皆已光复，惟种类甚杂，故依人道主义，推前将军广福为都督以息兵端，新抚极力反对等因，如伊、新战祸一开，关系甚大，恐牵动大局，理合电达恳请转电新抚与伊犁，彼此妥为接洽，免起冲突，大局幸甚。"袁世凯于 2 月 22 日复电

---

① 杨柳风：《辛亥革命起义始末概述》，《辛亥革命在各地》，269 页。
② 同上，435 ~ 436 页。

称："……尊见所虑极是，已电致新抚与前将军广福接洽，务弭战祸，以保大局。"2月23日，黎元洪又电袁大化："北京已宣布共和，南北统一，以增进民国幸福，阁下领袖西北，自不忍涂炭民生，招致外侮。且阁下亦为吾族俊杰，民国初立，尤需人才。问伊犁已数电就商，愿及时有为，以安大局，特此忠告，希即谅察。"① 最终，在南北议和后的6月5日，袁大化辞职，离开迪化东行入关。

可见，由于电报的使用，使得辛亥新疆起义得以迅速发展，并为有关善后事宜的协商解决创造了重要条件。

---

① 同前注②，275 页。

结　语

　　丝绸之路开通有其深厚的自然及人文底蕴。由于历史上丝绸之路沿线及相邻地区，尤其是其发源地——中国中原地区政治、军事形势的不断变化，使得具体道路走向随之发生一些变动。元代之后，丝绸之路的衰微乃至逐步退出历史舞台，也具有历史必然性，与中国古代经济重心逐渐南移、政治重心相应变化等密切相关。

　　晚清以前，新疆的交通运输速度迟缓，损耗惊人。官道主要由军台、营塘、卡伦构成，三者之间互有交叉、但相对独立，形成了不同的道路管理系统。在平定准噶尔及回部后，乾隆帝根据各地自然、人文状况，尤其是交通运输态势的不同，采取差异化的交通运输管理机制，这种交通运输管理机制与军政、民政管理相结合，形成了交通主导、"因俗而治"的治理格局：在交通最为不便的回部，采取羁縻政策，设立各级伯克管理各城事务；在交通运输较为困难的地区实施军事化管理战略，如喀什噶尔、叶尔羌等地设办事大臣，英吉沙尔等地设领队大臣，乌鲁木齐设立都统、副都统；在交通运输较为便利的哈密、吐鲁番，与内、外蒙古同制，仍编旗，置扎萨克，乌鲁木齐以东则设立郡县；以上皆归伊犁将军节制。商道虽然承担了大量的民间人员往来和商贸往来，却处于自然放任状态。

　　艰险的交通环境，大大局限了新疆与内地的政治、经济和文化往来，为维护边疆稳定，清政府积极鼓励人员往来。向新疆发遣"犯官"和有组织移民实边就是具体举措。他们在亲身参与开发新疆的同时，也带来了内地较为先进的文化和技术，对开发新疆、促进文化融合作出了独特贡献。与此同时，也有一批俄国"学者""探险家"来到新疆，伺机进行地理勘察、刺探情报。

　　清代中期以后，由于国家统一，交通线路全面恢复，新疆与内地政治、经济、文化联系日益紧密。以丝绸的官方贸易为代表的商品交换得到了进一步的发展。为了维持清政府在新疆人数众多的驻军及其眷属的日常所用，还每年由内地调运来大批的军需物资。此外，鸦片贸易也在新疆境内呈泛滥态势。

　　这一时期，新疆与俄罗斯的商贸往来构成了其境外商贸交往的重点。俄商运入新疆的货物主要有皮革、呢子、棉纺织品、毛织品、毛皮、铜铁制品及日用杂品；新疆输出的主要货物是绸缎、茶叶、大布及杂品。1850 年以后，中俄之间签订了《伊犁塔尔巴哈台通商章程》等一系列条约，物资流通进一步扩大。

　　由于民族、宗教问题相互缠绕，加之和内地、京师交通不便，清政府鞭长莫及，遂使 1864 年爆发的反清大起义一发而不可收。1865 年 1 月，浩罕国的阿古柏趁机侵入，建立了所谓"哲德沙尔汗国"。至 1867 年，除东部哈密、巴里坤及北部塔尔巴哈台之外，清政府在新疆统治接近瓦解。

　　"塞防""海防"之争的实质，是清政府经略边疆重心、战略之争。在经过反复权衡后，清政府下令西征新疆，并妥善解决了指挥集团的交通运输之争，确定了以左宗棠为首的军需转运系统和军事指挥系统。当时，进口了大量外国先进军事装备，这使得西征之役具备了近代战争的一些基本特征。为了解决其与落后交通之间的尖锐矛盾，左宗棠克服朝野上下的重重阻力，竭力营造、利用有利的国际环境，制定了"先北后南"、"缓进急战"的战略方针，开展了大规模的交通建设，组建了统一的转运机构，抽调重兵防护军需运输线路。为了完成庞大的军械、军火、军饷、军装、军粮运输任务，他敢于突破清政府用兵新疆所谓"定制"，主要靠借用民力、采买部分俄国军需用品来从容应对，那些"赶大营"的内地商民为西征做出了巨大贡献。军事统帅成了军需官，本为军事行动辅助的交通运输成了此次战争的中心环节。当时的通讯方式、通讯效率直接影响了清廷、左宗棠对战争的指挥方式，确定了前方将领在西征过程中的重要作用，也从另一侧面反映了交通运输在整个收复新疆过程中的关键地位。

尽管西征取得了最后胜利。然而，客观分析可知，军需短缺时常严重干扰战争进程。由左宗棠主持的西北交通建设，只是对本已落后于世界水平的交通体系的修补。在此过程中，缺乏科学、完整的规划，也缺乏理论上的概括和总结。他赞赏并大量使用洋枪洋炮，却对引进西方电报、火车等新的交通工具加以抵制。与此相反，沙皇俄国则于1891年开始修建西伯利亚大铁路、中亚铁路。至1903年，已南临喀什、西逼宁远、北界塔城，在新疆的侵略势力大为增强。英属印度之铁路亦自北印度之劳尔向东接展至克什米尔——这样，由于交通落后造成的边疆危机非但没有缓解，反而愈演愈烈。

光绪十年（1884年），新疆建省，全面废除"因俗而治"的军府制度，治理模式开始全面参照内地诸省，这在一定程度上有利于交通运输等民生事业的发展。刘锦棠主政其间，开展了大规模的交通建设，修复、新设了驿站系统，修复、新建了道路、桥梁设施，健全了军需运输管理机构，与京师、内地联系有所加强，对外交通线路则有所萎缩。当时，清政府恢复了向新疆发遣"犯官"的制度，裁撤军队、充实民屯，安置赈济流民，还选派留学生进行文化交流，跟随左宗棠而来的"八大帮"成为新疆商民的主体。同时，近代邮政逐步兴起，电报有了蓬勃发展，对铁路也曾进行过筹划，在部分地区还出现了少量近代交通运输工具。

这一时期的对外人员交往也比较活跃，有穆斯林西向的朝觐活动，以普尔热瓦尔斯基为代表的各类"考察"再度活跃，伴随着中俄贸易发展而来的还有俄国商民、传教士的到来。在物资流通方面，伴随着解送协饷的艰难，近代金融诞生了。建省初期新疆对俄贸易处于不利地位，之后，中俄通过签订《伊犁条约》等条约，贸易规模愈加扩大。

自 19 世纪 90 年代开始，由于屯田等因素，新疆对俄贸易出现某些积极变化。为了改变贸易中出现的不利局面，俄国加快了通往新疆铁路建设的步伐，随后，俄方入超成为常态。这是由当地经济地理条件决定的：新疆东向与祖国内地贸易往来的交通条件十分艰难；相反，新疆西边与俄国有数千公里共同边界，有大道、铁路直达俄国内地。20 世纪初，竟然出现了"华茶倒灌"事件。这一事件的背后，是不同运输方式带来的经济效益的巨大反差，新疆与内地交通的阻隔影响了其与内地的政治、军事和经济联系。

武昌起义后，一批革命党人潜入新疆。在整个革命运动之中，电报在双方各自的联络、指挥作战中均发挥了重要作用。

总之，联通新疆与内地、京师的交通线路，不是单纯的仅供人员往来、物资流动的交通运输路线，更是一条政治联络线、文化交融线。进行交通建设、有计划地移民实边一直是中央王朝经略新疆的重要内容；交通态势直接决定了清政府历次平定新疆的用兵战略；建省之前，交通运输管理体制一直是清政府经略新疆模式的核心环节；交通状况等自然、人文因素的变化，直接导致了从"因俗而治"到设立行省的中央经略新疆理念、体制的变革。

研究历史是为了更好地开辟未来。本书还想为今天第二轮西部大开发进行交通规划、建设提供某些参考：

第一，在制定交通发展规划方面，要"以人为本"，统筹考虑历史文化背景，为人的生活、工作、学习提供便捷；要格外注重加强对各类交通设施、交通辅助设施的精细化管理，力争实现维护、更新实时化、制度化，通过挖掘潜力，不断提高交通效率、效益。

第二，在交通基础设施建设方面，要借用民力，整合各方资源，形成以政府为主导、社会共同参与的投融资体制；应立体式、全方位谋划新疆交通，确定重点的同时，高速公路、高速铁路、机场建设等要搞好接驳互通，做到优势互补，实现协同发展。

第三，在稳定边疆局势、增进民族融合方面，要密切关注周边国家交通态势，站在地缘政治高度谋划新疆交通，既利于国际交往，又利于维护国家安全；要做好军事斗争准备，在交通运输布局上做到民、军兼顾，超前谋划在未来信息化条件下打一场局部战争时，进行各种交通补给的实际需求。

第四，在完善新疆治理结构方面，要清醒地看到，新疆交通问题不仅具有经济意义，也具有政治意义和理论意义；交通运输在其与内地交往中，不仅意味着人员往来、物资流通，更直接决定了与内地的政治关系，要通过总结近代以来基于交通态势衍变而产生的一系列治理边疆模式的变化轨迹，通过革新交通方式，增强交通承载，提升交通效益，进一步加强中央政府与新疆地区政治联系，不断完善民族区域自治制度具体路径。

附录一：主要引用图表

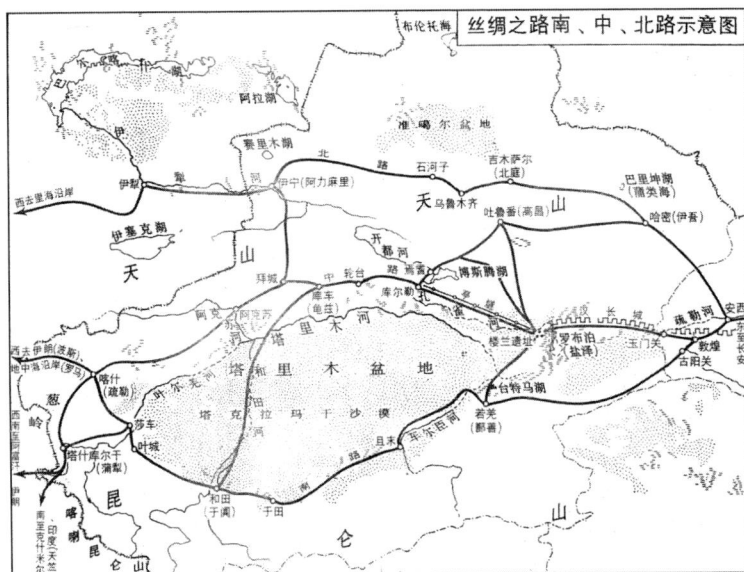

图1：丝绸之路南、中、北路示意图

（资料来源：成一等著《丝绸之路漫记》，新华出版社1981年版）

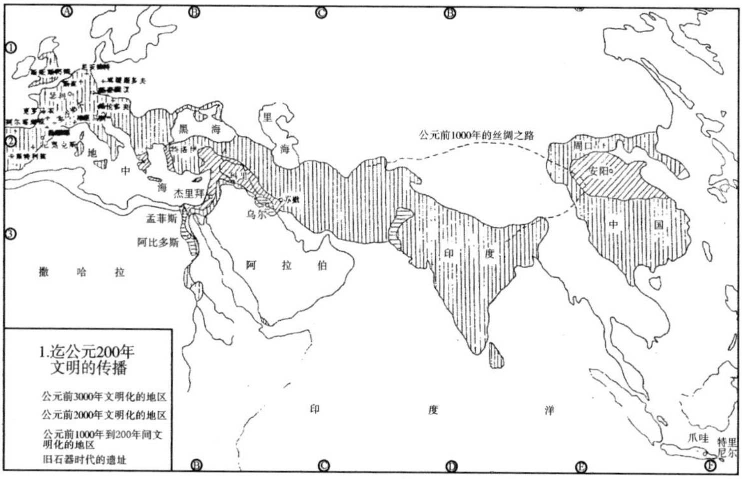

图2：最早的丝绸之路示意图

（资料来源：钱伯泉著《世界历史地图集》）

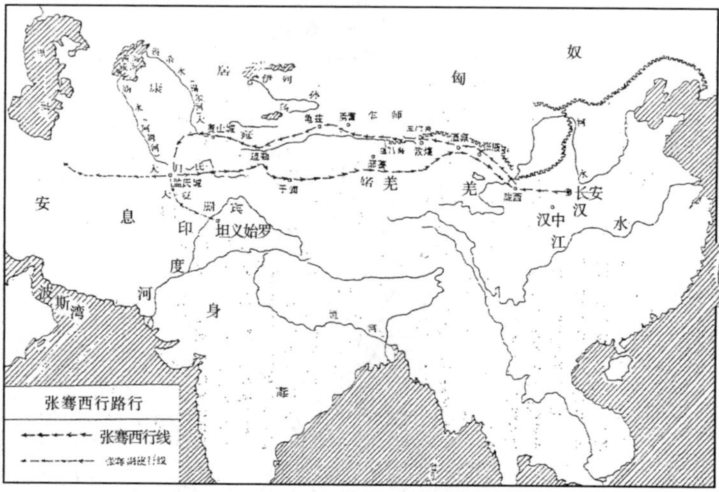

图3：张骞西行路线图

（资料来源：周一良著《世界通史》）

图 4：清代西北与北方地区军台戍所示意图

（资料来源：《中国流人史》）

图 5：左宗棠画像

（现藏北京大学图书馆）

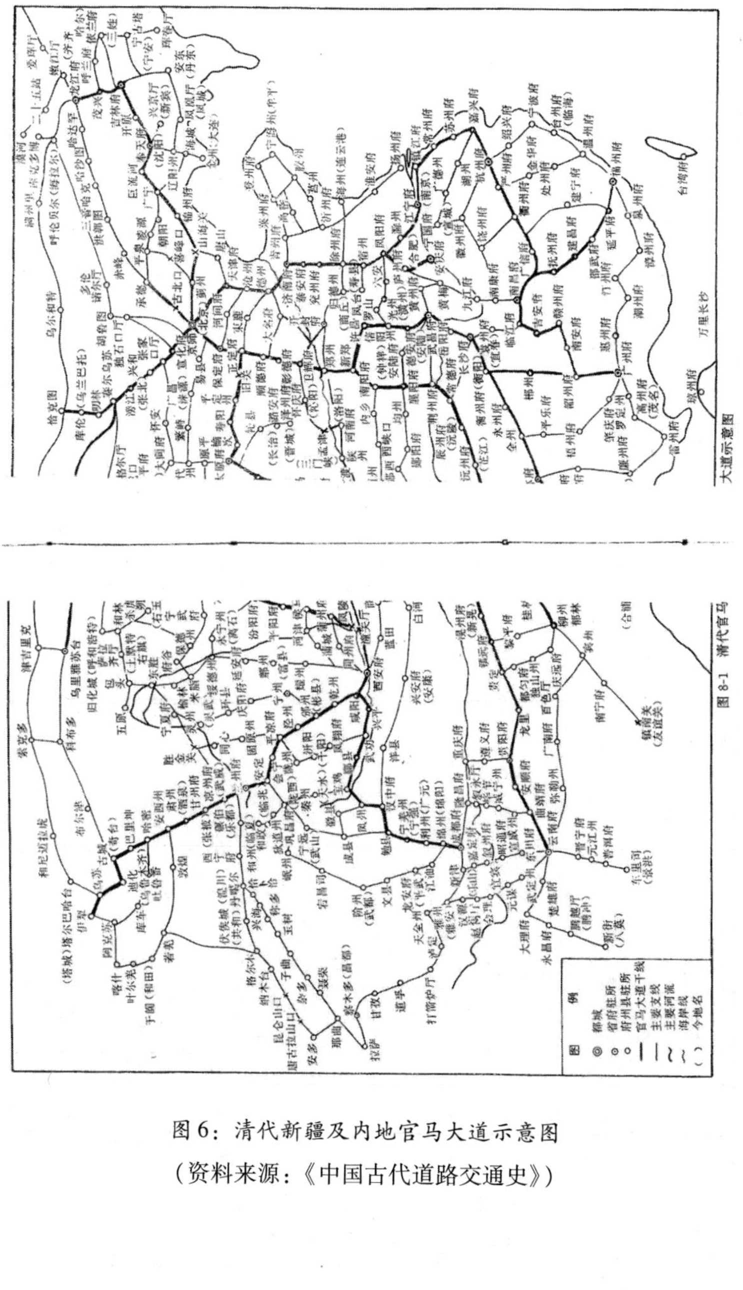

图6：清代新疆及内地官马大道示意图

（资料来源：《中国古代道路交通史》）

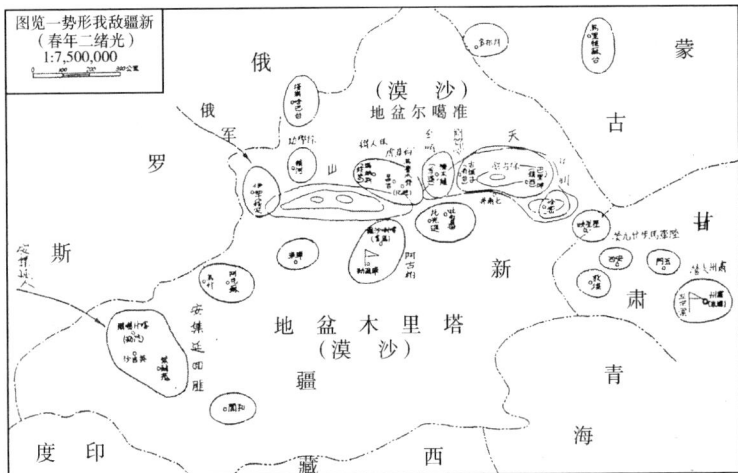

图7：新疆敌我形势一览图

[资料来源：《中国历代战争史》（十六）]

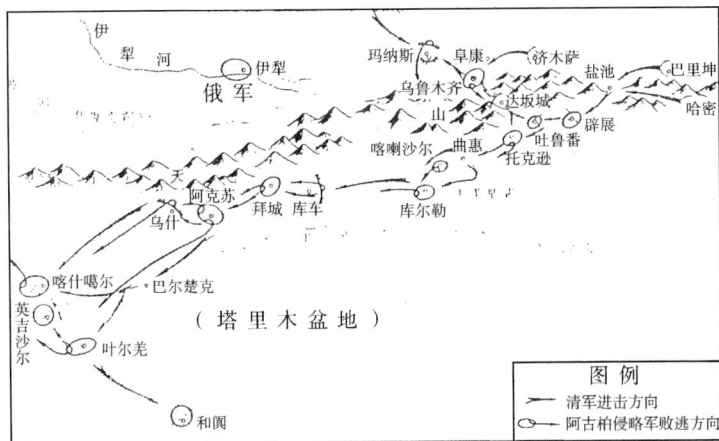

图8：清军收复新疆作战经过示意图

（资料来源：《中国近代军事史》）

图9：左文襄公西征图

（资料来源：《左文襄公在西北》）

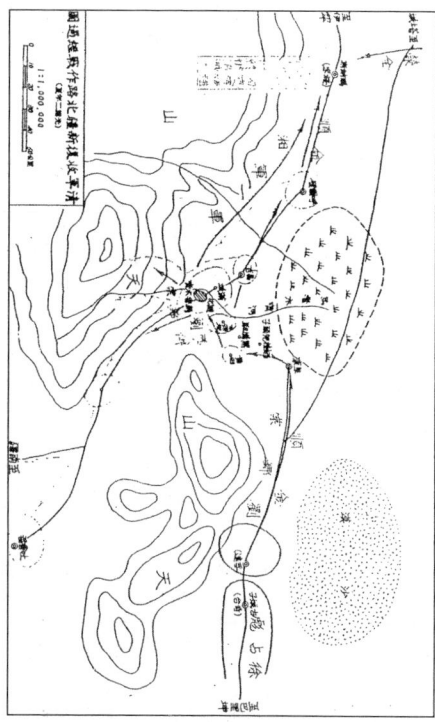

图10　清军收复新疆北路作战示意图

（资料来源：《中国近代战争史》）

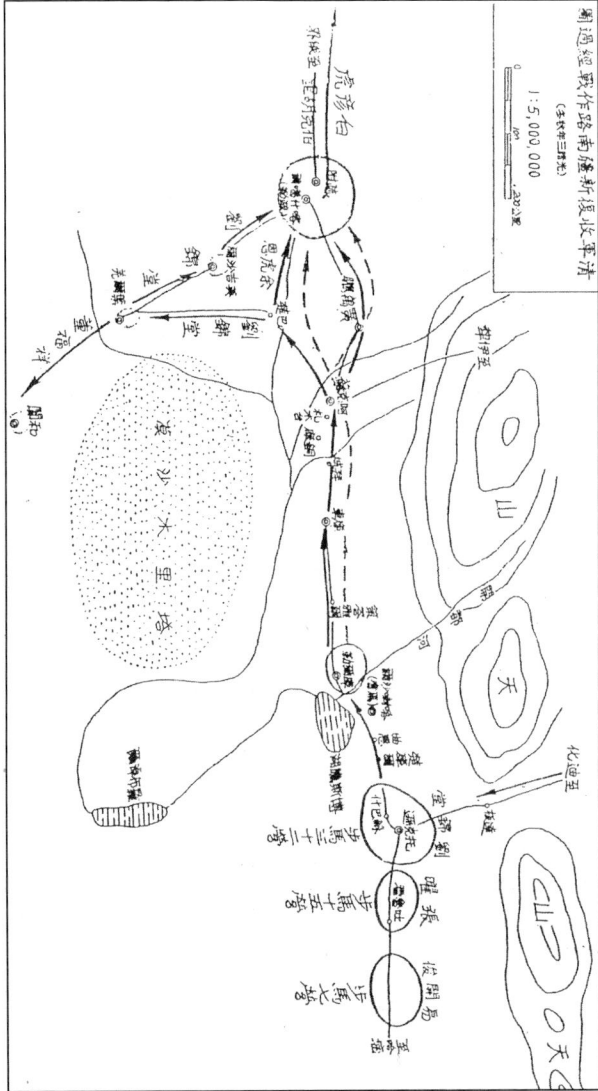

图 11　清军收复新疆南路作战示意图

（资料来源：《中国近代战争史》）

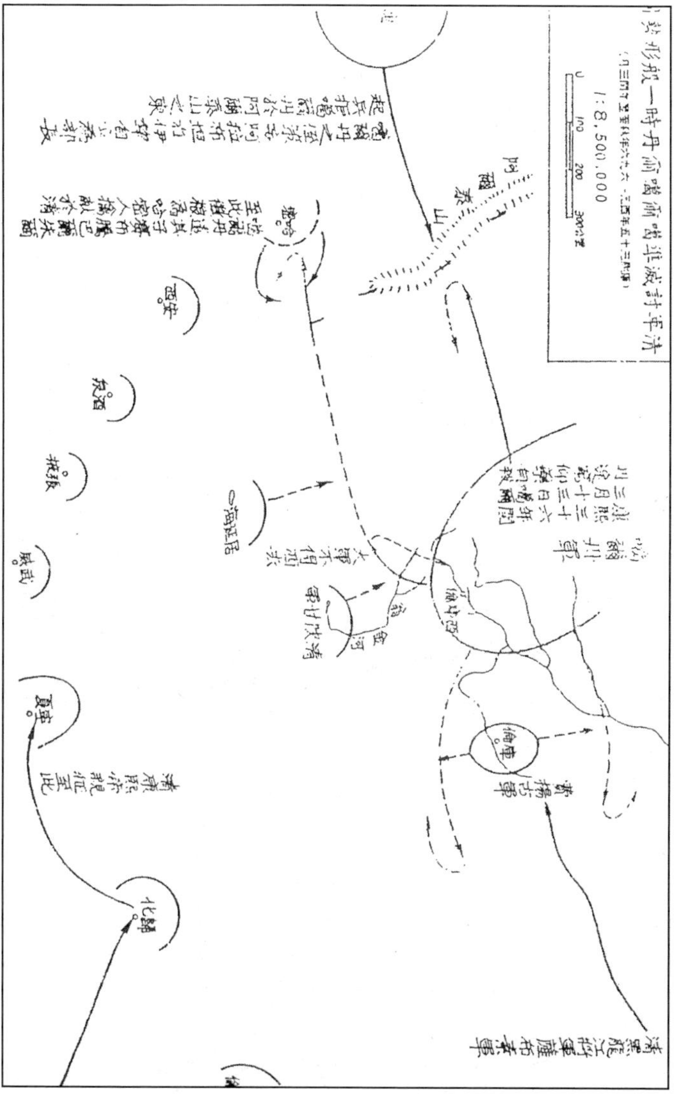

图 12　清军讨灭噶尔丹时一般形势图

（资料来源：《中国历代战争史》）

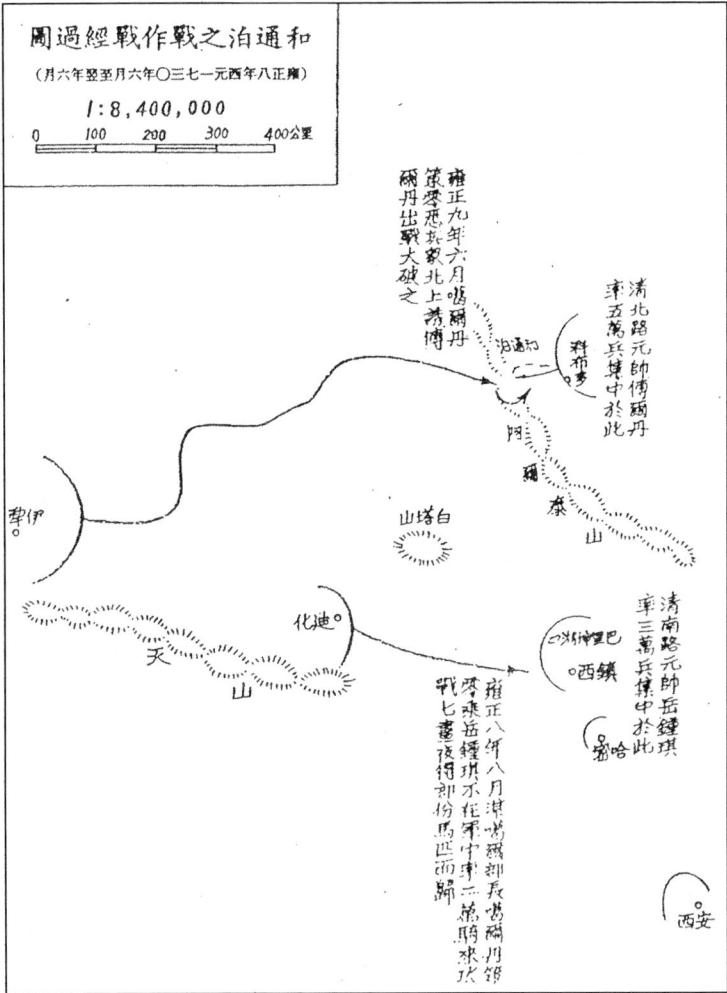

图 13　和通泊之战作战经过示意图

（资料来源：《中国历代战争史》）

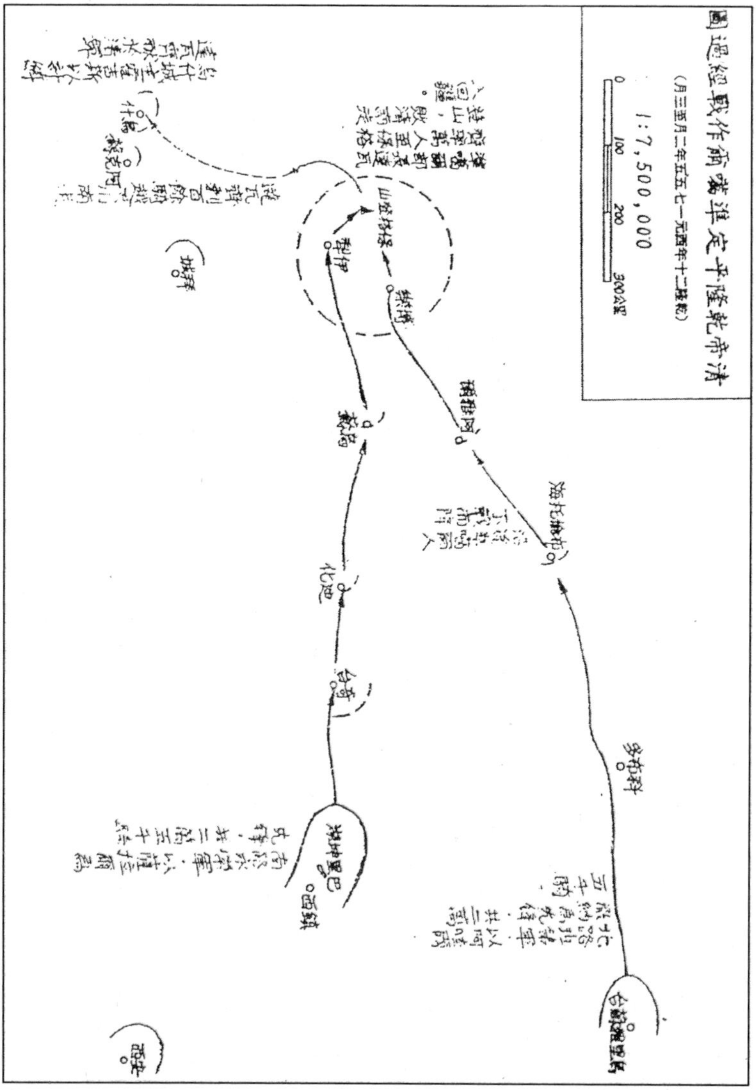

图 14　清乾隆帝平定准噶尔作战经过示意图

（资料来源：《中国历代战争史》）

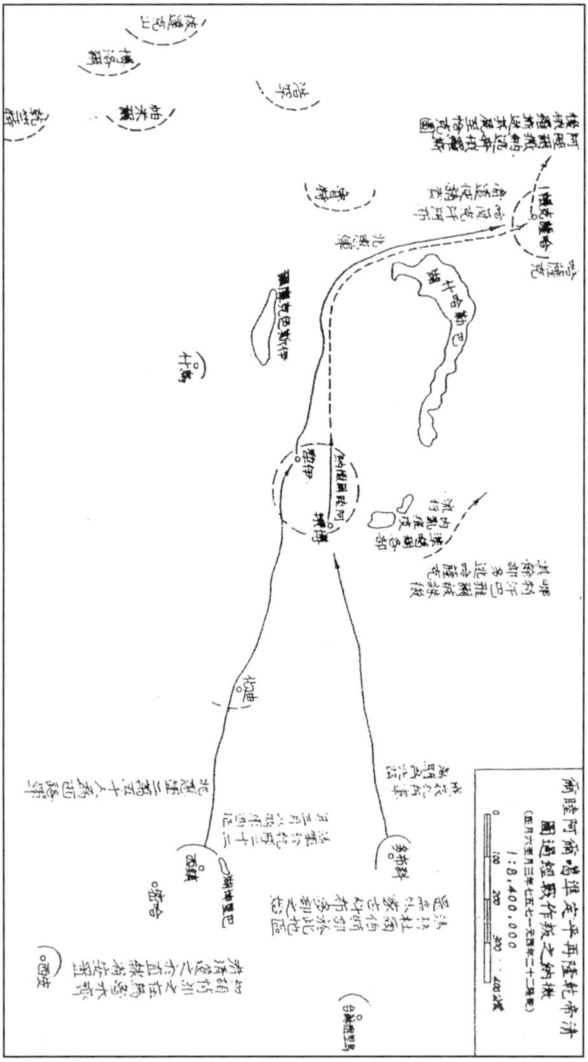

图15　清乾隆帝平定准噶尔阿睦尔撒纳之乱作战经过示意图
（资料来源：《中国历代战争史》）

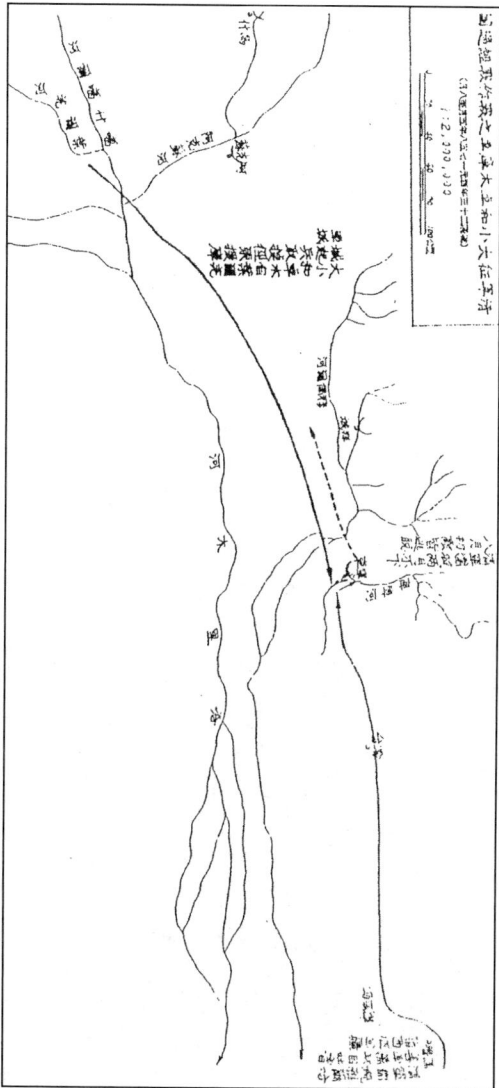

图 16　清乾隆帝平定大小和卓木之乱作战经过示意图
（资料来源：《中国历代战争史》）

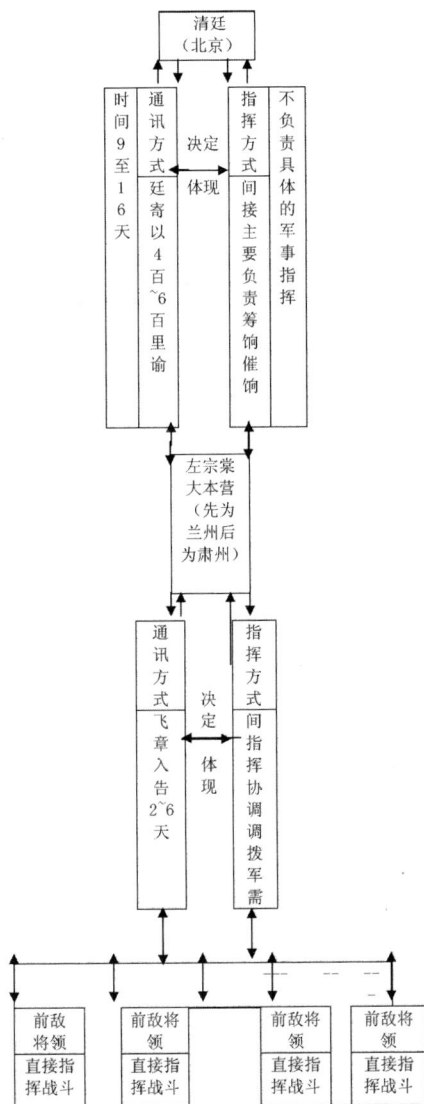

图 17 平定新疆过程中通讯方式、指挥方式互动示意图
（据《左宗棠全集·奏稿》和《左宗棠全集·札件》综合而来）

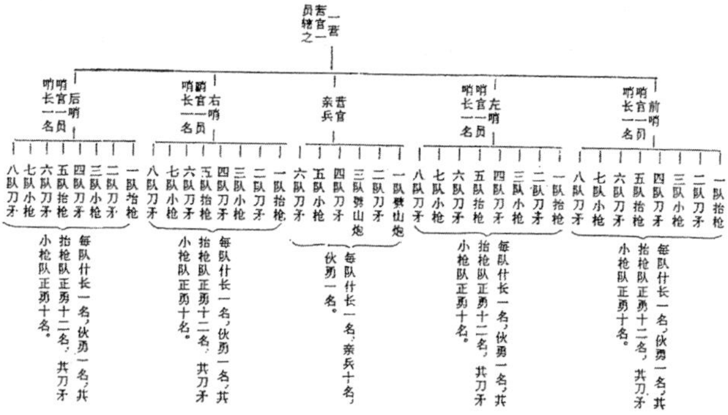

图 18　湘军一营的编制图
（资料来源:《湘军兵志》）

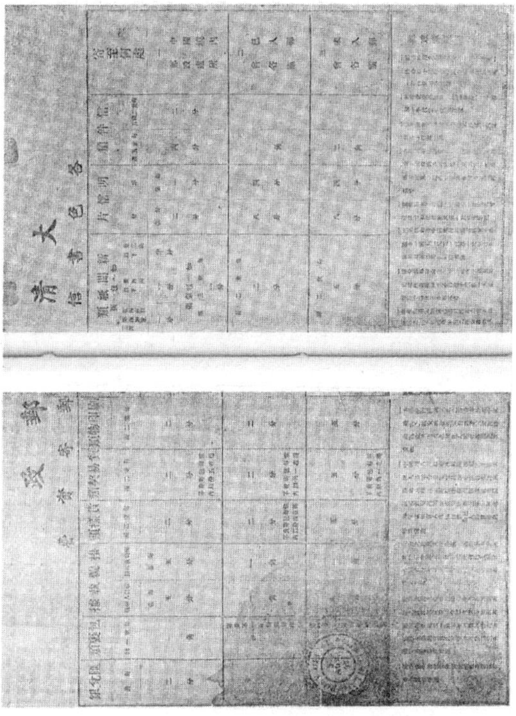

图 19　大清邮政各色书信邮寄资费图
（资料来源:《清代邮戳志》）

图 20　清末新疆邮戳样图

（资料来源：《清代邮戳志》）

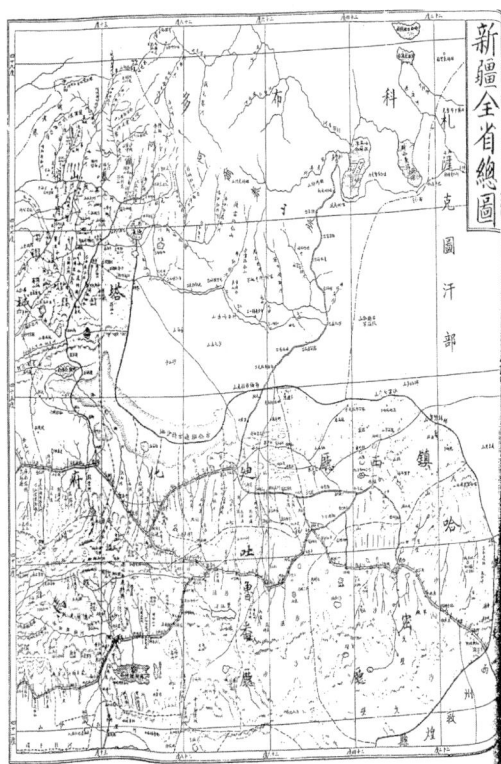

图 21　新疆全省总图

（资料来源：《新疆志稿》）

图 22　清末伊犁街市道路情景图
（资料来源：《新疆纪略》）

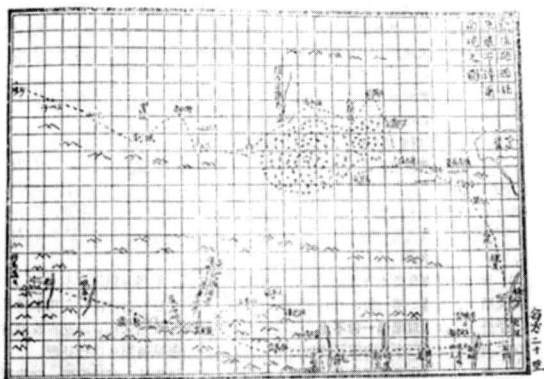

图 23　敦煌县西北至罗布淖尔南疆之图
（资料来源：《西域研究》1991 年第 1 期）

表1   中国古代南北人口布局变动简表

人口地区 ＼ 朝代	西汉　元始二年（2年）	唐　天宝元年（742年）	北宋　崇宁元年（1080年）
南　方	12 959 975	20 551 532	25 348 258
北　方	44 711 426	30 424 011	14 878 936
南方/全国	22.5%	40.3%	63%
北方/全国	77.5%	59.7%	37%

注：表中南北方大致以长江、淮河、秦岭一线作为分界。

（据梁方仲：《中国历代户口、田地、田赋统计》第14，第18，第169各表综合统计而成。）

表2   北宋末年南方所产丝绸绢匹占全国比重表

地区数量 ＼ 丝绸品种	绢（匹）	绸（匹）	丝棉（两）
北　方	1 084 470	158 463	2 786 533
南　方	1 809 863	247 854	6 413 357
南方/全国	62.5%	62%	69.7%

资料来源：梁方仲：《中国历代户口、田地、田赋统计》第300表统计而成。

表3　　　　　　　　　　　　新疆道路里程表

线路名称	线路具体走向
由京抵新疆的官路	此路分四段。第一段、第二段与四川—西藏官路的第一段、第二段相同，即由北京经保定、太原42驿，2 540里至西安；第三段由西安京北驿西北行—咸阳县渭水驿—醴泉县张驿—永寿县驿—长武县宜景驿—甘肃泾州瓦云驿—平凉县白水驿—华亭县瓦亭驿—静宁州泾阳驿—安定县延寿驿—金县定远驿—甘肃省城皋兰县兰泉驿（北京至兰州等共63驿，4 009公里）；第四段由甘肃省皋兰县兰泉驿西北行—平番县驿—古浪县古浪驿—武威县武威驿—永昌县和昌驿—山丹县山丹驿—张掖县甘泉驿—高台县高台驿—肃州酒泉驿—嘉峪关驿—玉门县本城驿—安西州安西驿、马莲井驿—新疆哈密厅星星峡驿、本城驿（北京至此115驿7 019公里）—南山口驿—镇西厅本城、下助巴泉驿—奇台县木垒驿—屏营驿、孚远驿—吉木萨尔县保会驿—阜康县康乐驿—乌鲁木齐巩宁驿（北京至乌鲁木齐等135驿，8 689里）—昌吉宁边驿—绥来靖远驿—库尔喀喇乌苏厅西湖驿—晶河厅车城驿—伊犁惠远城惠远驿（北京至伊犁共155驿，10 214里）
由京抵伊犁的台站路	京师北门—昌平本城站—（西北行经青龙桥站）怀来县本城站、鸡鸣站—宣化县本城站（西南）—怀安县本城站—山西天镇县天城站—阳高县阳和站—大同县本城站（北京至此24站，705里）—怀仁县怀仁城站—山阳县岱岳站—朔州本城站—神池县本城站—五寨县三岔堡站—保德州东关站—陕西神本县神木站—榆林县榆林站（北京至此57站，1 710里）—怀远县（今陕西横山县）怀远站、石渡口站—定边县安边站、定远站—甘肃灵州花马驰站、清水站—宁夏张政站—宁朔大霸站—中卫县渠口站、中卫站、长流水站、营盘站、红水站—武威县武威站—永昌县永昌站—山丹县硖口站、山丹铺站—张掖县甘泉站—抚彝厅抚彝站—高台县高台站、盐池塘站—肃州酒泉站、嘉峪塘站（西出嘉山峪）—玉门县赤金湖台—安西州面隆吉台、安西台。 由安西经乌鲁木齐至伊犁共51驿，4 085里，与上述由京抵新疆官路中，甘肃、新疆段驿站里程相同。台站路从宣化府往西至嘉峪关基本是沿长城南侧而行，京师至伊犁台站共209驿，9 245里，比北京至新疆官路近969里，多54站，台站路不仅路程近，而且站距短，北京至安西的5 160里路段，设站158，多为20里至40里一站，便于食宿和换乘，因而北京与新疆往来军政急报多走此路

续表 3 - 1

线路名称	线路具体走向
由甘肃抵新疆的官路支线	1. 甘肃华亭县瓦亭驿（北）—固原州永宁驿，宁安驿、大坝驿—宁夏府（10 驿，760 里） 2. 甘肃定安县延寿驿（东南）—陇西县驿—岷州岷山驿—西固厅驿—阶州驿—文县县驿（共 11 驿，1 000 里） 3. 由甘肃陇西县驿（东南）—宁远县驿—礼县县驿—西和县驿—减县小川县—白马关驿—陕西略阳县—硖口驿—沔县县驿（15 驿，875 里） 4. 由甘肃平番县驿（西南）—平番县西大通驿—碾伯县老鸦驿、嘉顺驿—西宁府西宁县驿
由青海入新疆的官路支线	1. 丹噶尔吐鲁番道：丹噶尔—杨家滩—工开写兰—阿隆皆实—乌吐—乌孙芭空—光贡喇嘛筒—郭乐可（自此，或经奎天峡，千佛洞余地 780 里至敦煌，或经乌兰达阪通安西，在石包城岔道去敦煌，约 900 里）敦煌—光初峡里—沙山口—跌里逊—克里—乌宗硕（即噶斯池）—古都善国—阿不旦—都纳里—东北浣溪河—桑国驿—吐鲁番（计 325 里） 2. 西宁张掖道：西宁—长宁驿—大通毛伯胜—张家寺—五间房—达阪山—大通河—北大通—黑石关—白水河—永安城—沙金城—景阳岭—察汗俄博城—扁都沟—民乐—张掖（全长 670 里） 3. 祁连山山区道路：祁连山脉东西横亘千余里—穿越祁连山区道路—北入河西，除西宁张掖道外，还有伊吾路—野牛沟路—大通河流域道路 4. 伊吾道：即鲜水酒泉道，自青海湖西北溯布哈河行，把越托勒南山拉呼蚕水—出祁连山—酒泉。 5. 野牛沟道：永安城（西行）—测尔兔—红沟尔—三角城—伊斯们沁（北行）—达黑河垴—（北）博浪沙—高台县—红水坝—黄草坝—清水堡—酒泉或黑河垴（西北）—铁里达阪—铁里甘沟—托勒川垴—白水河（西北）—嘉峪关外惠回堡（西）—苏赖河上游—玉门南山之昌马尔 6. 大通河流路道：西大通（东）—汉台—孔家庄—仙米寺—他拉山—夏只牙合—永登之镇羌镇—东合（东北）—鸡冠山—古浪之安远驿或东合（北）—红水—武威之张义堡。

续表 3 - 2

线路名称	线路具体走向
新疆境内官路支线	1. 奇台（西北）—科布多（共 3 驿 10 台，计 1 430 里） 2. 乌鲁木齐—阿尔泰（共 12 站计 1 060 里） 3. 乌鲁木齐—塔尔巴哈台（共 12 站，1 660 里） 4. 伊犁—特克斯—阿克苏（共 16 站 1 270 里） 5. 吐鲁番厅—焉耆—库车（共 23 站 1 780 里） 6. 库尔勒（南）—若羌（共 14 站，计 1 050 里） 7. 库车（西）—阿克苏—乌什（共 13 站，计 1 040 里） 8. 阿克苏（西）—巴楚—莎车（共 17 站，计 1 280 里） 9. 巴楚—喀什噶尔（南）—英吉莎尔—莎车（共 16 站，计 1 050 里） 10. 莎车—叶城（东）—于阗（共 15 站，计 11 304 里） 11. 莎车（西南）—蒲犁（共 12 站，计 870 里）
境内民间离道	1. 天山东部地区，有两道：其一是由北道的肋巴塘至南道的肋巴泉台以沟通巴里坤至吐鲁番间交通；其二是由南路的了墩台经一碗泉、七角井直趋北路的色必塘，以沟通哈密至古城间交通俗称"小南路"。 2. 天山西部地区民间商道有 3 条：其一是裕勒都斯道，由喀喇沙尔（焉耆），经陇台、小裕勒都斯，大裕勒都斯，巩乃斯达阪至伊犁；其二是那拉特道，由伊犁西出那拉特卡伦，越达板折南，顺铜厂河南下，经库克纳克卡伦直趋库车。 3. 联系塔克拉玛干沙漠南北的绿色通道主要有两条：其一沿和阗河联结和阗、阿克苏的"和阗草地"道；其二是沿克里雅河联结于阗与库车，沙雅尔的克里雅道。

续表 3 - 3

线路名称	线路具体走向
对外民间商道	1. 古丝道在塔里木盆地分北南二道：北道由疏勒河向西、西北方经阿赖往西亚、中亚、南道则经莎车，向西、西南方经克什米尔往西亚、南亚，此外，乌什往西的山口拨达岭等地也是传统孔道。 2. 喀什噶尔方面，主要商路 2 条：其一托允多拜道，即由喀什噶尔北上，经图舒克塔什卡伦——恰克马克——托允多拜，越图鲁噶尔特山口及阿尔帕各地，再转西经乌支根入费尔干纳之安集延，其二，是铁叶尔里克达板道，即由喀什噶尔西行，经明约洛卡伦——喀浪圭卡伦——堤朱干——鄂克苏鲁尔——伊根，在托海巴什转西北，越铁叶尔哩克达坂，经鄂什、安集延入费尔干纳。 3. 叶尔羌至色勒库尔间主要走协坦耿达坂——阿普里克——八海——七里贡白子一线，另外，在和什喇普、齐盘山间还有通色勒库尔的小道。 4. 叶尔羌往赛图拉有 3 条路可选择：一是出库雅尔卡伦（柯克亚）、王刺里克卡伦；二是出奇录卡伦；三尔出桑株卡伦，由赛图拉往南可去退摆特，巴勒提、坎巨提。 5. 乌什方面，通往中亚商道主要有 2 条，其一是由城西出巴什雅哈玛卡伦，溯托什干河、阿克赛、经阿尔帕可达费尔干纳；其二是出城西北沙图卡伦，溯别迭水别迭里山口，经布鲁特牧地至中亚塔什干等地。

（资料来源：《钦定大清会典事例》《清宣宗实录》《中国古代道路交通史》。）

表4　　　　　　　　　　　清代新疆军台道里表

（资料来源：《小方壶斋舆地丛钞》）

表5　　　　　　新疆建省前主要军政官员数据一览表

官职	时间	官员总数	汉族官员数	汉员比例
伊犁将军	乾隆二十七年至光绪十一年	26	1	3.9
伊犁参赞	乾隆二十七年至光绪十一二	18	0	0
塔尔巴哈台参赞	乾隆二十九年至光绪十一年	29	0	0
乌鲁木齐都统	乾隆二十九年至光绪十一年	37	1	2.7
哈密办事大臣	乾隆二十六年至光绪元年	11	1	9.9
镇迪道	乾隆三十七年至光绪四年	22	1	4.95
喀什噶尔办事大臣	乾隆二十八年至同治三年	24	1	4.2
叶尔羌办事大臣	乾隆二十五年至同治三年	24	0	0
乌什办事大臣	乾隆二十九年至同治三年	18	0	0
阿克苏办事大臣	乾隆二十四年至同治三年	8	0	0

续表 5 - 1

官职	时间	官员总数	汉族官员数	汉员比例
库车办事大臣	乾隆四十九年至同治三年	8	0	0
和田办事大臣	约乾隆二十九年至同治三年	6	0	0
喀喇沙尔办事大臣	约乾隆二十九年至同治三年	13	0	0
乌鲁木齐提督	乾隆二十九年至光绪六年	16	6	37.5
巴里坤镇总兵	乾隆二十九年至光绪八年	29	11	40

（资料来源：《新疆图志·职官六》，上海古籍出版社 1992 年出版，272~283 页）

表6   乾隆时期新疆兵屯、犯屯情况一览表

屯地名	屯兵数	遣犯数	始屯时间
塔尔纳沁	170	130	21 年
蔡巴什湖	100	50	27 年
牛毛湖	10		31 年
朴城子	500	350	23 年
古城	550		37 年
木垒	500		31 年
吉布库	150		39 年
五堡、昌吉、罗克伦	3 150	81	23 年
玛纳斯	1 400	23	27 年
济木萨	755		33 年
库尔喀喇乌苏	180	3	27 年
晶河	168		27 年
塔尔巴哈台	850		30 年
伊犁	2 500	49	26 年
总计	10 983	686	

（资料来源：《钦定皇舆西域图志·屯政一》）

表 7 　　　　　　乾隆四十二年前天山南北屯垦分布一览表

屯田处所	屯地（亩）	屯兵（名）	遣犯（名）	土宜	最高年亩产量	乾隆正式定制设屯始年
塔尔纳沁	7 030	170	130	小麦、胡麻、菜子、糜、青梨	1 石 6 斗（1765 年）	二十四年
蔡巴什湖	4 065	100	50	小麦、谷、糜	1 石 1 斗 2 升（1766 年）	二十七年
牛毛湖	205	10		小麦、豌豆	9 斗 8 升（1771 年）	三十一年
朴城子	18 700	500	350	小麦、豌豆、青稞	9 斗（1771 年）	二十三年
古城（今奇台）	12 100	550		小麦、青稞	1 石 4 斗（1773 年）	三十七年
木垒	10 000	500		小麦、青稞	2 石 4 斗 2 升（1769 年）	三十一年
吉布库	3 300	150		小麦、豌豆	1 石四斗（1772 年）	三十五年
五堡、吕吉、罗克伦	65 348	8 195	81	小麦、粟、谷、胡麻、青稞	1 石（1763）	三十三年
玛纳斯	28 200	1 400	23	青稞、小麦、粟、谷	1 石 4 斗（1775 年）	二十七年
济木萨	15 100	750		青稞、谷、粟、小麦	1 石 4 斗（1775 年）	二十三年
库尔喀喇乌苏	3 630	180	3	小麦、粟、谷、青稞	1 石 2 半 9 升（1775 年）	二十七年
品河	3 360	168		小麦、青稞、粟、谷	1 石 2 斗 6 升（1775 年）	二十七年
塔尔巴哈台	17 000	850		小麦、胡麻、青稞	1 石 6 斗（1770 年）	三十年

续表 7-1

屯田处所	屯地（亩）	屯兵（名）	遣犯（名）	土宜	最高年亩产量	乾隆正式定制设屯始年
伊犁	50 580	2 500	49	大麦、小麦、糜谷、青稞	1 石 9 斗（1765 年）	二十六年
辟展	13 632	800		麦、青稞、豌豆、粟、谷	1 石 5 斗 9 升（1760 年）	二十四年
哈喇和卓	6 000	300		小麦、青稞、粟、谷	9 斗 2 升（1760 年）	二十四年
托克三	14 253	1 000	1 000	小麦、豌豆、谷、粟	7 斗 5 升（1760 年）	二十四年
哈喇沙子	7 440	362	362	粟、谷、小麦、青稞	1 石 5 斗 2 升（1759 年）	二十三年
乌什	8 000	400	400	小麦、大麦、豌豆、糜	9 斗 9 升（1768 年）	三十一年
阿克苏	150	15	15	稻	3 石 7 斗 2 升（1775 年）	二十七年
总计	288 093	13 900	686			

（资料来源：《钦定皇舆西域图志》卷 32）

表 8   1840—1865 年间遣戍新疆犯官情况一览表

姓名	获罪时间	流前官职	获罪原因	在新疆事略	结局	史地著作
周天爵	1840	湖广总督	使用非刑逼供致使多人毙命	发伊犁充当苦差		
楚镛	1840	候补知县	非刑逼供	发乌鲁木齐充当苦差		
林则徐	1841	两广总督	禁烟抗英	发伊犁效力当差		《壬寅日记》《乙巳日记》《双砚斋诗钞》

续表 8 - 1

姓名	获罪时间	流前官职	获罪原因	在新疆事略	结局	史地著作
邓廷桢	1841	闽浙总督	禁烟抗英	发伊犁效力当差		
文冲	1841	河东河道总督	不能先事预防及赶紧抢堵河堤	发伊犁效力当差		
高步月	1841	东河同知	同上	发乌鲁木齐		
刘均	1842	宗人府供事	以行贿图谋承袭庆郡王爵位			
陈一山		广西左江镇总兵				
郭正芳		候补通判				
凌杏如		广东道溪知县				
海亮	1839	喀喇沙尔办事大臣	挟妓饮乐	发新疆		
王传心	1840	新疆巴楚屯田候选州同	贩吸鸦片	发伊犁		
惠麟	1840	理藩院郎中	收受银两	发乌鲁木齐效力		
珠尔罕	1842	乌鲁木齐笔帖式	吸食鸦片	发新疆充当苦差		
陈葆森	1843	安徽阜阳知县	听任差役妄争民人冤陷无辜			
周维藩	1844	浙江镇海营参将	海疆失事			

续表 8 - 2

姓名	获罪时间	流前官职	获罪原因	在新疆事略	结局	史地著作
李宗白		宁波城主营都司				
汪长青		奉化县把总				
王鼎勋		鄞县知县				
舒恭受		定海知县				
彭菘年		余姚知县				
金秀堃		奉化知县				
封耀祖		江苏抚标参将				
周慕寿		宝山知县				
钱燕桂		丹徒知县				
刘光斗	1844	上海知县	海疆失事			
扈德浑	1846	笔帖式	案审不实			
王兆琛	1849	山西巡抚	失官家丁婪索滋事			
杨树辛	1849	霍州知州	挟势借贷、馈送			
郑祖琛	1851	广西巡抚	镇压太平军不力			
李庆什	1851	都司				
冷震东	1852	游击				
张翊国	1854		太平军攻入临州，弃而不守			
杨殿邦	1854	漕运总督	上年扬州失守革职、革职留职防堵并不出力			

续表 8 - 3

姓名	获罪时间	流前官职	获罪原因	在新疆事略	结局	史地著作
但明伦	1854	两淮盐运使	侵吞兵饷，设卡敛钱			
立诚	1854	安徽护理庐州知府	防剿畏葸			
百胜	1854	徐州总兵	巧蒙欺饰			
柏山	1854	南阳总兵				
陆武曾	1854	江都知县	凶横藐法呛咆哮公堂			
曾其奎	1855	四川把总				
谢洪恩	1855					
胜保	1855	都统	围困高唐太平军、师久无功			
朱璐	1856	福建通判	讦告上官卒、无实据			
雷以诚	1856	江办布政使	扬州被太平军攻陷时，拥兵不进，延误时日			
王兆琛	1849	山西巡抚	收受霍州知州杨树年贿赂			
庆英	1862	兵部侍郎	向恭亲王奕訢行贿乞恩			
庚音图		阿克苏粮饷章京	舞弊			
张昶	1854	河南署汜水知县	忽视河防			

续表 8 - 4

姓名	获罪时间	流前官职	获罪原因	在新疆事略	结局	史地著作
周天爵	1840	湖广总督	使用候补知县楚镛非刑逼供使多人毙命	发伊犁当苦差		
乐斌	1862	陕甘总督	庇护罪	发遣伊犁		
黄德场	1854	直隶候补道员	贪污狎优	发新疆充苦差		
谢森墀	1859	候补郎中				
李旦华		国子监学政	1858 年顺天乡试科场舞弊案			
王景麟		国子监学录	同上			
潘敦庐		候补通判				
潘祖同		翰林院庶吉士				
熊元培		监生				
文明	1860	笔帖式	挟恨诬陷			
英秀	1861	内务府总管	滥保异姓台吉、冒袭汗爵			
阿弼善		马甲	承办奏稿不力	发乌鲁木齐充当苦差		
陈孚思	1861	吏部尚书	肃顺同党	发伊犁效力		
王履谦	1862	团练帮办	绍兴等府县失守			

续表 8-5

姓名	获罪时间	流前官职	获罪原因	在新疆事略	结局	史地著作
色克通额	1862	库仑办事大臣			改发黑龙江	
瑞徽	1862	临克图章京				
克敦布	1863	副都统	疲懦无能			
瑛棨	1863	陕西巡抚	冒饷溺职			
翁同书	1864	安徽巡抚	守城不力、虚报不实		途中留甘肃军营效力	
专崇武	1864	总兵	附和苗沛霖			

表 9　　　　清代西北与北方地区主要戍所表

序号	名　称	异名	今地
1	科布多		蒙古科布多省省会
2	乌兰古木	乌兰固木	蒙古科布多城西北
3	乌里雅苏台		蒙古扎布汗省省会
4	鄂尔昆		蒙古鄂尔浑河畔
5	布隆吉尔		甘肃安西县东南
6	安西		甘肃安西县
7	巴里坤	镇西府、巴尔库尔	新疆巴里坤
8	哈密		新疆哈密
9	乌鲁木齐	迪化、红庙子	新疆乌鲁木齐
10	木垒		新疆木垒
11	辟展		新疆鄯善
12	叶尔羌		新疆莎车

续表 9 - 1

序号	名　称	异名	今地
13	伊犁		新疆霍城县
14	阿克苏		新疆阿克苏
15	喀什噶尔		新疆喀什
16	吕吉		新疆吕吉
17	和阗		新疆和田
18	乌什		新疆乌什

说明：军台仅列三处，其他未列。（资料来源：《大清会典事例》卷730）

表 10　　　　　　乾隆年间赴新疆移民情况一览表

时间		迁出地	移民数量		移民身份	迁入地	备注	材料出处
出关	抵达		户	口				
乾隆二十六年十月	同年十月	安西、肃州及高台	206	730	无业贫民	乌鲁木齐		朱批屯垦，乾隆二十六年十一月六日杨应琚奏
		武汉	3		寄籍客民	同上	由哈密同籍搬眷起程	
			7		同上	同上	候肃州移民至哈密时上路	
			6					
			6		同上	不详		
乾隆二十七年二月	同年三月	甘州府属张掖、由丹及东乐	204	780余名口	无业贫民	同上		朱批屯垦，乾隆二十七年正月十二日杨应琚奏
乾隆二十九年		敦煌等3县	180		无业贫民	巴里坤		《清朝文献通考》，卷11
乾隆二十九年十月		肃州、张掖敦煌	518 190		沿边瘠土民人	乌鲁木齐		《清高宗实录》，卷721，页18。

续表 10 - 1

时间		迁出地	移民数量		移民身份	迁入地	备注	材料出处
出关	抵达		户	口				
乾隆三十年八月	同年十月	肃州、高台	1 300		无业贫民	迪化、阜康、昌吉、罗克伦		《清高宗实录》,卷748,页10、11《清朝文献通考》卷11《地丁题本》,甘肃4,页86。
乾隆三十二年一月		甘肃	150	683	同上	东吉尔玛太奇台	大口 555,小口 128	朱批屯垦,乾隆三十二年二月十九日吴达善案
		安西	50	206	同上	西葛根	大口 163,小口 43	
乾隆三十三年		甘州	300		同上	木垒		朱批屯垦,乾隆三十四年正月十一日明山奏
乾隆三十四年十二月		肃州、张掖	150 150	共1 149名口	同上	奇台、吉布库、更格尔		同上
乾隆三十六十二月	次年初	凉州、甘州、肃州	400	2 430	同上	济木萨	安置东北旧城处	朱批屯垦,乾隆三十七年正月十九日文绶奏
乾隆四十一年	次年二月	甘肃	642	2 609	同上	皇康、呼图壁、玛纳斯	初议移送伊犁,后改置乌鲁木齐所属各县	朱批屯垦,乾隆四十二年二月十二日索诺木策凌奏
乾隆四十三年	同年十一月至十二月	凉州、肃州、甘州	1 255	6 206	愿往新疆户民	昌吉、玛纳斯、土古哩克、阜康、寄台、宜禾		朱批屯垦,乾隆四十三年十二月二十六日索诺木策凌奏

续表 10-2

| 时间 | | 迁出地 | 移民数量 | | 移民身份 | 迁入地 | 备注 | 材料出处 |
出关	抵达		户	口				
乾隆四十三年十二月至次年三月	乾隆四十四年三月至四月	武威	500		同地民人自请迁移	迪化、昌吉、阜康、绥来呼图壁、济木萨、奇台、宜禾	包括至口外递皇及在内地皇请愿往入户,共原1 936户,实出关口889 户	《地丁题本》,甘肃4,页235;朱批屯垦,乾隆四十四年五月二十六日索诺木策凌奏
		永昌	340					
		镇番	450					
		抚彝厅	60					
		靖远	353					
		灵州	48					
		中卫	55					
		环县	61					
		其他	15					
乾隆四十四年十二月至次年一月	乾隆四十五年四月以前	镇番、平番、静宁、中卫	186		口外具呈愿往民人	乌鲁木齐等处		朱批屯垦,乾隆,四十五年正月三十日及同年四月二十五年日勒尔谨
			131					
乾隆四十五年七月至十月	次年春前	肃州、镇番	330		中外递呈原住	乌鲁木齐等处		朱批屯垦,乾隆四十六年正月九日勒尔谨奏
		平罗	28		内地具呈愿往			
合计			10 454	约 52 250				

（资料来源见表中）

表 11   嘉庆年间新疆各地人口一览表

地名	户数	口数	备注
安西州	2 041	26 821	
敦煌县	2 405	29 520	属安西州
玉门县	1 498	14 144	属安西州
哈密回户	1 650	12 163	内地贸易人口不载
宜禾县	697	2 596	属镇西府
奇台县	1 994	6 824	属镇西府
迪化直隶州	3 496	16 631	旧为乌鲁木齐
昌吉县	4 332	19 734	属迪化州
绥来县	2 252	7 624	属迪化州
阜康县	4 350	18 405	属迪化州

续表 11 - 1

地名		户数	口数	备注
伊犁	土尔扈特喇嘛	1 080	4 853	
	土尔扈特属之额鲁特		6 514	
	回户	6 406	20 356	旗屯户口不载
	民户	71	209	
	遣犯为民		244	
博罗塔拉			827	土尔扈特属种地额鲁特
裕勒都斯			11 219	游牧土尔扈特属额鲁特
和博克萨里			2 863	游牧土尔扈特属额鲁特
古尔班济尔噶朗			2 863	游牧土尔扈特属额鲁特
古尔班品库色木什克			1 359	游牧土尔扈特属额鲁特
哈布齐垓			3 150	游牧和硕特属额鲁特
台塔尔巴哈	额鲁特户	3 516	11 737	乾隆四十二年自伊犁移住
	土尔扈特	104	447	乾隆四十二年自伊犁移住
	土尔扈特属下旧户	838	3 573	乾隆四十二年自伊犁移住
库尔喀喇乌苏				官兵行商外无土著、户口不载
辟展		2 937	10 373	回民
喀喇沙尔		1 130	5 390	回民
库车		1 112	4 260	回民
沙雅尔		673	1 898	回民
赛喇木		500	1 627	回民
拜城		563	1 735	回民
阿克苏		7 506	24 607	回民
乌什		822	3 158	回民
喀什噶尔		14 056	66 431	回民
叶尔羌		15 574	65 495	回民
和阗		13 642	44 603	回民
总计		95 545	454 235	回民

（资料来源：《钦定皇舆西域图志·屯政二》）

表 12　　　清代中期以前内地与新疆丝绸贸易情况一览表

年份	运解新疆绸缎数	南省运解绸缎数	其他运解绸缎数	伊犁	塔尔巴哈台	乌什	叶尔羌暨和阗	喀什噶尔	喀喇沙尔	阿克苏
乾隆 24		5 000								3 011.5
25		8 250		2 144			673			3 205
26		7 250		487.5			587.5			121.5
27		8 300		3 000				420		289
28		9 500		2 541.5			1 217			354
29				1 660			800	216.5		215.5
30	7 700	770		6 200	哈密 1 500			134.5		397
31		14 250		10 500	2 299	400	750	536		
32	19 735	19 235	500	12 550	5 000	1 028	550	540		090
33	13 852	13 652	200	11 312	1 000	62	1 240	300		
34	1 050	12 050		9 950	2 000			100	247	
35		11 300		9 300						
36	7 150	7 030	120					330		
37		5 100		5 000						
38	660	460	200							
39	4 550	4 550		2 600	1 300		1 181.5 (阿克苏)	200	450	
40	5 250	4 970	280	2 800	1 500	400	200	300		
乾隆 41	14 200	14 200		12 000	1 500	400	300			
42	11 900	11 650	250	11 000	—	200	250	450	—	—
43	6 850	6 650	200	6 000	—	200	250	400	—	—
44	6 400	6 130	270	3 000	2 500	200	350	400		
45	—	2 900	—	—	—			—	—	—
46	—	7 930	—	—					—	
47	3 200	2 750	450	1 800	—		700	300	400	—	—

续表 12 - 1

年份	运解新疆绸缎数	南省运解绸缎数	其他运解绸缎数	伊犁	塔尔巴哈台	乌什	叶尔羌暨和阗	喀什噶尔	喀喇沙尔	阿克苏
48	5 820	5 300	520	2 000	2 570	500	350	400	—	—
49	6 680	6 160	520	3 000	2 230	700	350	400	—	—
50	4 400	3 850	550	3 000	—	500	500	400	—	—
51	4 820	4 520	300	3 000	170	800	450	400	—	—
52	5 780	5 230	550	2 000	2 310	700	370	400	—	—
53	4 060	3 510	550	2 500	130	600	430	400	—	—
54	6 720	6 720	—	—	—	—	—	—	—	—
55	4 260	3 710	550	1 500	1 070	470	520	700	—	—
56	2 950	2 650	300	1 000	370	330	550	700	—	—
乾隆 57	4 330	3 980	350	900	1970	340	420	700	—	—
58	2 164	1 814	350	600	110	350	404	700	—	—
59	2 950	2 890	60	2 600	—	—	—	—	—	—
60	2 230	2 030	200	600	270	300	360	700	—	—
嘉庆 1	2 670	2 610	60	700	400	440	380	400	350	
2	2 395	2 015	380	600	150	580	415	300	350	
3	3 215	2 765	550	1 000	290	500	405	700	320	
4	3 495	3 075	420	1 100	630	600	405	700	60	
5	4 195	3 655	540	1 050	910	420	475	700	320	320
6	4 210	3 720	490	1 100	770	350	650	700	320	320
7	3 880	3 310	570	1 010	550	300	650	700	350	320
8	4 280	3 710	570	1 510	530	200	650	700	350	340
9	3 625	3 135	490	1 100	435	380	650	700	—	360
10	3 965	3 425	540	—	—	—	—	—	—	—
11		3 390	—	—	—	—	—	—	—	—

续表 12 - 2

年份	运解新疆绸缎数	南省运解绸缎数	其他运解绸缎数	伊犁	塔尔巴哈台	乌什	叶尔羌暨和阗	喀什噶尔	喀喇沙尔	阿克苏
12		3 540	—	—	—	—	—	—	—	—
13	6 780	3 240	540	1 050	860	340	650	580		300
嘉庆14	3 620	3 090	530	900	630	150	310	650	330	150
15	4 100	3 470	630	1 500	485	380	700	550	275	210
16	3 805	3 325	480	1 500	610	415	700	370	—	210
17	3 493	2 973	520	1 280	530	351	700	365	—	267
18	3 760	3 260	500	1 450	460	312	700	286	300	252
19	3 512	3 052	460	1 420	610	146	700	310	—	226
20	3 225	2 875	350	1 480	425	235	700	385	—	—
21	3 292	2 762	530	1 010	610	129	700	291	300	252
22	3 420	3 000	420	1 420	680	130	700	290	200	
23	3 646	3 134	512	1 480	680	200	700	396	—	190
24	3 872	3 272	600	1 480	545	155	700	510	300	182
25	3 570	3 010	550	1 480	465	175	700	550	—	200
道光1	3 632	3 042	590	1 480	290	160	700	530	300	172
2	3 747	3 212	535	1 480	215	281	700	552	300	219
3	3 578	3 093	485	1 480	245	323	700	540	—	199
4	3 509	3 024	485	1 480	375	276	700	570	—	171
道光5	—	2 868	—	—	—	—	—	—	—	—
6	3 197	2 697	500	1 480	210	334	700	293		180
7	2 738	2 178	560	740	240	270	700	320	300	160
8	2 888	2 338	550	740	230	340	700	410	300	168
9	1 860	1 570	290	740	380	260	—	—	300	180
10	—	2 207	—	—	—	—	—	—	—	—

续表 12-3

年份	运解新疆绸缎数	南省运解绸缎数	其他运解绸缎数	伊犁	塔尔巴哈台	乌什	叶尔羌暨和阗	喀什噶尔	喀喇沙尔	阿克苏
11	2 490	2 169	321	—	—	—	—	—	—	—
12	—	2 149	—	—	—	—	—	—	—	—
13	2 461	2 291	170	740	287	299	625	450		60
14	—	2 674		—	—	—	—	—	—	—
15	2 286	2 069	190	740	210	326	250	570	—	190
16	3 234	3 069	165	740	210	334	780	570	300	300
17	3 336	3 101	235	740	210	336	780	570	300	400
18	3 072	2 837	235	740	310	352	500	570	300	400
19	3 172	2 937	235	740	210	430	550	570	300	372
20	—	2 486		—	—	—	—	—	—	—
道光21	3 018	2 748	270	370	370	512	500	570	300	396
22	3 405	3 205	200	450	300	508	786	575	300	396
23	3 244	3 064	180	370	300	487	706	575	300	396
24	3 328	3 123	205	370	415	469	786	570	300	398
25	3 253	3 103	150	370	300	495	786	570	300	402
26	—	2 973	—	—	—	—	—	—	—	—
27	3 389	3 208	181	370	430	495	786	570	300	408
28	3 694	3 584	110	740	360	495	786	570	300	413
29	3 809	3 524	285	940	300	495	786	570	300	418
30	3 844	3 529	315	940	300	495	786	570	300	423
咸丰1	3 849	3 534	315	940	300	495	786	570	300	428
2	3 794	3 484	310	940	240	495	780	570	300	433
3	3 860	3 550	310	940	300	786	570	200		495

（资料来源：《内务府·来文》《内务府·奏销》等）

表13 1840—1850年俄国对新疆贸易统计表

年代	俄国对新疆输出	新疆对俄国输出	贸易总额
1840	194 157	173 070	367 227
1841	132 522	149 980	282 502
1842	143 622	151 330	294 952
1843	208 218	161 712	369 930
1844	192 413	148 340	340 753
1845	238 262	241 268	479 530
1846	209 362	304 919	514 281
1847	174 262	249 171	422 438
1848	118 602	134 482	253 084
1849	204 207	317 709	521 916
1850	211 516	530 538	742 054

（资料来源：《俄中通商历史——统计概要》第434页）

表14 1851—1853年俄国与新疆贸易统计表

品名	1851年			1853年		
	数额	价值（千卢布）	占总值比重%	数额	价值（千卢布）	占总值比重%
总额其中：		288.7	100		675.7	100
棉织品		118.2	51.7		288.6	42.7
呢绒	32 351俄尺	29.3	12.8	91 500俄尺	158.4	23.4
毛织品		2.4	1.1		7.7	1.1
制革		29.5	12.8		53.4	7.9
金属及其制品		30.8	13.5		44.2	6.5
皮毛		1.3	0.6		53.8	8
其他		17.2	7.5		69.6	10.4

（资料来源：《苏中经济关系概要》）

表 15 　　　　1878 年前清军装备的各种洋枪诸元素表

装备年代	步枪名称	口径（毫米）	枪重（公斤）	弹丸重（克）	初速（米/秒）	有效射程（米）	最大射程（米）
1842	法国线膛步枪	18	4.8	36.0	310		
1867	英国土乃德步枪	14.7	4.5	31.1	381	100	800
1867	美国林明敦边针枪	12.11	4.22	32.5	398	100	800
1867	美国林明敦中针枪	11.7	4.49	39.0	358	200	900
1871	英国亨利—马梯尼步枪	11.43	4.1	31.1	411	300	1 200
1871	德国老毛瑟步枪	11.15	4.6	25.0	434		
	法国哈乞开斯步枪	11.6		35.0	358	100	800
	美国黎意步枪	11.09	4.09	27.0	358	300	1 000
1877	奥地利韦恩德尔步枪	11.15		24.0	438		
	比利时培来兵枪	10.16	3.77	38.0	345	200	900

（资料来源：《中国近代军事史论文集》）

表 16 　　　　阿古柏军队兵力情况、武器装备一览表

驻扎城池	兵力情况					兵力合计	武器装备	备注
	吉杰特	沙尔巴兹	吉杰特和沙尔巴兹	中国人和东干人	东干团练			
喀什城	1 000	2 000 ~ 2 200	600	1 000		4 600 ~ 4 800	火炮20门；一个步兵营使用来复枪，其余使用杂式武器，其中有很多火绳枪；骑兵的武器主要是扳机枪，也有一些连发枪；阿里达什的士兵一部分用连发枪其余士兵使用的是杂式武器，其中也有火绳枪。	著者访问过之地区注(1)原文如此
玛喇尔巴什	300	100				400	沙尔巴兹用火绳枪，吉杰特不得尔知。	
阿克苏	100	1 100				1 500 (1)	有扳机枪，也有火绳枪。	
拜城			400			400	多半是火绳枪。	
库车	1 000	500				1 500	多用扳机枪，一部分吉杰特用燧石枪。	
库尔勒	1 500	660				2 160	火炮3门。余则不详。	

续表 16-1

驻扎城池	兵力情况					兵力合计	武器装备	备注
	吉杰特	沙尔巴兹	吉杰特和沙尔巴兹	中国人和东干人	东干团练			
山地的卡伦和城堡			1 500			1 500	多为火绳枪，一部分用扳机枪	著者未曾访问地区
达坂城	900					900	火炮 2 门，使用斯奈德式连发枪	集结在前线之部队
吐鲁番	3 500	5 000			10 000	18 500	20 门各种火炮，一部分骑兵用连发枪一部分步兵用线膛扳机枪和本地的扳机枪，其余是火绳枪	
托克逊	4 000	2 000				6 000	五门后膛炮，余则不详	
叶尔羌与英吉沙尔			4 000			4 000	不详	
和田			3 000			3 000	不详	
总计	13 000	12 000～14 000	10 000	1 000	10 000	46 000～48 000		为大约数

1. 资料来源：《喀什噶尔》；

2. 著者指俄国人库罗帕特金；

3. 阿古柏军队分为"吉杰特"（骑兵）、"沙尔巴兹"（步兵）和"托普齐"（炮兵）。

表 17　　　　　西征过程中左宗棠修治道路一览表

（同治五年—光绪四年）

省境	筑路方向	重点修治路段	修治情况	备注
陕西	潼关—西安—	1. 潼关—陕西	平治	
甘肃	—泾州—平凉—安定—兰州—凉州—甘州—肃州—安西—另：1—兰州—碾伯—丹噶尔—；2—平凉—固原—惠安堡；3—乾州—庆阳—	2. 平凉三关口	新修车路 20 余里	1. 泾州新修大小木石桥 9 座 2. 平凉新修木石桥 29 座 3. 固原新修木石桥 10 座 4. 会宁新修木石桥 19 座 5. 安定新修木石桥 8 座 6. 金县新修木石桥 3 座 7. 皋兰新修木桥 1 座 8. 平番新修石桥 1 座 9. 狄道州西门外修筑永宁桥 10. 岚关坪—白林口新修木桥 2 座
		3. 嵩店—瓦亭	另筑石路 40 余里	
		4. 翟家所—会宁城东	新筑车路 40 余里	
		5. 会宁—安定	平治	
		6. 平番烂泥湾	新筑石路一道	
		7. 甘肃东北庆阳、泾州、平凉、固原以及固原往北经过平远到惠安堡	平治	
		8. 岚关坪—白林口	修筑道路 160 里	
		9. 碾伯县响堂—老鸦堡	修筑道路 240 里	
		10. 大通县境	修筑道路 300 余里	
		11. 丹噶尔厅（现属青海省）	修筑东路西石峡道 10 里和南路药水峡峡道 30 里	

续表 17 – 1

省境	筑路方向	重点修治路段	修治情况	备注
新疆	—哈密—巴里坤—另：1—哈密—吐鲁番—；2—托克逊—喀喇沙尔—	12. 哈密—巴里坤段的天山之脊	凿平险阻、降低坡度、立石贯木、装设扶栏，回绕 36 盘，路宽 5、6 尺	11. 在古称轮台的布古尔东 4、5 里地方修缮大桥 1 座
		13. 哈密—吐鲁番段从墩到七克腾木有南北两道	把南路台站移到北路并添建房屋	
		14. 达坂（旧时山路陡绝）	另凿新路 1 里	
		15. 托克逊—喀喇沙尔段苏巴什山口	修治、凿平 170 里长	
		16. 喀喇沙尔有清水河碱滩 5、6 里	将其填筑成车路	
		17. 玛喇尔巴什—爱吉特虎	修筑道路 530 里	12. 新修大小桥梁 20 余座
		18. 玉带里克—龙口桥	修筑所有道路	13. 修筑所有桥梁
				14. 在七克托修筑桥梁 2 座
		19. 喀什噶尔城以南	修筑道路数百里	15. 新修桥梁 30 多座

注：1. 省境以清代区划为准；

2. 资料来源：《左宗棠全集》《左文襄公在西北》。

表 18　　　　　　　　收复新疆过程中开凿井渠情况表

开凿地点	具体开凿渠井情况形	主持开凿者
哈密	兴修渠两道（一道在天山下罢溪阪地方，引水至黄萝岗东北之大泉，又一道在天山下拨橙地方引水，经大泉，至黄萝岗东北小杨下，长六十余里，宽约八丈，深十丈余）	先经张曜屯田加以修治后由哈密防营总兵黄本富易玉林重为浚治
巴里坤	兴修大泉东渠一道（在城东南三十五里，由导源南山雪水之东沟渠分枝，长二十里）	统领蜀军提督徐占彪
古城子	兴修官民各渠	
乌鲁木齐	兴修永丰、太平、工兴等渠（永丰东渠在城西南九十里，导源城南大西沟之西二道口，长三十里。枝渠二：永丰中渠长三十里，永丰西渠长六十里太平渠在城南六十里导源大西沟之西二道口长八十里枝渠二：太平二渠长五十里太平三渠长三十里，又开辟大地寓堡、小地寓堡，与九家湾支渠三道。都从导源乌拉摆水之两河口渠分枝，共长二十余里）	官借给银两督导商民修理
玛纳斯	兴修大顺渠一道	
吐鲁番	兴修官民各渠，挖掘坎井一百八十百处	督办善后道员雷声远防营提督罗瑞秋游击宋德罗兴修
喀喇沙尔	兴修官渠十道，开辟上户新开渠一道（在城西一、百八十里，导源哈满沟河，长三十里）	
库车	兴修阿柯寺塘，塞巴里河两渠，横贯戈壁六十里。（阿柯寺塘渠在城南六十五里，从导源渭干河之新托依堡渠分枝，长十里。）	统领安远军安徽寿春镇总兵易开俊
库尔勒	兴修官渠、民渠各一道	防营都司邹金本
库尔楚	兴修河道四十里归渠	防营副将王玉林
南路西四城地区	（1）大连、小连、蕚拉合齐和老南四渠、共长一百六十里。 （2）龙口桥以上，英阿瓦提、牌素巴特各渠依次修浚。	

（资料来源：《左宗棠全集·奏稿》卷 54、55 综合而来）

表 19　　清军用兵新疆交通运输方略比较表

（资料来源见表末）

历史事件 / 运输形势	雍正七年至九年平定噶尔丹策零之乱	乾隆二十年（1755 年）二至三月平定准噶尔达瓦齐之战	道光六年至七年平定张格尔之乱	同治十三年至光绪三年平定阿古柏之战
带兵将领	北路：先是以侍卫大臣三等公傅尔丹为靖边大将军，后傅降为振武将军，以锡保为靖边大将军； 西路：以川陕总督、三等公岳钟琪为宁远大将军。	北路：班第为定北将军； 西路：永常为定西将军、伊犁失陷以后，另授策楞为定西将军，驻巴里坤。	以长龄为扬威将军，署陕甘总督杨遇春、前山东巡抚武隆阿参赞军务。	1874 年以乌鲁木齐都统景廉为钦差大臣，正白旗都统金顺为帮办大臣；左宗棠为督办关外粮饷转运，袁保恒为帮办；后以左宗棠为钦差大臣，总揽军务。
兵力规模	北路：先为 23 800 名，后增至 60 300 名； 西路：先为 26 500 名，后增至 35 020 名； 前后共耗银五、六千万两；由陕西承担十之二、三，甘肃承担十之七八。	两路各 25 000 名，马 7 万匹。	先后调集官兵跟役五万多人，每月用粮一百五十万斤，前后耗银千万两之多。	先后有六七万人集结，投入第一线的近四万人，每月应支粮料 436 500 斤； 共耗银45 000 000 余两。

续表 19 - 1

历史事件 / 运输形势	雍正七年至九年平定噶尔丹策零之乱	乾隆二十年（1755 年）二—三月平定准噶尔达瓦齐之战	道光六年至七年平定张格尔之乱	同治十三年至光绪三年平定阿古柏之战
粮运管理机制	兵事、粮饷转运事分开，事权不一；具体西路军需转运由署理陕西总督查郎阿协助岳钟琪办理；此外，还有专办军需的张廷栋、葛森等。		兵事、粮饷转运事分开，事权不一；由鄂山办理军需粮饷，驼载等事宜，由卢坤协办、鄂山授署理陕甘总督；分别在镇迪道、哈密、安肃道分段设立粮台，而以肃州为总汇之区，又于吐鲁番、库车设立	先是兵事、粮饷转运事分开，事权不一；后授左宗棠西征全权，由刘典帮办，总粮台之下，在湖北武汉设有陕甘后路粮台，还分别在巴里坤、西安设立粮台，在肃州、上海、包头、
	另有：钦差总理稽查军需诸务兵部尚书查弼纳，在沿途州县有粮运文员管押粮驮，随营支放兵粮之责。可见，即使粮饷转运亦事权不一，由多人办理，	兵事，粮饷转运事分开，事权不一；由协办陕甘总督尚书刘统勋管理具体事宜，此外，北路派苏章阿、温福专理粮饷；可见，粮饷转运亦事权不一，由多人办理。	粮台，后又调前甘凉道英启赴阿克苏办后路粮饷、军火运事；此外，还有"总理粮饷处"与军需局协同办理军需转运，可见转运内部事权不一，由多人办理	宁夏、哈密设立转运局；除此之外还随时派员办；办理具体粮运事宜，构成了辐射全国的军需转运网络。

续表 19 – 2

运输形势 ＼ 历史事件	雍正七年至九年平定噶尔丹策零之乱	乾隆二十年（1755 年）二至三月平定准噶尔达瓦齐之战	道光六年至七年平定张格尔之乱	同治十三年至光绪三年平定阿古柏之战
军需分布（主要为粮源）与运输线路	军粮源自：甘州、宁夏府、肃州厅；杂草源自：肃州厅；夹布口袋源自凉州府之丰番、武威二县；还曾在西安造炮一百位，鸟枪一万二千杆；粮车在平凉府制造（2 300 辆），帐房在西安制造（5 950 顶）；由西宁口外至柴达木安设台站，军粮亦由此运送，每米一石、每麦一石四十斛每百里给雇价银二钱三分三厘。	军粮源自：哈密、安西皆有贮粮；后将安西粮运赴哈密存贮，故哈密为主要供给地；将一部分站马（16 000 匹）改作战马，并利用甘、凉、西、肃提镇骡马 6 000 匹，向民雇备；后供过于需，其中:驼余3 900余只,马余6 000 ～ 7 000 只，口外军营台站，当仍照旧路，由桥湾路安设至巴里坤；其哈密安西军台亦不必尽撤，著酌留十之三四；从西宁存贮官茶中拨出2 000封，由草地先运哈密，再运至前敌军营。	军粮源自：天山北路屯垦区；其中，伊犁有采买粮而乌鲁木齐有大量积屯粮，只有少量来自河西；军械、火药由内地供给，由内地至乌鲁木齐，逾冰岭转阿克苏；陕西大量置备马匹，在甘肃、西宁处孳生马厂中共调25 000余匹，还从杀虎口、归化购驼六千余只，另：阿拉善亲王，伦布多尔济并其他蒙古汗、王公等进驼四千余只，这样，共存驼26 500余只，大大超过需用的6 000 ～ 17 000只之数还从甘肃运布 6 万匹，其中，1 万匹运塔尔巴哈台，其余运伊犁。乌鲁木齐存拔粮达 20 万石，基本敷用，可省却大部从内地转运之险艰	粮源及运输路线包括：1. 凉州——哈密线，光绪元年后较少采买；2. 由包头归化经乌里雅苏台科布多至巴里坤或古城；3. 由俄国购买大量军粮（1 480 万斤）；4. 宁夏——巴善图素庙线此外，还大兴屯田之风，以逐步减弱异地运粮的压力。

续表 19-3

运输形势＼历史事件	雍正七年至九年平定噶尔丹策零之乱	乾隆二十年（1755年）二至三月平定准噶尔达瓦齐之战	道光六年至七年平定张格尔之乱	同治十三年至光绪三年平定阿古柏之战
运输方式	主要还是用官车（7 000 辆），并购买骡头13 000头，买牛7 096头，以抵羊35 000余只；共运到抵作军粮之羊450 000只，由于倒毙、丢失，比原计少120 000只之久。此次军需凡采买军粮、草料并一切应需物件，均照时价买备；军粮系随营带运（十二个月）；岳钟琪曾计划"至大兵抵伊犁后，不过数月，大局已定，再为拨驼转运亦远不可"；岳钟琪：若届隆冬不妨稍候，俟过冬春草发生之时，再行统兵追剿［《宫中档雍王朝奏折（13辑）第177页》］	此次进军，应速行筹计，以便捷轻利为主北路进剿口粮，俱自行裹带，而西路又官运三分之二；口粮数额以四个月为限，极少雇用商驼；兵满二千名，即令带往前进，清军初定准噶尔后，因粮食奇缺，立即撤军。	主要运输方式是官驼民运；也有完全雇回民车辆、商驼之情形；当地各族人民还"自愿"捐献车马，并无偿进行运输；利用从乌鲁木齐设至前敌的十二军台对军粮进行"滚运"；并按照道路险易，分别用车、用驼、用夫，因讯息不通、朝廷不为遥制；乌鲁木齐运往阿克苏之粮是供兵食者一月，存贮者一月，拨运在途者一月；由长龄率军经冰岭一路行走。	主要运输方式是雇佣商民运输，有津商、湘商等；基本上做到了等价交换；军队行军也裹带少量的军粮，由"长夫"负责；为保证运输安全，多采用"层层转运"的方式，在南疆还采用"灌运"的方式。

续表 19-4

历史运输形势＼历史事件	雍正七年—九年平定噶尔丹策零之乱	乾隆二十年（1755年二—三月）平定准噶尔达瓦齐之战	道光六年—七年平定张格尔之乱	同治十三年至光绪三年平定阿古柏之战
资料来源	《清世宗实录》《宫中档雍正朝奏摺》《圣武记》《中国历代战争史》（十三）。（进兵线路见图12）	《清高宗实录》《圣武记》《中国历战战争史》（十三），《清高宗十全武功研究》。（进兵线路见图14）等	《西域通史》《圣武记》《清宣宗实录》《中国历代战争史》（十三）等	主要为：《左宗棠全集》《宫中档光绪朝奏摺》《光绪朝东华录》《清德宗实录》等（进兵线路见图8、图9、图10、图11）

表20　　西征中左宗棠接收、掌管之军饷来源、数量一览表

拨款方式＼时间		同治十三年	光绪元年	光绪二年	光绪三年	合计（两）
部拨(户部)		1 000 000		2 000 000	1 199 630	4 499 630
		拨解景廉军饷银 300 000				
洋款		（无）	3 000 000	（无）	5 000 000	8 000 000
各省关协饷	浙江	84 000	3 562 231			
	江西	68 000	2 010 000			
	广东	52 000	1 801 738			
	湖北	492 253.7626	1 642 857.1428571			
	江苏	581 278.756	1 770 000			
	安徽	85 000	625 000			
	湖南	30 000	670 000			
	福建	200 000	840 000			
	山西	420 000（含河东道）	1 570 000			
	四川	75 000	840 000			22 764 539.39
	山东	164 000	467 948.857			
	河南	22 000	230 040			
	江海关	50 000	100 000			
	粤海关	50 000	140 000			
	江汉关	（无）	20 000			
	浙海关	10 000	（无）			
	闽海关	60 000	560 000			

续表 20 - 1

拨款方式 \ 时间			同治十三年	光绪元年	光绪二年	光绪三年	合计(两)
各省关协饷	陕西军需局饷银		201 964.644 9	345 023.88			
	陕西藩司饷银		75 000	95 000			
	河东道专解雷正绾饷银		40 000	(无)			
	两淮转运司奉拨西征粮运		(无)	50 000			
	金陵军需局军饷银		(无)	738 203.223 49			
各种捐输	总局及直属捐输分局	总局	403 761.52	199 465.8			2 368 551.166
		四川分局	90 201.72	38 168.36			
		山东 济南分局	81 585.576	50 908.992			
		山东 济宁分局	(无)	2 763.2			
		山东 登莱青分局	8 800.368	3 326.8			
		河南分局	(无)	62 785.44			
		山西太原分局	871.08	289.6			
		江宁分局	(无)	42 208.9			
		秦州分局	(无)	569.2			
		福建分局	(无)	56			
		江苏上海分局	86.4	(撤)			
		江苏扬州分局	27.8	(撤)			
		河南漳卫怀分局	4 875.84	(撤)			

续表 20－2

拨款方式 ＼ 时间			同治十三年	光绪元年	光绪二年	光绪三年	合计(两)
各种捐款	地方捐输局	江西捐输局	（无）		12 741.513 2		
		福建统捐局	（无）		173 354.468		
		江苏统捐局	（无）		93 262.736 625		
		江宁统捐局	（无）		50 552.612		
	地方有司代办捐输	山东藩司	（无）		182 000		
		山西藩司	（无）		126 112.88		
		河南藩司	（无）		130 787.6		
		甘肃税厘局	215 117.55		357 969.627 645 7		
		甘肃各盐局盐厘银	19 169.337		11 307.718 432		
		甘肃藩司	76 987.827		10 315.743 4		
		甘肃狄道州	（无）		7 649		
		其他	（无）		470 676.63		

续表 20-3

拨款方式＼时间	同治十三年	光绪元年	光绪二年	光绪三年	合计(两)
上年存银	449 573.133 516 8	108 662.798 837 8			
其他各款 — 大营及上海鄂陕等处挪借各款军饷银	2 204 390.241 61	(无)			6 139 404.415
西宁办事大臣垫拨西宁军饷银	44 164.64	(无)			
甘肃拉普楞蕃寺捐输	4 816	(无)			
甘肃惠安堡盐厘局(盐厘金)	4 916.931 411	(无)			
支放采办支造各款	19 773.583 535	101 938.152 9			
各营旗报缴截旷银	56 069.983 115	140 716.435 2			
各营旗报缴存阵亡病故牟勇口粮	(无)	159 952. 905			
驻陕军需局	(无)	850 000			
鄂粮台解到挪借各商户军饷银	(无)	1 550 000			
胡光墉解到挪华商军饷银	(无)	1 000 000			
合计共收银(两)	8 924 779.137 999 6	34 847 395.709 905 9			43 772 174.85

(资料来源:《左宗棠全集·奏稿》卷54、卷55)

表 21 　　　　　左宗棠军中实额支出军费表

（同治十三年正月至光绪三年十二月）

时间（年、月） 出款名目（两）	同治十三年正月至 同治十三年十二月	光绪元年正月至 光绪三年十二月
各处屯垦费（含采买耕牛籽种价并汉回安插赈济）	86 297.480 692	35 048.422 362
各州县津贴办公并酌补文武各官历任积欠薪廉各营讯制并津贴口粮及添设腰站费用	318 950.914 134	277 952.041 997
各营旗受伤阵亡弁勇恤赏养伤	40 698.384 712	72 580.134 187
借用华洋各商号银两议给利息	39 225.6	951 463.789
采买驼骡置办鞍屉什物餧养等项	188 914.902 226 5	306 764.581 31
随营办事文武及各台局当差员弁薪水书役工匠护勇长夫口粮纸张油红	138 944.148 189	501 105.389 987
采买军粮米麦草料等银除转发各营扣回价银外津贴粮价银	914 723.381 403 6	1 549 766.847 256
采买制造军装军火旗帜号衣棚并洋枪洋炮子药铜帽价银	272 134.733 021 3	2 336 257.613 51
由上海湖北陕西等处起解并由大营拨解各军饷银粮米军装军火等项需用船只车驼夫骡脚价并汇解项银支给汇费等项	824 198.012 283 5	6 452 593.589 869 1
楚军马步各营旗并护军士勇及前您夏将军穆图善固原提督雷正绾部门粮银	3 924 533.181 216 8	14 654 098.532 930 7
其他	1 430 362.219 67（补发同治十二年底欠发各营口粮银）	
合计	8 178 982.967 378 6	26 452 430.938 625 2

（资料来源：《左宗棠全集·奏稿》卷54、卷55）

表22　　　　　清廷谕旨传递方式、传递速度一览表
(注:"未提"之外皆为军机处廷寄)

时间 ＼ 方式	以六百里加急		以五百里加急		以四百里加急		未提		总计	
		比例		比例		比例		比例		比例
同治十三年	3	33.3%	3	33.3%			3	33.3%	9	12.5%
光绪元年	9	59.3%	3	20%	1	6.7%	3	20%	15	20.8%
光绪二年	11	52.4%	3	14.3%			7	33.3%	21	29%
光绪三年	8	29.6%	5	17.3%	1	3.7%	13	49.4%	27	37.5%
合计	30	42%	14	19%	2	2%	26	37%	72	100%

表23　　　　　　　　清廷谕旨内容一览表

时间 ＼ 内容(件)	军需运输	作战	奖恤	其他	内容重复
同治十三年	7	1	2		作战军需重复1件
光绪元年	10	8	1	2	作战军需重复6件
光绪二年	5	9	4	4	作战军需重复1件
光绪三年(含四年正月)	8	9	8	5	作战军需重复2件 作战奖恤重复1件
合计 数量	30	27	15	11	
合计 比例	36%	33%	18%	13%	

(资料来源:《左宗棠全集·奏稿六》)

表 24　　西征军中军需（主要为军粮）缺乏情形一览表

（光绪元年正月至光绪三年十二月）

	光绪元年	光绪二年	光绪三年
正月	景廉军中粮食匮乏（二十五日，《奏稿六》第153页）	文麟军中粮、饷两拙，情形困苦，饥溃堪虞；（初三日，《奏稿六》第374页）陇中用兵，刍粮转馈，非数路并筹，难资接济，劳费未可殚述。（初六日，《奏稿六》第382页）	
二月	南路凉、甘、肃、安西新订之粮十九万石，不为不多，因乏现银，收缴尚欠五万余石。（初二日，《奏稿六》第168页）		
三月	肃州克复后，粮可供至本年见新，运脚则尚短实银数十万两，况关外粮运愈远愈费。（初七日，《奏稿六》第190页）巴、古、济各种粮非宽裕。（初七日，《奏稿云》，第196页）	各省协解西征饷银，未能足数，致有积欠口粮。（初一日，《奏稿六》第429页）	出师绝域，距协饷各省在数千里、万里之外，而总计已到之饷，实止供九月十月之需，诚恐各省催解不前，饷源中断……进攻南路及规取吐鲁番所需饷粮、采运正杂津贴各款至繁且巨，均非预付现银不办。（初六日，《奏稿六》第617~618页）悬军边塞，转运万里，即各省依时起解尚虞迟滞，何况欠解数月？又适臣军饷源锢绝之时，垫无可垫。（二十九日，《奏稿六》第634页）

续表 24-1

	光绪元年	光绪二年	光绪三年
四月		新粮可资接续……虽余粮尚多，而一时运脚难期周转，缺乏堪虞。（十三日，《奏稿六》第 458 页）	臣军饷源早涸……无如久饿之夫，壶飧难于续命……又不敢明以瓶罄罍竭、筹画维艰实在情形示之牍尾，致懈军心……是前敌诸军半年中有饷需断绝之忧，嘉峪关内外各局林立，粮饷、薪草、骡驼、转运脚价，半年中有分文不给之债也。（二十五日，《奏稿六》第 677 页）
五月	古城粮石缺乏，亟需妥善接济。（十八日，《奏稿六》第 223 页）		诚以关外军务方殷，所调客军未可遽撤，饷粮无可匀济，势难兼顾。（初四日，《奏稿六》第 681 页）维南路用兵，局势实为顺利，只因粮饷转运艰难，未能应手，戎机遂因而稍滞。（二十六日，《奏稿六》第 695 页）
六月	景廉、金顺需粮情形甚为迫切。（初九日，《奏稿六》第 224 页）前敌各军灌运尚未充足。（二十八日，《奏稿六》第 291 页）	一年以来，归化、包头、宁夏采运七百万石，甘州、高台、肃州、安西、哈密采运存储之粮至二千数百万斤，不为不多。然兵灾之余，勉筹转馈，劳费万状……南路粮多运拙。（初六日，《奏稿六》第 482 页）	实因地不可弃，并不可停，而饷事匮绝，计非速复庚疆，无从着手。局势所迫，未敢玩谒相将。（十六日，《奏稿六》第 703 页）

续表 24 - 2

	光绪元年	光绪二年	光绪三年
七月			惟目前军饷支拙，近虽借用洋款五百万两亦是万不得已之举。可一而不可再，若南路一日不平，则旷日持久、饷匮兵饥，亦殊可虑（初二日，《奏稿六》第 704 页）拟八月初旬，凉风渐至，各营粮运稍资裹带，当即奖率师徒，鼓行而西。（七月十九日，《奏稿六》第 714 页）
八月	军饷出款，以盐菜、干粮为大宗。近因筹办关外军粮，南北数路转运、腾挪，巨款尽先兑拨。半年以来，已出款 130 余万两；现当整理军事之时，军储不供。（二十五日，《奏稿六》第 319 页、第 329 页）	刻下，乌垣各城以次克复……亟需办理军火、粮运。局势愈阔，需用愈多……第师行绝域，而且愈行愈远，距协饷各省均在数千里、万里之外，即令各省如期起解，臣随收随发，尚有缓不济急之虞；若各省迅速难期，臣何以措手？……且豪富远征，万一利钝靡常，则大局尤不堪设想也！（初一日，《奏稿六》第 526 页）金顺军营目前饷需缺乏，诚恐缓不济急，军士枵腹荷戈，情殊可悯。（二十六日，《奏稿六》第 531 页）	

续表 24 - 3

	光绪元年	光绪二年	光绪三年
九月		官军转战而前,不得不广筹采运,以赴戎机。(十七日,《奏稿六》第549页)	
十月			初三日,余虎恩等亦从间道驰至。比入库尔勒,则空城一座,而行粮已罄,后路转运车驼未至,军无现粮。(十四日,《奏稿六》第756页)
十一月	金顺军中因驼运不继,致稽前进。(十五日,《奏稿六》第366页)	金顺一军为数不少,现值饷需缺乏,必须汰弱留强,庶军士不致饥疲,驱策可资得力。(二十五日,《奏稿六》第582页)	
十二月	前途军火、子药、粮食、柴草虽略有储备,而行饷不能携带一月,倘后路无饷接济,不堪设想。(十四日,《奏稿六》第371页)		自库尔勒以西,所历又皆腴疆,天时地气不殊中土。回思关塞荒瘠寒苦、劳费险阻情形,可谓苦尽甘来。(十八日,《奏稿六》第801页)

注:资料来源:《左宗棠全集·奏稿六》

表 25　　　　　　　　　**左宗棠军中实际支出款项表**

（同治十三年正月至光绪三年十二月）

收支情况（两）	同治十三年正月至十二月	光绪元年正月至光绪三年十二月	合计（两）
前次存银	449 573. 133 516 8	108 662. 798 837 8	——
共收银	8 924 779. 137 999 6	34 847 395. 709 905 9	43 772 174. 85
实入银	8 287 645. 766 216 4	26 745 921. 596 159 6	35 033 567. 36
实存银	9 374 352. 271 516 4	34 956 058. 508 743 7	44 330 410. 77
实额支款	8 178 982. 967 378 6	26 452 630. 938 625 2	34 631 613. 91
欠款	11 173 533. 01	10 772 026. 25	——
备注	1. 共收银：户部部拨各省关协饷及其他收入中应该由左宗棠掌管之银额。2. 实入银 = 共收银—先期扣还上报销年度欠款之一部分。3. 实存银 = 共收银 + 前次存银。4. 前次存银已在下年度报销中清偿，故不能统计其总额。5. 前次欠款已于下年度报销中清偿，故不能统计其总额。		

（资料来源《左宗棠全集·奏稿》卷 54、卷 55）

表26　　　　　　　　左宗棠用兵新疆欠款一览表

（同治十三年正月至光绪三年十二月）

报销年度 欠款名目	同治十三年正月至 十二月	光绪元年正月至 光绪三年十二月
各营旗阵亡受伤牟勇恤赏养伤之欠银	8 453 282.140 258 1（两）	4 381 916.711 968 7
各营旗军饷之欠（含采买转运费用）	366 060.672 2	314 309.540 738 2
挪借其他款项	2 353 190.200 416 1	1. 欠还两次挪用洋款：5 505 000 两 2. 鄂陕各台局挪借欠款：570 800，共欠其他款银6 075 800 两
合计	11 173 533.054 168 1	10 772 026.252 706 9
备注	同治十三年度欠款已在光绪元年正月至十二月的总收入中清还完毕，光绪元年正月至光绪三年十二月的欠款则于光绪五年的保销中扣除，故不能拿两年度的欠款相加得出总欠款。用兵新疆的总欠款其实就是光绪元年正月至光绪三年十二月的欠款数额。	

（资料来源：《左宗棠全集·奏稿》卷54、卷55）

表 27 　　　　　　　　左宗棠关于缺饷专摺统计表

时间 解决情况（件）		同治十三年	光绪元年	光绪二年	光绪三年
及时解决			3	3	2
未及时解决	另有旨		2	2	
	户部或其他衙门具奏	1	4	1	1
合计	总件数	1	9	6	3
	及时处理比例	0%	33%	50%	67%
备注		及时：迅速反应且有具体措施 未及时：含另有旨或由其他衙门具奏			

（资料来源：《左宗棠全集·奏稿六》）

表 28 　　　　　　新疆建省后主要军政官员情况一览表

官职	时间	官员总数	汉族官员数	汉员比例
新疆巡抚	光绪十一年至宣统三年	9	8	90
布政使	光绪十年至宣统三年	13	9	70
提学使	光绪三十二年至宣统三年	3	3	100
镇迪道兼按察使	光绪十一年至宣统三年	14	9	64
喀什噶尔兵备道	光绪九年至光绪二十九年	6	6	100
阿克苏兵备道	光绪九年至宣统三年	12	12	100
伊塔兵备道	光绪十四年至宣统三年	6	4	67
喀什噶尔提督	光绪十一年至光绪二十九年	8	8	100
巴里坤镇总兵	光绪八年至光绪三十年	9	9	100
阿克苏镇总兵	光绪十二年至光绪三十四年	9	9	100
伊犁镇总兵	光绪十一年至光绪三十四年	6	6	100
迪化城守协副将	光绪十四年至光绪三十四年	5	5	100
玛纳斯协副将	光绪十四年至光绪三十三年	5	5	100
哈密协副将	光绪十二年至宣统元年	7	7	100
喀什回城协副将	光绪十五年至光绪二十二年	5	5	100
莎车协副将	光绪十五年至光绪二十七年	3	3	100
乌什协副将	光绪十五年至宣统元年	8	8	100
塔城协副将	光绪八年至宣统二年	13	13	100
伊犁军标协副将	光绪十六年至光绪三十四年	4	4	100

（资料来源：《新疆图志·职官六》）

表29　　　　　　　　　新疆各邮局发递程期表

东路	发递	驿站	道里	时刻
迪化总局	东至古城	6 程	470 里	47 小时
古城分局	东至哈密	13 程	1030 里	107 小时
哈密分局	东至安西	12 程	940 里	100 小时
安西分局	东至嘉峪关	7 程	590 里	60 小时
南路				
迪化总局	南至吐鲁番	6 程	420 里	44 小时
吐鲁潘分局	偏东至鄯善	3 程	240 里	26 小时
鄯善分局	偏东至七角井	6 程	430 里	45 小时
七角井分局	东至哈密	7 程	480 里	48 小时
西路				
迪化总局	西至库尔喀喇乌苏	8 程	700 里	70 小时
库尔喀喇乌苏分局	西北至塔城	13 程	929 里	94 小时
同上	西至精河	6 程	375 里	50 小时
精河分局	西至伊犁惠远城	8 程	575 里	60 小时
塔城分局	由俄邮政局转递 东三省北京			

（资料来源：《新疆志稿》）

表30　　　　　　1908 年新疆电报局所辖线路里程表

局名	经　路
安西	东至嘉峪关止，长 660 里；西至油庄止，长 340 里。 油庄在哈密星星峡东三十余里
哈密	东至油庄止，长 615 里；西至腰站止，长 340 里。 腰站即辽墩一个泉中间之腰站
迪化	东至大泉子止，长 170 里。大泉子在阜城东 45 里 西至石河子止，长 340 里。石河子在绥来城西 30 余里 南至乌尔岸止，长 400 里。
绥来	不管线路

续表 30 - 1

局名	经　路
库尔喀喇乌苏	东至石河子止，长 285 里　西至黑山头止长 375 里。黑山头在精河城东北至双泉子止，长 375 里。双泉子在塔城什纳驿之南
精河	不管线路
伊犁	东至黑山头止，长 590 里；西至宵远城止，长 90 里。
塔城	南至双泉子止，长 295 里；西至俄界巴克图止，长 34 里。
古城	西至大泉子止，长 295 里。
吐鲁番	东至腰站止，长 675 里；西至鸦尔岸止，长 35 里；南至库木什驿止，长 410 里
焉耆	东至库木什驿止，长 415 里；西至布告尔驿止，长 670 里。
库车	东至库木什驿止，长 265 里；西至黑米地止，长 395 里。黑米地在鄂依斯驿西 30 里。
宿温	东至黑米地止，长 330 里；西至齐兰台驿止，长 350 里。
楚巴	东至齐兰台驿止，长 360 里；西至卡拉克驿止，长 164 里。
喀什噶尔	东至卡拉克沁驿止，长 445 里；西至喀什汉城止，长 25 里。

（资料来源：《新疆志稿》）

表 31　　　　清末新疆电信业务经营情况一览表

年份	电信业务收入	电信业务支出	盈亏额		备注
			盈余	亏损	
光绪三十三年（1907）	31 293	35 930		4 672	银两
光绪三十四年（1908）	32 814	35 507		3 693	银两
宣统元年（1909）	30 722	41 002		10 230	银两
宣统三年（1911）	53 275	45 498		7 777	银两

（苗健：《新疆近代邮电事业的创建与发展》《新疆社会科学》2008 年第 1 期。）

表32　　　　新疆建省时期天山南北水利成效之总汇表

	新平县	18	1	19 564
	轮台县	7	17	165 700
	库车州	40	103	654 476
	沙雅县	30	53	303 747
	拜城县	12	14	445 577
	温宿县	17	123	919 475
	乌什厅	36	117	572 793
	柯分县	3	14	28 164
	婼羌县	3	10	18 113
喀什道	皮山县	38	19	360 891
	于阗县	39	43	636 133
	洛浦县	8	47	293 944
	和阗直隶州	32	132	662 334
	巴楚州	26	121	202 728
	叶城县	33	143	844 106
	莎车府	19	184	1 021 500
	伽师县	68	58	366 889
	英吉沙尔	9	61	480 014
	疏勒府	34	206	555 448
	疏附县	46	161	590 454
	蒲犁厅	11	51	1 925
合计		944	2 363	11 190 621

续表 32－1

道属	县别	干渠	支渠	灌田亩数
镇迪道	迪化县	44	66	186 637
	昌吉县	13	96	96 674
	呼图壁县丞	38	64	53 800
	奇台县	20	30	316 280
	阜康县	6	24	51 759
	绥来县	51	163	109 748
	孚远县	7	21	12 039
	吐鲁番直隶厅	34	23	82 149
	鄯善县	46	21	75 159
	镇西直隶厅	34	24	41 175
	哈密直隶厅	21	23	19 210
伊塔道	塔城直隶厅	15	10	43 807
	精河直隶厅	7	9	4 227
	绥定县	15	28	29 140
	宁远县	13	7	645 550
苏克	焉耆府	30	7	167 805

（资料来源：《明清西北社会经济史研究》）

表 33　　1865—1911 年间遣戌新疆主要犯官情况一览表

姓名	获罪时间	流前官职	获罪原因	在新疆事略	结局	史地著作
田兴恕	1865	贵州提督	发起贵州教案			
方士淦				平正张格尔中办理军需出力有功	负罪释回	
谈春台		河布糖道员		捐资在乌鲁木齐招募万户汉民到巴楚屯田	官六品顶戴释回	

续表 33 - 1

姓名	获罪时间	流前官职	获罪原因	在新疆事略	结局	史地著作
冯德馨		湖南巡抚		审办叶尔羌控案有功	释回原籍	
徐延旭	1886	广西巡抚	中法战中指挥溃败			
苏元春	1904	广西提督	被劾挪用营饷、营事废弛			
赵沃	1886	道员	中法战中指挥失败和阵前擅离职守	管理屯田奋免自新	留为屯垦	
张荫桓	1898	户部左侍郎	参与变法		1901 年平反复官并赦归	
李端芬	1898	礼部尚书	保荐康有为		中途因病改品甘州	
荣和	1899	副都统	营务废弛			
载漪	1901	端郡王	庚子之变的罪魁		途中贺兰山阿拉善旗	
载澜	1901	辅国公	庚子之变的罪魁			
裴景福	1903	广东南海知县	贪酷,查无证据但控禀有案			《河海昆仑录》
苏元春	1904	广西提督	修边防挪用存饷			

续表 33 - 2

姓名	获罪时间	流前官职	获罪原因	在新疆事略	结局	史地著作
刘鹗	1908	知府	"垄断矿利……，勾结洋人盗卖仓米，私设盐会社"		次年 8 月 23 日，病死乌鲁木齐	
贻谷	1911	绥远城将军	朋比欺蒙，侵蚀巨款		贻谷后改发易州安家	

表 34　　　　　1840—1949 年新疆人口统计表

时间	人口数（万）	增长率 %	年平均增长率‰	数字出处
1826	110			齐清顺：《清代新疆农业生产力的发展》，载《西北民族研究》，1988 年 2 期
1902	200. 39	82. 17	10. 81	《新疆图志》卷（一）四
1911	216. 20	7. 889	8. 7	民政部第二次人口调查
1920	251. 95	16. 535	18. 37	邮政局报告
1925	268. 83	6. 67	13. 4	同上
1928	255. 17	- 5. 081	- 16. 93	同上
1935	257. 7	0. 991	1. 42	国民政府公报
1942	373	44. 742	63. 9	周东郊：《新疆十年》
1943—1944	年平均395. 3	5. 979	29. 89	倪超：《新疆水利》
1946	401. 97	1. 687	8. 44	严重敏：《西北地理》
1949	433. 34	7. 804	26. 01	《新疆维吾尔自治区国民经济统计提要》（1949—1978）

（资料来源见表中）

表 35　　　　　　　　　新疆各道人口统计表

		总住户	城镇住户	外省人寄住户	本省人寄住户	商人
镇迪道	迪化县	7 342	4 699	4 198	446	4 925
	吕吉县	1 767	666	240	118	506
	呼图壁分县	1 461	299	251	94	155
	绥来县	3 464	1 000	1 402	309	97
	阜康县	1 070	359	297	165	404
	孚远县	1 956	452	559	118	423
	奇台县	6 692	2 316	1 759	273	329
	吐鲁番厅	9 095	716	823	163	721
	鄯善县	5 021	865	253	21	356
	镇西厅	1 817	919	143	189	121
	库尔喀喇乌苏	1 767	355	242	141	111
	哈密厅	1 251	876	812	182	146
伊塔道	绥定县	3 973	2 478	949	748	1 232
	宁远县	5 052	1 613	884	1 024	165
	精河厅	542	425	72	185	417
	塔城厅	993	651	280	154	906
阿克苏道	温宿府	12 052	2 248	278	195	638
	温宿县	11 374	2 991	364	536	120
	柯坪分县	1 284	151	203	281	21
	拜城县	8 618	841	—	21	45
	焉耆府	4 446	2 263	1 211	641	1 123
	新平县	837	106	15	218	59
	婼羌县	712	84	7	53	71
	轮台县	2 834	378	88	128	132
	库车州	18 151	2 862	189	1 151	3 789
	沙雅县	6 107	766	56	184	82
	乌仕州	7 217	843	65	249	1 230

续表 35 - 1

		总住户	城镇住户	外省人寄住户	本省人寄住户	商人
喀什噶尔道	疏勒府	36 158	639	1 404	1 624	1 746
	疏附县	38 031	6 138	140	274	3 762
	伽师县	27 762	132	27	235	1 692
	莎车府	44 663	7 312	1 082	2 656	1 834
	蒲犁厅	1 674	98	—	—	—
	巴楚州	10 813	989	135	21	2 120
	叶城县	29 083	2 961	332	705	1 236
	皮由县	7 879	879	12	263	384
	和阗州	43 401	2 412	771	1 060	1 940
	洛甫县	11 735	314	37	19	587
	于阗县	24 118	2 987	151	201	428
	英吉沙尔厅	26 347	1 501	92	701	2 102

（资料来源：《新疆图志》）

表 36　　　　　　　　　　津帮八大家一览表

商业名称	开业年份	地址	经理	资本（万银元）	经营范围	从业人员	附注
同盛和	1885	南大街	柳士清 曹余山	2.5	京广杂货	20 余人	
复泉涌	1886	实验食品店	周保定	2.0	酱园糕点海味百货	10 余人	
德恒泰	1900	大十字寄卖行	崔善堂接管	1.7	百货绸缎	10 余人	
永裕德	1906	天山商场	杨绍周	2.5	货栈百货药材杂货	10 余人	
升聚永	1908	天山商场西	李铸卿	2.3	京广杂货	10 余人	1918 年停业

续表 36 - 1

商业名称	开业年份	地 址	经 理	资本（万银元）	经营范围	从业人员	附注
公聚成	1909	同盛和对面	资方史培元、经理王静堂	1.5	京津杂货	10余人	1923年停业
聚兴永	1909	天山商场对面	肖春芳	1.5	京广杂货	10余人	1913年停业
新盛和	1910	同盛和对面	赵玉堂	1.2	京广杂货	10余人	

［来源：资料来源：《乌鲁木齐市志》第4卷（经济）下，新疆人民出版社1997年版，248页］

表 37　　　　大西路干路沿线经商情况一览表

经商区	商店名称	总店所在	资金等级	商业种类	其它
古城子	兴盛魁	呼市总店	一等	饭馆	一等资本百万元以上
	天元成	呼市总店	一等	杂货店	二等资本五十万以上
	天元堂	呼市总店	一等	药铺	三等资本十万元以上
	福盛兴	呼市总店	一等	杂货店	
	目新公	呼市总店	一等	杂货店	
迪化	三成元	迪化股东	一等	饭馆	
	通顺和	天津总店	一等	杂货店	
	震丰亨	天津总店	一等	杂货店	
	天元成	呼市总店	一等	杂货店	
	天元堂	呼市总店	一等	药铺	
	兴盛魁	呼市总店	一等	饭馆	
莫乃斯	天元成	呼市总店	一等	杂货店	
	大顺玉	古城总店	一等	杂货店	
	义成长	古城总店	一等	杂货店	
	永顺和	呼市总店	一等	杂货店	
	天元盛	呼市总店	一等	杂货店	
	天元兴	呼市总店	一等	杂货店	
北叶儿	道盛洋行	呼市总店	一等	皮毛壮	
	百货商店	天津总店	一等	杂货店	

（资料来源：《内蒙古文史资料》第22辑）

表38 大西路南北支路沿线经商情况一览表

经商区	商店名称	总店所在	资金等级	商业种类	其他
伊犁	百货商店	天津总店	一等	杂货店	一等资本百万元以上
	通顺和	天津总店	一等	杂货店	二等资本五十万以上
	震丰恒	天津总店	一等	杂货店	三等资本十万元以上
吐鲁番	通顺和	迪化总店	一等	杂货店	大西路南支路
	天元成	古城总店	一等	杂货店	
库车儿	通顺和	迪化总店	一等	杂货店	
	天元成	古城总店	一等	杂货店	
	天元盛	莫乃斯总店	一等	杂货店	
	天元兴	莫乃斯总店	一等	杂货店	
	义成长	古城总店	一等	杂货店	
	永顺和	莫乃斯总店	一等	杂货店	
阿克素	通顺和	迪化总店	一等	杂货店	
	天元成	古城总店	一等	杂货店	
	义成长	古城总店	一等	杂货店	
	永顺和	莫乃斯总店	一等	杂货店	
喀什	天元成	古城总店	一等	杂货店	
	通顺和	迪化总店	一等	杂货店	
	天元兴	莫乃斯总店	一等	杂货店	
	天元盛	莫乃斯总店	一等	杂货店	
和阗	天元成	古城总店	一等	杂货店	
	通顺和	迪化总店	一等	杂货店	
	天元盛	莫乃斯总店	一等	杂货店	
	义成长	古城总店	一等	杂货店	
	永顺和	莫乃斯总店	一等	杂货店	

续表 38 – 1

经商区	商店名称	总店所在	资金等级	商业种类	其他
阿太	天元成	莫乃斯总店	一等	杂货店	
	大顺玉	莫乃斯总店	一等	杂货店	
	通顺和	迪化总店	一等	杂货店	
	义成长	莫乃斯总店	一等	杂货店	
	天元盛	莫乃斯总店	一等	杂货店	
	永顺和	莫乃斯总店	一等	杂货店	

（资料来源：《内蒙古文史资料》第 22 辑）

附录二：主要参考文献

（一）

1. 中国史学会主编. 中国近代史资料丛刊·洋务运动 [M]. 上海：上海人民出版社，1973.

2. 中国史学会主编. 中国近代史资料丛刊·回民起义 [M]. 上海：神州国光社，1952.

3. （清）左宗棠. 左宗棠全集 [M]. 上海，上海书店，1986，影印本.

4. （清）左宗棠著，杨书霖等编. 左文襄公全集 [M]. 光绪十六年至十八年刻，1986 年上海：上海书局，据光绪刻本影印.

5. （清）左宗棠著，林鸣凤等整理. 左宗棠全集·家书、诗文 [M]. 长沙：岳麓书社，1987.

6. （清）左宗棠著，岑生平校点. 左宗棠全集·奏稿 [M]. 长沙：岳麓书社，1987—1996。文中注解简称：《左宗棠全集·奏稿六》，以与影印本相区别.

7. （清）左宗棠著，邓元生校点. 左宗棠全集·札件 [M]. 长沙：岳麓书社，1986.

8. （清）奕訢总裁，陈邦瑞总纂. 钦定平定陕甘新疆回匪方略 [M]. 光绪二十二年大字铅印，北京大学图书馆藏本.

9. （清）昆冈等修，吴树梅等纂. 钦定大清会典［M］. 光绪二十五年京师官书局大字铅印，据北京大学图书馆藏本.

10. （清）昆冈等修，李鸿章等纂. 钦定大清会典事例［M］. 光绪二十五年大字石印本，北京大学图书馆藏本.

11. （清）林则徐著，中山大学历史系中国近代史教研室编. 林则徐集［M］. 北京：中华书局，1962—1965 年铅印.

12. （清）朱寿朋编纂，张静庐等校点. 光绪朝东华录［M］. 北京：中华书局，1984.

13. （清）（台湾）故宫博物院编辑. 故宫文献特刊·宫中档雍正朝奏折［J］.（台湾）故宫博物院，1975.

14. （清）（台湾）故宫博物院编辑. 故宫文献特刊·宫中档光绪朝奏折［J］.（台湾）故宫博物院，1973.

15. （清）宝鋆纂修. 筹办夷务始末［M］.（同治朝），民国19 年故宫博物院据清内务府写本影印，北京大学图书馆藏本.

16. （清）庆桂监修，吉纶总纂. 大清高宗纯皇帝实录［M］. 北京：中华书局，1986.

17. （清）文庆等纂. 大清宣宗成皇帝实录［M］. 北京：中华书局，1986 年据大红绫本影印.

18. （清）世续监修，陆润庠总纂. 大清德宗景皇帝实录［M］. 北京：中华书局，1986.

19. （清）宝鋆监修，沈桂芬等总裁. 清穆宗实录［M］. 北京：中华书局，1987.

20. 中国第一历史档案馆. 军机处录副折·军需类. 军机处录副折·民族类. 军机处录副折·帝国主义侵略类［M］.

21. 中国第一历史档案馆《左宗棠全集》整理组编. 左宗棠未刊奏摺［M］. 长沙：岳麓书社，1987.

22. （清）左宗棠著，任光亮等整理. 左宗棠未刊书牍［M］. 长沙：岳麓书社，1989.

23.（清）王彦威辑，王亮编. 清季外交史料（光绪朝）[M]. 北平：《清季外交史料》编纂处，1931 年铅印.

24.（清）刘锦棠. 刘襄勤公奏稿［R］. 长沙：光绪二十四年刻，台北：成文出版社，1968 影印本.

25. 顾廷龙，叶亚廉主编. 李鸿章全集［M］. 上海：上海人民出版社，1986.

26. 佚名辑. 宣统政纪［M］. 台湾：文海出版社，1989.

27. 中国社会科学院近代史所《近代史资料》编辑部. 近代史资料［M］.（第 91 号），中国社会科学出版社不定期出版.

28. 中国人民政治协商会议新疆维吾尔自治区委员会文史资料研究委员会. 新疆文史资料［M］. 新疆人民出版社不定期出版.

29. 中国人民政治协商会议天津市委员会文史资料研究委员会. 天津文史资料［M］. 天津人民出版社不定期出版.

30. 内蒙古自治区政协文史资料委员会. 内蒙古文史资料［M］. 内蒙古人民出版社不定期出版.

31. 甘肃省政协文史资料委员会. 甘肃文史资料［M］. 甘肃人民出版社不定期出版.

32. 新疆维吾尔自治区乌鲁木齐市政协文史资料委员会. 乌鲁木齐文史资料［M］. 新疆青年出版社不定期出版.

33. 中国科学院历史研究所. 新疆地方历史资料选辑［M］. 北京：人民出版社，1987.

34. 中国社会科学院中国边疆史地研究中心编.

（1）清代新疆稀见史料汇辑［CD］. 北京：全国图书文献缩微复制中心，1990.

（2）《新疆乡土志稿》，同上.

35. 故宫博物院明清档案部编. 清代中俄关系档案史料选编［M］.（第 3 编），北京：中华书局，1979.

36. 复旦大学历史系中国近代史教研组. 中国近代中外关系史资料选辑［M］. （下卷、第 1 分册），上海：上海人民出版社，1977.

37. 聂宝璋. 中国近代航运史资料（1840—1895）［M］. （第 1 辑）上册，上海：上海人民出版社，1983.

38. 孙毓棠. 中国近代工业史资料［M］. （第 1 辑），北京科学出版社，1957.

39.《申报》

40. 毛泽东. 毛泽东选集［M］. （四卷本），北京：人民出版社，1991.

41. 孙武. 孙子兵法［M］. 武汉：武汉出版社，1994.

42. 张荣铮，刘勇强等点校. 大清律例［M］. 天津：天津古籍出版社，1993.

43. 中国史学会主编. 辛亥革命［M］. 上海：上海人民出版社，1955.

（二）

1.（清）魏源. 圣武记［M］. 北京：中华书局，1984.

2.（清）林则徐. 林则徐集·奏稿［M］. 下册，北京：中华书局，1965.

3.（清）林则徐. 林则徐集·日记［M］. 北京：中华书局，1984.

4.（清）罗正钧著，朱悦，朱子南校点. 左宗棠年谱［M］. 长沙：岳麓书社，1982.

5.（清）赵尔巽，柯绍忞等纂. 清史稿［M］. 北京：中华书局，1977.

6.（清）王定安著，朱纯校点. 湘军史专刊之二·湘军记［M］. 长沙：岳麓书社，1983.

7.（清）刘锡鸿. 英轺私记［M］. 长沙：湖南人民出版

社，1981.

8.（清）钟广生. 新疆志稿［M］. 哈尔滨：中国印刷局，1930.

9.（清）阚仲韩. 新疆大记［M］. 合肥：阚氏家氏铅印，光绪三十三年.

10.（清）朱德裳. 湘军史专刊之一·续湘军志［M］. 长沙：岳麓书社，1983.

11.（清）袁大化主持，王树楠，王学曾编纂. 新疆图志［M］. 新疆官书局铅印，民国年间.

12.（清）佚名. 军台道里表［G］//小方壶斋舆地丛钞（第二帙），上海：著易堂印行.

13.（清）龚自珍. 西域置行省议［G］//小方壶舆地丛钞（第二帙），上海：著易堂印行.

14.（清）斐景福. 河海昆仑录［G］//小方壶舆地丛钞（第二帙），上海：著易堂印行.

15.（清）魏光焘. 勘定新疆记［J］. 选自中国史学会主编. 中国近代史资料丛刊·回民起义［J］（四），上海：神州国光社，1952.

16.（民国）吴廷燮纂. 新疆大记补编［M］. 民国25年铅印.

17.（民国）秦翰才. 左文襄公在西北［M］. 长沙：岳麓书社，1984.

18.（民国）林竞. 新疆纪略［M］. 乌鲁木齐：天山学会，1918.

19.（民国）钟广生. 新疆志稿［M］. 第89页，湖滨补读庐丛刻铅印本，1930.

20. 孙君毅. 清代邮戳志［M］. 北京：中国集邮出版社，1984.

21. 董蔡时. 左宗棠评传［M］. 北京：中国社会科学出版社，1984.

22. 左焕奎. 左宗棠略传［M］. 武汉：华中师范大学出版社，1983.

23. 许毅，孙家松，王国华. 中国近代财政经济史丛书·清代外债史论［M］. 北京：中国财政经济出版社，1996.

24. 章鸣九，左步青，阮芳纪编. 洋务运动史论文选［M］. 北京：人民出版社，1985.

25. 曹均伟. 近代中国利用外资［M］. 上海：上海社会科学院出版社，1997.

26. 严中平. 中国近代经济史统计资料选辑［M］. 北京：科学出版社，1955.

27. 黄逸峰，姜铎编著. 中国近代史论丛［M］. 上海：上海社会科学院出版社，1988.

28. 中国人民大学清史研究所编. 清史研究集［G］.（第2辑），北京：中国人民大学出版社，1982.

29. 龙盛运. 中国近代史专题研究丛书·湘军史稿［M］. 成都：四川人民出版社，1990.

30. 军事科学院战略研究部选编，主编梁巨祥. 中国近代军事史论文集［G］. 北京：军事科学出版社，1987.

31. 陈桦. 清代区域社会经济研究［M］. 北京：中国人民大学出版社，1996.

32. 杨东梁. 左宗棠评传［M］. 长沙：湖南人民出版社，1985.

33. 华立. 清代新疆农业开发史［M］. 哈尔滨：黑龙江教育出版社，1995.

34. 王绳祖. 中英关系史论丛［M］. 北京：人民出版社，1981.

35. 林永匡，王熹. 清代西北民族贸易史［M］. 北京：中央民族学院出版社，1997.

36. 余太山. 西域通史［M］. 郑州：中州古籍出版社，1996.

37. 刘志霄.《维吾尔族历史》（中编）［M］. 北京：中国社会科学出版社，1996.

38. 厉声. 新疆对苏（俄）贸易史（1660—1990）［M］. 乌鲁木齐：新疆人民出版社，1993.

39. 中国社会科学院近代史研究所. 沙俄侵华史［M］. 北京：人民出版社，1981.

40. 罗尔纲. 湘军兵志［M］. 北京：中华书局，1984.

41. 台湾三军大学编. 中国历代战争史［M］. 北京：军事译文出版社，1983.

42. 李兴盛. 中国流人史［M］. 哈尔滨：黑龙江人民出版社，1996.

43. 魏丽英. 晚清西北社会经济史研究［M］. 西安：三秦出版社，1989.

44. 马汝珩，马大正主编. 清代边疆开发研究［M］. 北京：中国社会科学出版社，1990.

45. 中国公路交通史编审委员会. 中国公路交通史丛书·中国古代道路交通史［M］. 北京：人民交通出版社，1994.

46. 郭欣. 古今交通拾趣［M］. 北京：人民交通出版社，1992.

47. 姜鲁鸣. 中国国防经济历史形态［M］. 北京：国防大学出版社，1995.

48. 军事科学院《中国近代战争史》编写组. 中国近代战争史（第2册）［M］. 北京：军事科学出版社，1985.

49. 潘志平. 中亚浩罕与清代新疆［M］. 北京：中国社会

科学出版社，1988.

50. 徐万民. 战争生命线 ［M］. 南宁：广西师范大学出版社，1996.

51. 钟兴麒. 新疆建省评述 ［M］. 乌鲁木齐：新疆大学出版社，1993.

52. 新疆维吾尔自治区民族研究所编. 新疆简史（下册）［M］. 乌鲁木齐：新疆人民出版，1965.

53. 张凤波. 中国交通经济分析 ［M］. 北京：人民出版社，1987.

54. 王戎笙. 清代的边疆开发 ［M］. 成都：西南师范大学出版社，1993.

55. 庄吉发. 清高宗十全武功研究 ［M］. 北京：中华书局，1987.

56. 来新夏. 林则徐年谱新编 ［M］. 天津：南开大学出版社，1997.

57. 李明伟主编. 丝绸之路贸易史研究 ［M］. 兰州：甘肃人民出版社，1991.

58. 王炳华. 丝绸之路考古研究 ［M］. 乌鲁木齐：新疆人民出版社，1993.

59. 中国社会科学院考古研究所编. 殷墟玉器 ［M］. 北京：文物出版社，1982.

60. 王国维. 王国维文学美学论著集 ［M］. 郑州：北岳人民出版社，1987.

61. 黄新亚. 丝路文化·沙漠卷 ［M］. 杭州：浙江人民出版社，1995.

62. 刘进宝. 敦煌学述论 ［M］. 兰州：甘肃教育出版社，1991.

63. 包尔汉. 新疆五十年 ［M］. 北京：文史资料出版

社，1984.

64. 管守新. 清代新疆军府制度研究［M］. 北京：新疆大学出版社，2002.

65. 邮电史编辑室. 中国近代邮电史［M］. 北京：人民邮电出版社，1984.

66.《新疆通志·邮电志》［M］. 乌鲁木齐：新疆人民出版社，1998.

67.（德）克劳塞维茨. 战争论［M］. 北京：商务印书馆，1978.

68.（美）西·甫·里默. 中国对外贸易［M］. 北京：生活·读书·新知三联书店，1958.

69.（英）马士. 中华帝国对外关史［M］. 北京：商务印书馆，1960.

70.（俄）A. H·库罗帕特金. 喀什噶尔［M］. 北京：商务印书馆，1982.

71.（俄）尼·维·鲍戈亚夫连斯基. 长城外的中国西部地区［M］. 北京：商务印书馆，1980.

72.（英）包罗杰. 阿古柏伯克传［M］. 北京：商务印书馆，1970.

73. F·V·Richthofen. China, Bd, 1, Berlin, 1877.

74. A·Hermann. Die alten Seidenstrassen Zwischen China and Syrien, Berlin, 1910.

75.（日）长泽和俊著，钟美珠译. 丝绸之路史研究［M］. 天津：古籍出版社，1990.

（三）

1. 王炳华. 从考古资料看丝路开拓及路线变迁［J］. 西域研究，1991（2）.

2. 牛济. 论左宗棠对新疆的经济开发与建设［J］. 人文杂

志，1996（6）.

　　3．胡滨．关于左宗棠西征借款与协饷的关系［J］．历史档案，1997（1）.

　　4．潘志平．清季新疆商业贸易［J］．西域研究，1995（3）.

　　5．潘志平．清代新疆的交通与邮传［J］．中国边疆史地研究，1996（2）.

　　6．刘志霄．林则徐——中国"塞防"思想的承前启后者［J］．西域研究，1995（4）.

　　7．吴福环．从洋务运动到"新政"——新疆近代化的开始［J］．西域研究，1992（4）.

　　8．陈慧生．辛亥革命在新疆的胜利和失败［J］．西域研究，1991（4）.

　　9．咎玉林．迪化总商会的成立与活动［J］．乌鲁木齐文史资料，1983（6）.

　　10．张铁纲．清代流放制度初探［J］．历史档案，1989（3）.

　　11．黄盛璋．晚清对丝绸之路的勘察和实测地图的发现［J］．西域研究，1991（1）.

　　12．王淑梅．刘锦棠与新疆建省［J］．西域研究，1994（3）.

　　13．钟兴麒．新疆建省与社会经济发展［J］．西域研究，1994（4）.

　　14．徐伯夫．清代前期新疆地区的民屯［J］．中国史研究，1985（2）.

　　15．黄达远，栗民．近代新疆铁路规划述论［J］．西南交通大学学报（社会科学版），2005（6）.

　　16．苏德．晚清筹边改省奏议与治边政策概论［J］．内蒙古大学学报（人文社会科学版），2002（4）.

17. 彭森鹏. 浅析清朝中后期"因俗而治"治疆理念的弊端 [J]. 昌吉学院学报, 2008 (6).

18. 木拉提·黑尼亚提. 传教士与近代新疆社会 [J]. 世界宗教研究, 2005 (1).

19. 王亚彬. 杨柳青人"赶大营"的历史探析 [J]. 岱宗, 2009 (4).

20. 李艳, 王晓晖. 清末新疆善后局刍议 [J]. 西北民族大学学报（哲学社会科学版）, 2005 (3).

21. 徐中煜. 左宗棠收复新疆时的军械、军火运输 [J]. 西域研究, 2003 (2).

22. 徐中煜. 军粮采运与左宗棠收复新疆 [J]. 新疆大学学报（社会科学版）, 2010 (2).

23. 苗健. 新疆近代邮电事业的创建与发展 [J]. 新疆社会科学, 2008 (1).

24. 马啸. 左宗棠与西北公路建设 [J]. 陇东学院（社会科学版）, 2003 (2).

25. 贾秀慧. 试析近代新疆商业史上的"津帮八大家" [J]. 新疆地方志, 2004 (3).

26. 齐清顺. 我国历代中央王朝治理新疆政策的历史进程 [J]. 新疆社会科学, 2004 (5).

27. 王志强, 姚勇. 清代新疆台站体系及其在边疆开发中的作用 [J]. 西域研究, 2007 (4).

28. 冯建勇. 英俄在新疆的角逐与清政府之政策回应——以 1851—1911 年为中心 [J]. 新疆社科论坛, 2009 (4).

29. 季云飞. 清代新疆建省述论 [J]. 江苏行政学院学报, 2002 (2).

30. 王恩春. 清朝对新疆的治边方略述论 [J]. 黑龙江民族丛刊（双月刊）, 2009 (1).

31．陶用舒．易永卿．左、李塞防与海防之争新论［J］．安徽史学，2004（4）．

32．马啸．左宗棠与西北公路建设［J］．陇东学院（社会科学版），2003（2）．

33．李建国．略论近代西北地区的陆路交通［J］．历史档案，2008（2）．

34．童远忠．刘锦棠与近代新疆的开发和建设［J］．常德师范学院学报（社会科学版），2000（11）．

35．杨俊国，马世翔．试论清代新疆晋商［J］．昌吉学院学报，2008（2）。

后　记

对新疆的最初印象，源于一部名为《冰山上的来客》的电影，那一曲优美的《花儿为什么这样红》，一直萦绕心头至今，令我陶醉、令我感动。英勇战士手持钢枪，为守卫祖国边陲含笑冻死在冰天雪地的场景，成为挥之不去的记忆，那是一座真正的英雄丰碑！

后来，知道了丝绸之路，知道了大漠孤烟，知道了自古以来华夏民族就在这里繁衍、融合，知道了近代以来无数志士仁人胸怀经世济民之理想，潜心研究西北史地，并为之慷慨赴死，用血肉之躯铸成了联系边疆与内地、跨越千山万水的生命线。

这条生命线，颠簸不平、干旱缺水但绵延不绝、生生不息。近代以降，行走其间的，有肩负使命的清政府官员，有前途未卜的"遣犯"，有"赶大营"的商民，有奋勇西征的湘军，有各怀心思的俄国"探险家"，有残暴贪婪的浩罕侵略者。骆驼是主要交通工具，也有少量的马匹、牛、驴等，往来其间的有丝绸、茶叶等日用品，也有军械、军火、军装、军饷和军粮等军需用品。

这条生命线不是单纯的仅供人员往来、物资流动的交通运输路线，更是一条政治联络线、文化交融线。鸦片战争之前，形成了军台、营塘、卡伦三大官道管理系统，并根据交通状况等自然、人文因素确定了"因俗而治"的治理理念，沿线更是多元文化交相辉映的文化走廊。

这条生命线一直是中外各种势力争夺的焦点，上演了太多的刀光剑影、悲欢离合。康熙时期讨灭准噶尔噶尔丹、雍正时期讨灭噶尔丹策零、乾隆时期讨灭准噶尔阿睦尔撒纳、乾隆时期讨灭大小和卓木、道光时期讨灭张格尔、光绪时期讨灭浩罕阿古柏……时代不同，原因各异，但主题始终只有一个——都是中央政府经略新疆、巩固西北之战。

请永远铭记左宗棠、刘锦棠以及远道而来的无数将士及商民，正是他们使这条生命线再次焕发出勃勃生机，在积贫积弱的时代，为后代子孙留下了这片辽阔无垠、资源丰富的疆土。面对西征的漫漫关山，他们一路恢复交通、一路层层转运，交通的状况决定了只能采取"先北后南""缓进急战"的用兵战略。当交通线全面贯通之际，也就是新疆全境光复之时。"塞防""海防"之争终以新疆建省而落幕。"新疆"，这片祖先开辟的万里山河，由此历久弥新，以新的管理机制接受中央政府的统一管辖。

近代邮政、电报的兴起，近代交通工具的出现，铁路的筹划俨然标志着清末边疆交通运输方式的重大变革。然而，这里的交通设施依然薄弱，远远比不上俄国西伯利亚铁路风驰电掣，在政治、经济的角逐中始终处于不利地位。加之晚清"数千年未遇之大变局"，虽有少数地方官员举办"新政"，但中央政府毕竟鞭长莫及，一旦有变，内地与新疆就会处于若即若离的状态。应该讲，新中国成立前的数次边疆危机，只不过是历史的延续而已，这其中固然有复杂的民族、宗教因素和外部势力的插手，但路途遥远、讯息不通、交通落后的负面作用绝对不可小觑。

可见，对于新疆而言，"交通运输"绝不仅属于"器物"层面的问题，而是决定从"因俗而治"到普遍设立行省制度等治理模式的"政治"问题，是反映晚清官员阶层、实业界对铁路、电线、公路、汽车等近代化交通方式看法的"意识"问题，也是展现晚清新旧两派围绕"塞防""海防"进行思想交锋的"理论"问题。

今日的新疆无疑发生了翻天覆地的巨变，交通运输建设更是突飞猛进。但当我们翻开由中国地图出版社 2010 年 8 月修订的《中国地图集》时，不难看到，与内地相比，交通网络还不甚稠密，飞机、高速公路、高速铁路等现代化交通方式还有较大发展潜力，在广大的南疆地区，原始、落后的交通设施仍然阻隔着人们与祖国内地的交流，成为边疆保持长治久安的某种隐忧。

接下来，暂时抛开略显沉重的学术话题，谈谈本书的"创作"历程吧。

1997 年，是香港回归之年，对于我个人的求学生涯也是值得铭记的一年。正是从这年的九月起，有幸进入北京大学历史学系，师从徐万民先生攻读中国近代史，开始接触西北史地研究。徐先生为我亲自选定了硕士学位论文题目：交通运输与左宗棠收复新疆，对我的论文进行了逐字逐句的指导，师母郭老师也给予了我这个远离家乡的游子无微不至的关怀。在这三年岁月中，深受传统史学理论、方法熏陶，沿着先贤的学术之路，将研究新疆问题作为毕生的追求。此外，王天有教授、王晓秋教授、牛大勇教授、宋成有教授、房德龄教授、茅海建教授、郭卫东教授、王美秀老师等也给予我学业悉心的教诲，在此一并致谢。

从那时起至今已历 14 个寒暑，其间，我经历了专业、职业的多次转换，由青春年少即将步入不惑之年，人生的阅历也在渐趋丰满，但研究的步伐始终没有停止。2009 年，我有幸进入北京大学城市与环境学院，师从吕斌教授从事人文地理学博士的研究，吕先生宽厚的人品、广博的学识以及这里厚重浓郁的人文地理学术氛围，使我先前的研究汲取了新的灵感，焕发了新的活力。

这本书的出版，还要格外感谢中国边疆史地研究中心的厉声先生、李大龙先生，正是他们对晚辈的不吝提携和鼓励，才有了本书的面世。记得那是女儿刚出生之时，在我休"产假"之际，忐忑不安地叩开厉先生办公室。那是一座老式宅院，屋子不大，但堆满了书籍，而这不起眼的斗室，就是跨越几千年、纵横几万里的研究中国边疆史地的最高殿堂！厉先生鼓励我继续研究，我则赠先生硕士学位论文以作纪念。令人感动的是，多年之后，先生竟仍然完好地保存着，并针对本书书名、篇章结构、具体内容等给予了悉心指导。

感谢父亲徐天保、母亲史梅则，妻子张雪梅和可爱的女儿徐宇清，使我能够在繁忙的工作、学习之余，全身心投入研究之中。尤其可喜的是，女儿以童真的无瑕，对中国人文、地理显示出强烈的求知欲，这使我切身感受到了什么是文脉的延续。本书的出版，还要感谢所有的老师、领导、同门、好友，以及亲爱的读者，正是由于你们的关心、关注，才使我在求学之路和人生旅途中始终充满力量。

硝烟散尽，楼兰依旧。多年的思索，使虽不曾到过新疆，"纸上谈兵"的我，与那片土地不再遥远，有了心灵的感应和共鸣，那仿佛依稀可见的金戈铁马，挥洒着男儿的豪气与凄凉，每当入睡之际，耳边总萦绕着驼铃声声。这里，姑且以当年填写的一首小词《清平乐·流星》来记述多年的心路历程：

夜静风宁，莽然路不平，回首人间灯火明，几多识相知情。

点点飞花散落，可曾挥泪思过，少年神游山河，摘星台上放歌。

我坚信，当初的那份激情依然在燃烧，并将继续燃烧下去，因为我知道，这是一个深爱母亲的儿子应该尽的一份孝心。

图书在版编目(CIP)数据

交通态势与晚清经略新疆研究/徐中煜著. -- 哈尔滨:黑龙江教育出版社,2012.6
ISBN 978 - 7 - 5316 - 6493 - 2

Ⅰ.①交⋯　Ⅱ.①徐⋯　Ⅲ.①交通运输史—研究—新疆—清后期　Ⅳ.①F512.9

中国版本图书馆 CIP 数据核字(2012)第 120184 号

交通态势与晚清经略新疆研究

Jiaotong Taishi Yu Wanqing Jinglüe Xinjiang Yanjiu

徐中煜　著

选题策划	丁一平　华　汉
特约编审	吕观仁
责任编辑	华　汉　杨云鹏
封面设计	sddoffice.com
版式设计	王　绘　周　磊
责任校对	李永红
出版发行	黑龙江教育出版社
	(哈尔滨市南岗区花园街 158 号)
印　　刷	山东临沂新华印刷物流集团有限公司
开　　本	640 毫米×960 毫米　1/16
印　　张	19.5
字　　数	240 千
版　　次	2013 年 6 月第 1 版
印　　次	2013 年 6 月第 1 次印刷

书　　号　ISBN 978 - 7 - 5316 - 6493 - 2　　定　价　45.00 元

黑龙江教育出版社网址:www.hljep.com.cn
网络出版支持单位:东北网络台(www.dbw.cn)
如需订购图书,请与我社发行中心联系。联系电话:0451 - 82529593　82534665
如有印装质量问题,影响阅读,请与我社联系调换。联系电话:0451 - 82529347
如发现盗版图书,请向我社举报。举报电话:0451 - 82560814